信仰と建築の冒険

ヴォーリズと
共鳴者たちの
軌跡

吉田与志也

サンライズ出版

はじめに

二三歳のアメリカ人青年ウィリアム・メレル・ヴォーリズが、ＹＭＣＡ派遣英語教師として単身来日したのは、明治末期、日露戦争の最中だった。近江《おうみ》八幡《はちまん》の商業学校で英語教師としてすばらしい結果を残したが、放課後に開いたバイブルクラス（聖書研究会）が全校生の三分の二を集めるほどの人気を博し、多くを信仰に導いたことで地元の反発を買い、二年間で契約を解かれる。しかし、失職後も現地に留まり、滋賀県内六カ所でバイブルクラスを開き、三カ所にＹＭＣＡ会館を建てた。資金づくりで始めた建築設計が評判をよび会社組織になり、軽井沢と東京に、そして大阪にも事務所を開いた。合わせて伝道団「近江ミッション」を興し、モーターボートと自転車で県内各地を伝道し、月刊誌を二つ発行し、結核療養所を建てた。

一四年目に子爵令嬢と国際結婚をして大正の世にセンセーションを巻き起こした。その後、幼稚園を始め、家庭薬販売を成功させて、その潤沢な資金で県内に十数カ所の伝道拠点をつくり、五カ所にキリスト教会館を建てて、そこに日曜学校、託児所、幼稚園、図書室、農民福音学校などを開いて教育や文化活動を行った。その経験から近江八幡に女学校、家政塾、図書館ができ、そして学園となってゆく。

明治末期から昭和半ばにかけて日本本土には一千人を越える外国人宣教師がいた。彼らの大半は資金力のある宣教団体から派遣されていたが、ヴォーリズは教派に属さない自給自足の平信徒伝道者（エバンジェリスト）に過ぎなかった。いかにして彼はこれだけの事業を成し遂げたのか。それは彼の信仰上の情熱と幾つもの特別な才能によるところが大きいが、そのほかに彼と共に歩むことを決めた協働者たち、そして彼らに無償の協力をした人々の存在があった。本書はヴォーリズ一個人の伝記ではなく、ヴォーリズと彼のビジョンに共鳴した人たちの「信仰の冒険」を記したものである。

ヴォーリズの来日から一五年間に近江ミッションは六〇名の団体に成長し、設計した建築物は数百に上った。その劇的な草創期から発展期への軌跡を、ヴォーリズの『失敗者の自叙伝』で語られなかった数多くの未発表エピソードと写真を交えて明らかにした。

- 学生時代の友人のことや来日四年目から数年間の出来事
- 窮乏時代に始めた「鉄道ＹＭＣＡ」がなぜ大きく広がったのか
- 建築設計で宣教師や華族から支持を得た背景
- 軽井沢に夏事務所や別荘群「近江園《パーク》」をつくった経緯
- 廣岡浅子、新島八重、賀川豊彦、ＹＭＣＡ・プロテスタント宣教団のリーダーたちとの交流
- 明治学院チャペルの結婚式一〇〇年目の詳報、など

ヴォーリズらが行った事業の幅は広く、単純ではない。人的な交流は近江の人々、欧米の支援者たち、キリスト教関係者たち、設計の依頼主らと広がり、エピソードは無数にある。一方で読者は日本の近代

史、ヴォーリズ建築、軽井沢、宣教師などのキーワードを求めて読まれる可能性があり、それらを考慮すると、年代順に書くことが最も事実を伝えやすいと考えた。それは単調かもしれないが、事実を積み重ねることでヴォーリズの人間像に膨らみを与えてくれることになろう。

一方で、発展期以降、ヴォーリズが永眠するまでの四十余年については協働者が飛躍的に増え、概略を述べるにとどめざるを得なかった。その部分は、いまも脈々とヴォーリズの精神を受け継いで活動されている、近江兄弟社グループと一粒社ヴォーリズ建築事務所が折々に年史に記されてゆくことだろう。

参考とした主な史料は、筆者の祖父でヴォーリズと生涯を共にした吉田悦蔵の日記・書簡・写真、その母、吉田柳子や京都YMCA名誉主事だったG・S・フェルプスの書簡、「近江ミッション（のち近江兄弟社）」の全刊行物と資料、そして太平洋戦争中に作家沖野岩三郎が委嘱されて執筆した『吉田悦蔵伝』と彼が遺した関係者へのインタビューメモを一次的なものとした。

二〇一九年初春

吉田与志也

目　次

◆凡例

・メレルという呼び名について：ウィリアム・メレル・ヴォーリズは、自身をメレルと呼ばれることを好んでおり、彼の周囲の者もそう呼んでいたので、本書でもメレルを呼称として用いる。

・宣教、伝道、布教、ミッション（Mission）について：この四つの用語は宗教を広めるという意味ではほぼ同じだが、本書では一つの国の中でプロテスタントのキリスト教の教えを伝えることを「伝道」とし、概して外国に出て活動をすることを「宣教」、その働き手を「宣教師」、彼らの派遣元を「宣教団体」あるいは「ミッションボード」という呼び方にした。

・明治三〇年代に二〇を超えるプロテスタントの宣教団体、YMCAとYWCAが日本での活動を活発化させたため、無意味な競争を避け、建設的な協業をするため一九〇一年（明治三四）に連合を興した。その名称、Co-operating Christian Missions in Japanを「在日本協同ミッション」と訳した。さらに一九一〇年にプロテスタント伝道五〇年を機に改称されたthe Conference of Federated Missions in Japanを「在日本ミッション同盟」と訳した。

・写真の出典はキャプションに記載するか文献番号で示すほか、点数が多い吉田家の所蔵写真は†、公益財団法人近江兄弟社の所蔵写真は††で表した。

・引用は基本的に原文どおりとしたが、明らかな誤植は訂正し、旧字・旧仮名遣いは新字・新仮名遣いとした。また、今日では読みにくい一部の漢字をひらがなにし、送り仮名を現代風に改め、必要な場合、句読点を施した。

・引用文中の補足や注記は〔　〕で記した。

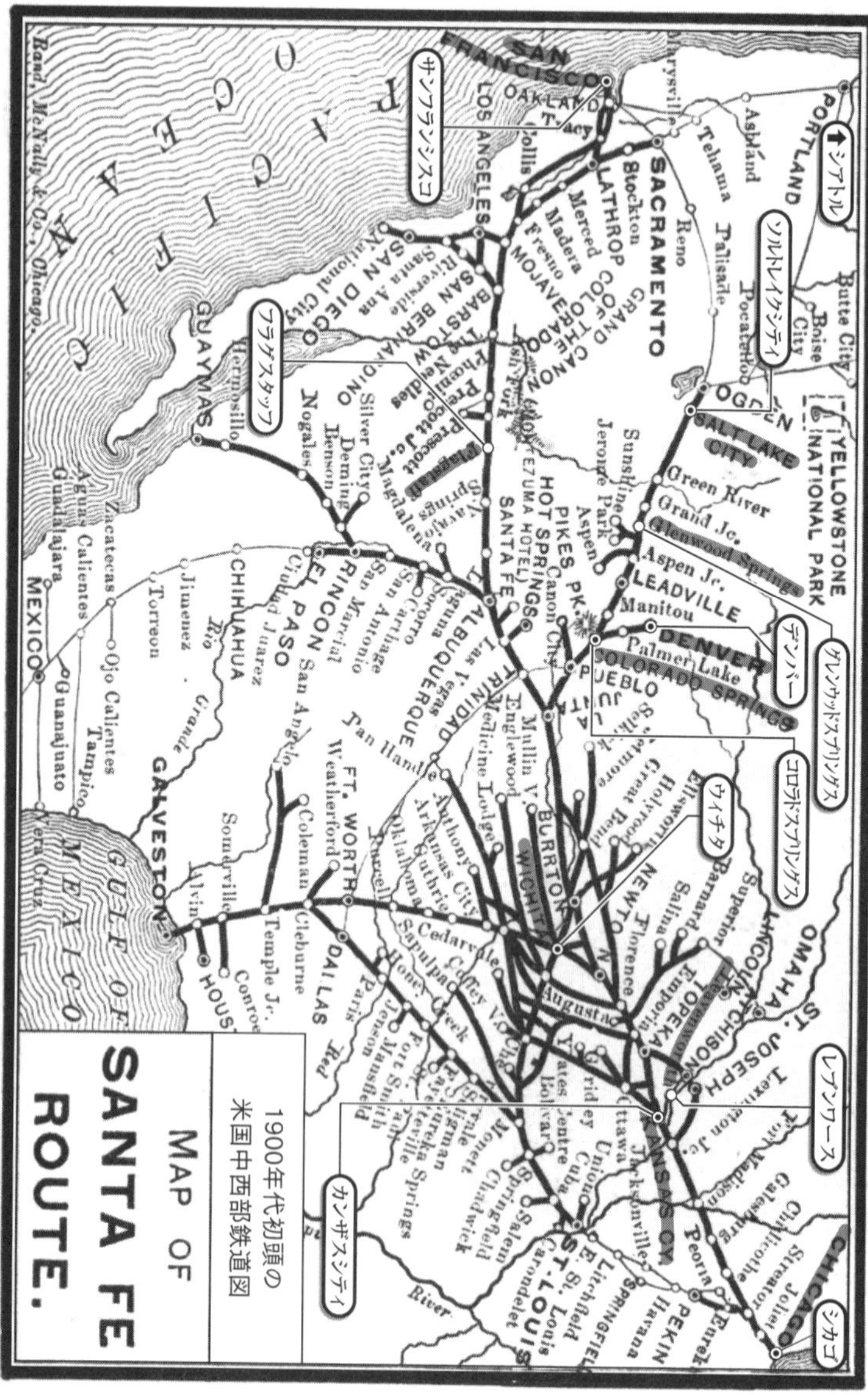
MAP OF
SANTA FE
ROUTE.
1900年代初頭の
米国中西部鉄道図
シアトル
ソルトレイクシティ
グレンウッドスプリングス
デンバー
コロラドスプリングス
ウィチタ
レブンワース
シカゴ
サンフランシスコ
フラグスタッフ
カンザスシティ
PORTLAND
YELLOWSTONE NATIONAL PARK
SAN FRANCISCO
OAKLAND
SACRAMENTO
LOS ANGELES
SAN DIEGO
SAN BERNARDINO
BARSTOW
MOJAVE
OGDEN
SALT LAKE CITY
Glenwood Springs
LEADVILLE
DENVER
COLORADO SPRINGS
PUEBLO
PIKES PK.
SANTA FE
ALBUQUERQUE
TRINIDAD
EL PASO
CHIHUAHUA
GUAYMAS
MEXICO
GALVESTON
HOUSTON
DALLAS
FT. WORTH
WICHITA
NEWTON
TOPEKA
ATCHISON
ST. JOSEPH
OMAHA
LINCOLN
KANSAS CITY
ST. LOUIS
PEKIN
CHICAGO
PACIFIC OCEAN
GULF OF MEXICO
Rand, McNally & Co., Chicago.

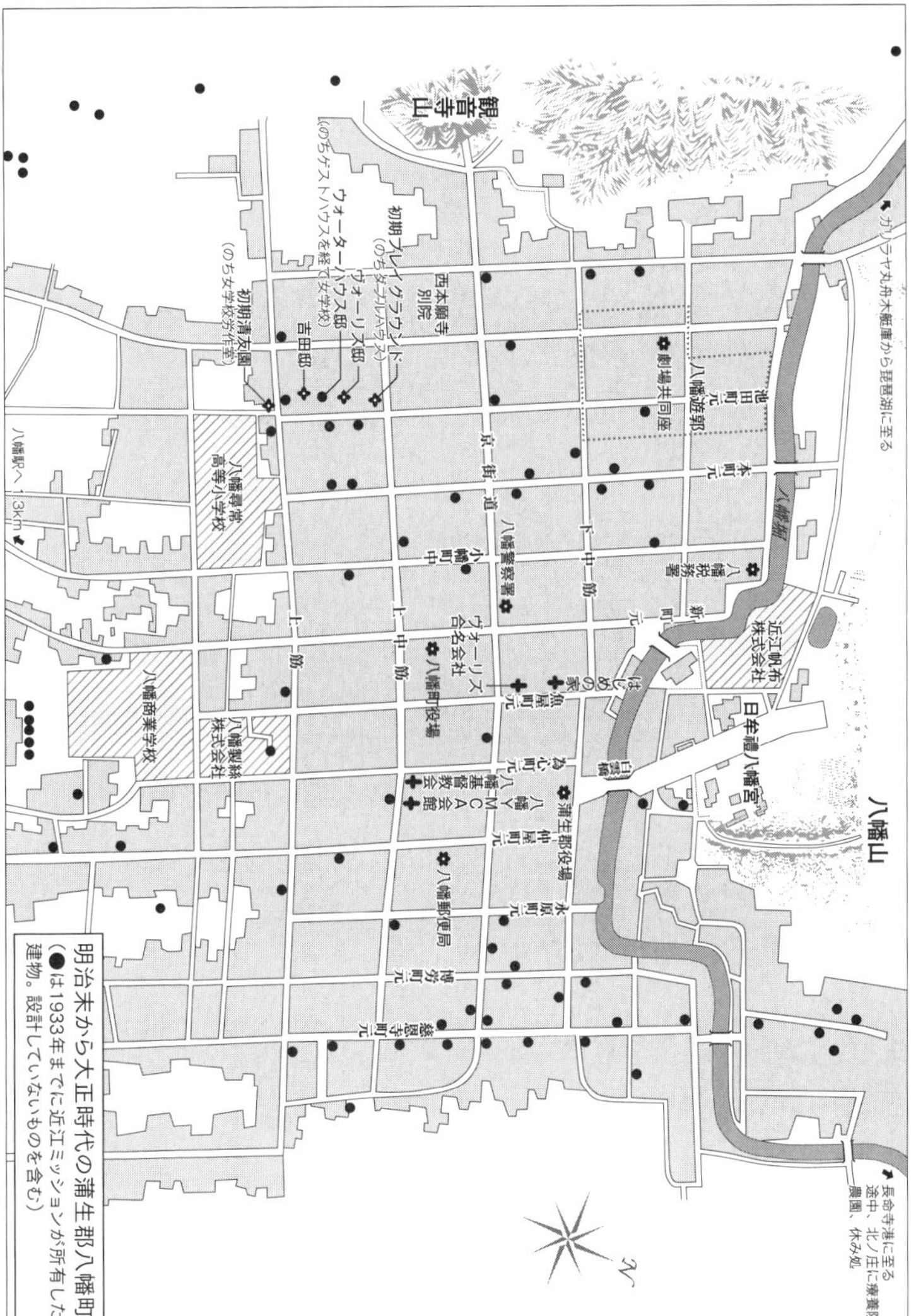
明治末から大正時代の蒲生郡八幡町
（●は1933年までに近江ミッションが所有した建物。設計していないものを含む）
観音寺山
八幡山
日牟禮八幡宮
近江帆布株式会社
八幡税務署
劇場共同座
八幡遊郭
池田町元
本町元
新町元
下中筋
京街道
上中筋
上筋
はじめの家
魚屋町元
為心町元
仲屋町元
八幡YMCA会館
八幡基督教会
蒲生郡役場
永原町元
博労町元
慈恩寺町元
八幡郵便局
八幡町役場
ヴォーリズ合名会社
八幡警察署
小幡町中
八幡商業学校
八幡製絲株式会社
八幡尋常高等小学校
八幡駅へ1.3km
初期清友園
吉田邸
ヴォーリズ邸
ウォーターハウス邸（のちゲストハウスを経て女学校）
初期プレイグラウンド
西本願寺別院
白雲橋
八幡堀
ガリラヤ丸舟木艇庫から琵琶湖に至る
長命寺港に至る途中、北ノ庄に療養院農園、休み処
N

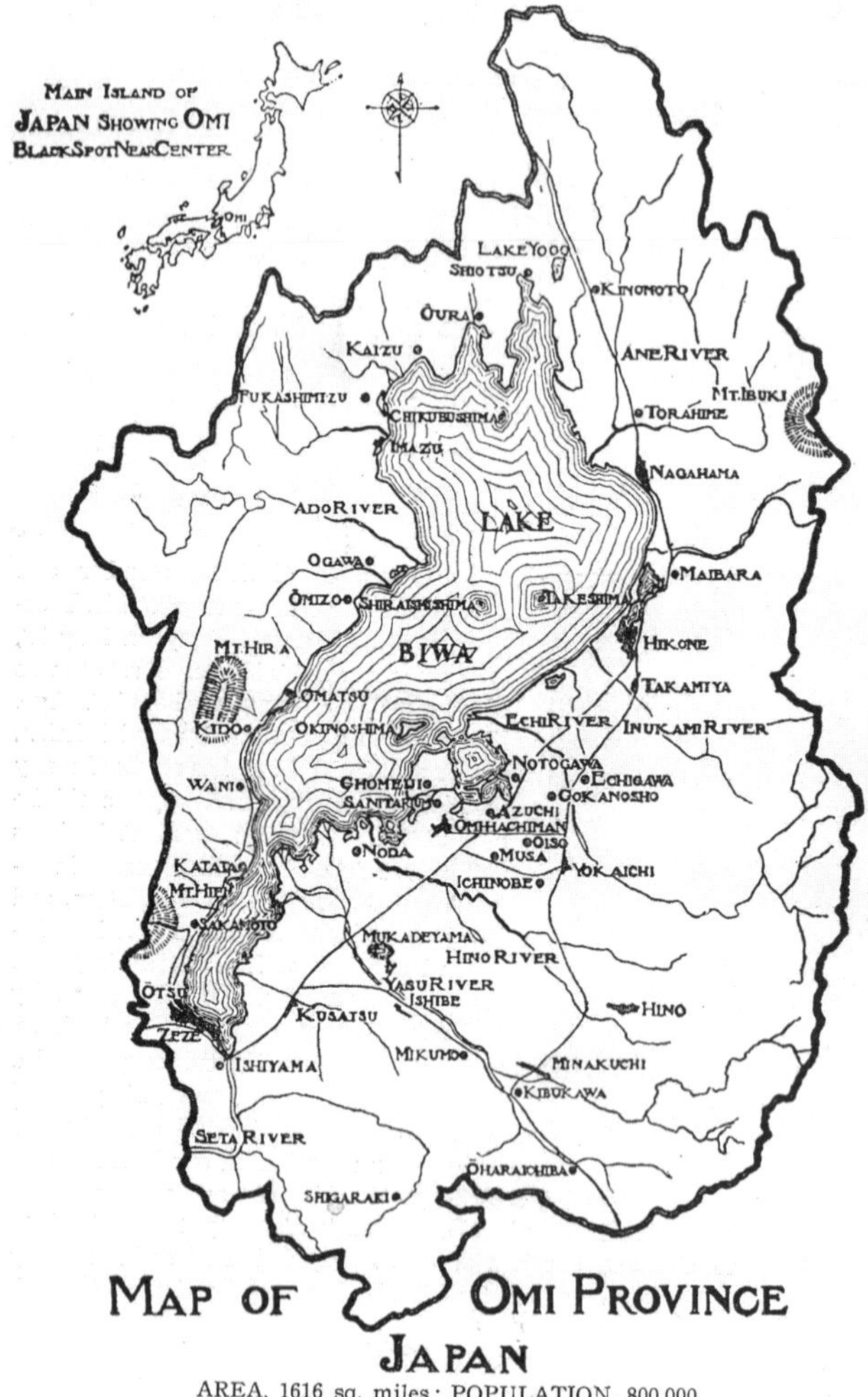

AREA, 1616 sq. miles; POPULATION, 800,000
6 cities; 38 towns and 32 villages.
OMI BROTHERHOOD seeking to evangelize this Province with about 400 workers, is dependent upon Voluntary Contributions for one-tenth of its work; nine-tenths being earned by its industrial departments.

W.M.ヴォーリズ手書きの滋賀県地図。『マスタードシード』誌にほぼ毎号伝道拠点を示すため掲載したもので、これは1937年（昭12）のものである

1 メレル来日までのこと

メレルの幼少時代

ウィリアム・メレル・ヴォーリズ（以下、メレル）は、一八八〇年（明治一三）一〇月二八日にカンザス州レブンワースというミズーリ川に沿った町で、役場の簿記係の父ジョンと母ジュリアの間に長男として生まれた。レブンワースは町の北側に陸軍の砦《とりで》が置かれ、町には家具製造と鍛冶《かじ》が産業としてあったが、むしろ新しき西部の土地を求める移民、測量士、伝道者たちの中継場所として賑《にぎ》わっていたという。

少年時代のメレル　††

両親はレブンワース長老派教会の教会員として奉仕活動の中で知り合った。母ジュリアは、イギリス系移民の高校を出てオハイオ州のペインズヴィルにあるレイク・エリー女子神学校で学んで、海外宣教者となる夢を持っていたが、修了後はレブンワースの実家にもどり、日曜学校で聖書を教えていた。オランダ系移民の七代目であるジョン・ヴォーリズと結婚して、夫婦はジュリアの実家に住むことにした。メレルが生まれたときの家族構成は、両親のほかに母方の祖父ウィリアム・メレルと、伯母つまりジュリアの姉、そしてその娘である従姉のカリーがいた。二歳のときに弟ジョン・ジュニアが生まれたので、一家は七人となった。メレルは二歳のころに小児腸結核を患って生死をさ迷っており、母の必死の介護で一命をとりとめたが、以来病弱な体質の子であった。『失敗者の自叙伝』（以下、『自叙伝』）に次のように書いている。

「二歳のとき腸結核であった。母が半時間ごとに肝油を飲ませて育ててくれた。七歳まで生きるとよく生きていたと言われ、医者は一四歳のときには必ず死ぬだろうと言ったのです。一一歳のときもだめだと言われ、七年毎に死を宣告されたのでした」

メレルの生家（1930年5月、メレルと悦蔵が訪問時に撮影。前に立つのは悦蔵）†

この家にいた時期は、ずっと年長の従姉のカリーがドイツ人の先生からピアノを習っていた。メレルはカリーが毎日数時間続ける練習を横で聞くことを好み、自然と音楽性を育んでいったが、実際に鍵盤《けんばん》に触れるのは一二歳になってからである。父ジョンは役場を辞めて雑貨店の共同経営者となり、経理の仕事をしはじめた。

メレルは、小学校に入学する年齢でも病弱のため、両親は彼の健康を願って思い切ってアリゾナ州のフラグスタッフという高地で、グランドキャニオンへの玄関口にあたる町に転居をした。林業と畜産が主な産業だが鉄道が通り、運よくフラグスタッフ・スクールという小学校と中学校の併設校が開校し、メレルは普通の入学年齢より一年遅れで入学した。両親の期待したとおり、その地は乾いて澄んだ空気と大自然があり、メレルはその中で野外活動を楽しみながら伸び伸びとした時期を過ごし、次第に健康を取り戻すことができた。このフラグスタッフは発展途上の町であったので、父親のジョンは安定した職に就くことに苦労した様子で、最初は銀行の出納係を務めていたが、ある訴訟事件に巻き込まれてこの職を辞し、地方裁判所の書記となった。しかしその仕事も長くは続けられなかった。一家は地元のメソヂスト教会に属していたが、そこで長老派教会の新設に力を注ぎ、その教会でメレルはオルガンの弾き手となって人前で演奏することで力をつけてゆく。[13]

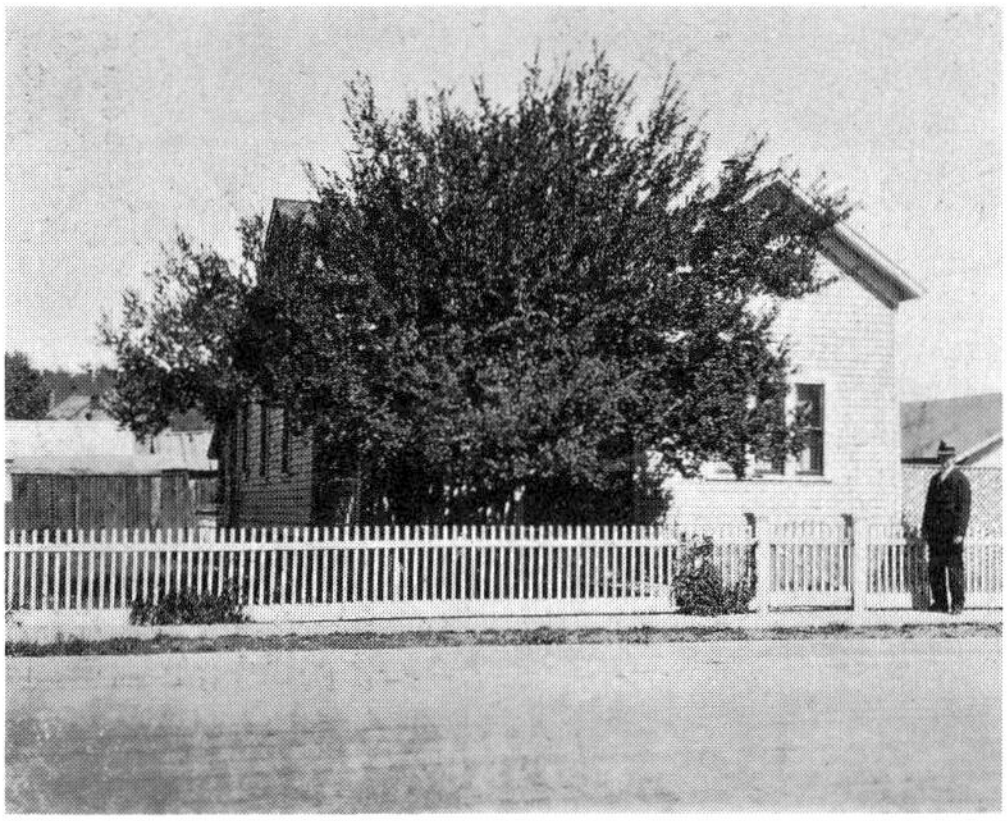

フラグスタッフの住居（1930年6月、メレルと悦蔵が訪問時に撮影。右に立つのはメレル本人）†

高校時代

一八九六年（明治二九）に、一家はコロラド州の発展一途にあった州都デンバーのエマーソン通りにある住宅街に転居した。父はデンバー・マイニング・ブローカレージという鉱山債権の仲介業者のもとで、事務員として働き始めた。デンバーは一八五〇年代のゴールドラッシュで資産を蓄えた人たちが興した都市で、ヴォーリズ一家が移ってきたころは、すでに鉱山ビジネスが下り坂にあった。しかし、大陸間横断鉄道が町を通るようになり、商業とくにカーネーションラッシュと呼ばれる切り花産業が発展し、街に富裕層が投資を強めていた時期であった。一家がフラグスタッフの第一長老教会からデンバー中央長老派教会に転入した日は六月一四日となっており、メレルはここで手伝いをしたり礼拝のオルガニストとして活躍をした。

　高等学校は自宅から通えるイーストデンバー高校に入学したが、そこは非常に大きな高校で、最初は友達が一人もいなかったので苦労もあったであろう。親の勧めもあって、デンバー市中心部で新聞配達の仕事をつづけた。メレルがオルガンを弾けることを知っていたある教師の勧めで水曜音楽部を創設することになり、彼は二年生で会計、三年生のときは部長になった。オルガンやピアノが弾けるほかに、絵を描くことと詩作が得意であったが、興味の対象は建築現場にもあった。子どものころから建築現場を見学して建物ができてゆく過程に強い興味をもっていたので、次第に将来は建築家になろうと思うようになっていた。こうしたことから、卒業後の進路は、全米の理工系大学の最高峰であるマサチューセッツ工科大学の建築学専攻を最終目的にするようになり、そ

イースト・デンバー高校。現在は移転している

の大学からは入学許可を得た。しかし『自叙伝』によれば、最初から遠方のボストンの工科大学には入らず、一年先に友人が入学しているコロラドカレッジで一般教養の単位を一年取って、二年目からマサチューセッツ工科大学に転校することにして、コロラドカレッジを進学先に選んだと記している。[13]

アメリカでは、一般教養の単位を地元のカレッジで取得してから専攻科のある四年制大学（ユニバーシティ）に転入するのは珍しいことではないが、一年先にコロラドカレッジに入学していた友人とは誰だったのだろうか。後述する高校時代の親友の一人アルバート・ハーディ（『自叙伝』に登場するA・C・H・）のことであろうと読み取れなくもないが、伝聞によれば、音楽を通じて知り合ったクレア・マッコイというガールフレンドがその先輩学生であったという。二人が知り合ったのは高校時代であったらしい。彼女はヴァイオリンを弾き、メレルはピアノかオルガンで伴奏をするという関係で、二人で演奏することを楽しみ、互いに惹《ひ》かれ合っていたという。

コロラドカレッジ時代

コロラドカレッジは、デンバーから南に一〇〇キロメートルほどのコロラドスプリングスにある。デンバーの家から鉄道に乗れば、乗り換えなく半日で大学に行ける便利な位置にあった。このカレッジは個人寄付によって創られた超教派のキリスト教系大学で、リベラルアーツ、つまり日本の教養学部のような履修制度を持っている。メレルが卒業した年度の教授陣は三二名で在校生三〇〇人ほどの小規模な大学である。[80]新学期が始まる前に履修科目を選択しなければならず、メレルはマサチューセッツ工科大

2年目から入った男子寮のハガーマンホール 80

学へ移籍しやすい科目だけで組もうとした。しかし、学校側のアドバイスにより、四年間学ぶ学生と同じような科目を組むには一科目だけ追加すればよいとわかり、それに従った。つまりコロラドカレッジでも工科大学へ転籍しても四年で学位が取れるように、二つの道を残して科目を取ったのである。

メレルは家からの仕送りが比較的恵まれていたので、新学年の年には寄宿舎に入らず、大学の敷地の南端から約三〇〇メートル南にある一軒家で下宿をした。しかし、二年目になってハガーマンホールという男子寄宿舎に移った。[13]

父親のジョンは、メレルの在学中に市内のデンバードライグッズカンパニー、つまり食品以外のあらゆるものを販売するデパートに転職してフロアマネージャーをしていた。この建物はデンバーの歴史的建造物となり、現在もオフィスビルとして用いられている。

友人アルバート・ハーディ(A・C・H・)

メレルは四年でコロラドカレッジの学位もとれるようにしたため、最も苦手としていた高等ラテン語を履修せねばならなくなった。そこで、同じ高校を卒業した一年先輩で、ラテン語を得意としていた友人アルバートの手助けを得ようと考えた。そこで、アルバートがアルバイトで相当に時間を取られて困っているので、無料で下宿に同居させて、その代わりにラテン語を教えてもらうことを彼に提案した。すると彼は喜んでこの提案を受け、二人は共同生活を始めた。『自叙伝』ではA・C・H・とイニシャルだけしか書いていないが、アルバート・チェイン・ハーディという。アルバートは何らかの事情によってコロラドカレッジを五年かけて卒業している。そのため、メレルと卒業年度が同じになったが、常に成績優秀で、一年生と二年生のときに学長賞、三年生で奨学金を与えられ、卒業時にトップの学生に与えられる称号ファイ・ベータ・カッパを受章している。この称号はメレルも狙《ねら》っていたが、アルバートには及ばなかったのである。[13・72]

アルバート・ハーディ　72

アルバートは課外活動でも活躍しており、ピアソン文芸部に入っていたほか、学生YMCAでは二年生で会計、三年生で副会長、四年生で会長を務めている。信仰にも非常に篤く、クリスチャン学生の中でも先鋭的なSVMバンドのメンバーであった。SVMとは海外宣教学生ボランティア運動（Student Volunteer Movement for Foreign Missions）のことで、あとで詳しく述べるが、海外宣教をすることに誓いをたててSVM本部に登録した者だけが入会する学内の連帯組織がSVMバンドと呼ばれていた。その誓いの意味の重さから、学内でも数人程度しか参加していない。メレルはすべてにおいて一歩先を進むアルバートから課外活動と信仰について

1902年のピアソン文芸部。前列中央で膝をついているのがメレル [72]

強い影響を受けたことは間違いない。メレルも入学すると同じようにピアソン文芸部と学生ＹＭＣＡに参加している。ピアソン文芸部は、学校へ多額の寄付を続けるピアソンという人物に敬意を表して命名されたクラブで、この活動を通じてメレルは得意としていた詩作の力を磨いたほか、ディベート力をつけることができたと述懐している。学生ＹＭＣＡでは二年生になったときアルバートの会計の仕事を引き継いだ。[13]

友人ハーバート・アンドリュース

この大学の最初の二年間は、高校時代のように学級制度になっており、一学年一学級しかなかった。メレルの同級生にアルバートとイニシャルが逆のＨ・Ｃ・Ａ・という同級生がいた。ハーバート・コーネリアス・アンドリュースという。ハーバートは病気がちであったが頭脳明晰《めいせき》で、強固な無神論者だった。

適者生存説を唱えた哲学者ハーバート・スペンサーに傾倒しており、キリストの信仰に対し攻撃的な議論をして相手を負かそうとするので、クラスの仲間から孤立していた。彼の父は、シカゴで有名な大手家具製造販売会社Ａ・Ｈ・アンドリュース社の社長で、最盛期には全米に四支店、従業員を五〇〇名ほど抱え、ピークは過ぎていたものの裕福な家庭であった。彼が学びたいという作曲とピアノを学ばせるために遊学をさせていたものの、両親はハーバートがキリストの信仰から遠ざかる一方なので成り行きを心配していた。当時の白人社会ではクリスチャンであることが一種社会的な常識であり、ましてキリスト教系大学において無神論を唱える彼が孤立を深めていたことは想像に難くない。

学生ＹＭＣＡではハーバートのことが話題で、彼をクリスチャンに改宗させようという発案があり、その役割をまじめなメレルに託そうということになった。この奇妙な役割をメレルは嫌がったが、結局真剣に取り組んだようで、ハーバートが同じハガーマンホールにいるので彼に接近を試み、音楽好きという共通項を見つけて次第に彼と打ち解けるようになっていった。そして、時間をかけてハーバートを信仰へと導くとともに、互いにかけがえのない友情をつくり上げた。この経験から、メレルは自分にも人の信仰を変える力があるという自信を得るようになる。その後ハーバートは病気を悪化させたため、コロラドカレッジを三年生の途中で中退して故郷に帰ってしまった。[13]

ハーバート・アンドリュース（本人著作『Hinsdale Genealogy』より）

1894年開所当時のマッセィホール内部（Massey's Hall Archives所蔵）

転機となった第四回ＳＶＭ世界大会

メレルが二年生になったとき、ＹＭＣＡでアルバートから会計の仕事を引き継いだが、その仕事ぶりが評価されて、一九〇二年（明治三五）二月二六日から三月二日までトロントのマッセイ・ミュージックホールで開催される第四回海外宣教学生ボランティア運動（ＳＶＭ）世界大会の代表出席者として、学内のＹＭＣＡから選出された。この大会は四年に一度の大きなもので、誰もがトロントに行きたがったが、選出会議で会計の優れた仕事があって旅費が出せるのだという声に推されたのだ。[13]

この大会の記録によれば、全出席者は三〇〇〇名弱、そのうち学生は北米から一七〇〇名強、カナダから五〇〇名弱であった。日本の活動報告もあるので、日本に詳しい宣教師や学識者からなる二〇名のパネラーも参加しており、その中には内村鑑三、オーティス・ケーリ、アリス・ベーコンなどの名もみられる。コロラド州からの出席者はメレル一人だけであった。東部に偏りがみられるものの、当時のコロラド州の人口五十数万人からすれば一人というのは少ない気がするが、ワシントン州やフロリダ州はゼロであったりするので、地域によって差が大きい。

大会委員長は、YMCAをはじめとする世界の学生キリスト教運動と世界教会運動の指導者として揺るがぬ名声のあったジョン・R・モットであった。大会では、次々とキリスト教界の優れた人物たちが熱弁を奮った。『自叙伝』によると、会場の多くの学生は熱心なクリスチャンばかりなので熱気もあった中、自分は建築家になって稼ぎ、海外宣教に出る若者を助けようという程度に考えていたので、会場の中で孤立感があったという。しかし、大会半ばを過ぎたころ、中国伝道者ハドソン・テイラーの夫人マリー・ジェラルディンが登壇した。彼女は「Fellowship with Christ in Suffering」（苦難の中のキリストとの連帯）と題する話をした。会場は水を打ったように静まり返り、メレルはそれを聞いているうちに、「その講師の顔はキリストの顔に変わり、キリストご自身が、壇上から愛のまなざしをもって私の心を刺し通し、私に『お前はどうするつもりなのか』と尋ねていらっしゃるように感ぜられた」と神の召命を受けたことを書いている。そして自分は建築家になりたいという取るに足りない個人的な計画のために、神の召命を避けていたのであり、絶対無条件でキリストに従うか否かの二者択一を迫られ、この大会に選ばれたと悟ったという。

大会の最後には、決心カードという「神が許し給うなら海外宣教者となることを私の目的とします」と書かれたボランティア宣言書が配られた。このカードに署名をすると、SVM本部から海外宣教希望者として卒業後に仕事が斡旋《あっせん》されることになり、人生に大きな意味を持っていた。SVMが当時発行している冊子「インターカレジオン」をめくると、数十の宣教団体、YMCA、YWCAなどの超教派団体の海外ボランティア活動の募集要項が数百件掲載されている。アジア・中東・東欧・南米・アフリカなどが渡航先の中心である。実際に海外宣教に出発した若者は全米で一年に二〇〇人強であった。

一方で、SVMに対して、大学生が一時の情熱で人生の方向を決め、親の承諾もなしに宣誓をさせる手法を使うので批判的な声もあった。メレルは慎重になってそのときにサインをするのをとどまったが、学校に戻ってから何度も自問し、自分の決心がますます強くなることを確認して、決心カードに署名をした。その余白に「今まで宣教師の行ったことのない、今後も外国伝道団が手をつけそうもないような所へ行って、独立自給で神の国の細胞を作ってみたい」(『自叙伝』のまま)というようなことを書き込んでSVM本部に提出した。[13・81]

この決心によってメレルはマサチューセッツ工科大学の建築学科に行く道を捨て、コロラドカレッジに留まって四学年まで続けることにした。建築を捨てるのは寂しいことだったが、さっぱりとした気持ちで学士号を目指せるようになり、取得科目の軌道修正をしたという。ただ建築への興味は尽きないので研究は自ら続けた。五年後に日本で教職の仕事がなくなり困っていた時期に、ある宣教師から建築設計の仕事を頼まれ、この自己研鑽《けんさん》がプロビデンシャル(神の導き)だとメレルは思い当たるのである。[13]

三年生になった一九〇二年(明治三五)の九月、親友のアルバート・ハーディはSVMバンドのリーダーとなっていた。このときのバンドの在学生メンバーは、アルバートとメレルを含めて男子学生三名、女子学生二名のみである。そして連帯する卒業生のメンバー、つまり海外宣教ボランティアをしている先輩たちは、一八九九年に韓国YMCAの主事になったフィリップ・ジレット、一九〇〇年にフィリピンの学校教師になったロドルフ・ズムスタイン、一九〇一年に中国の長老派大学で化学教師になったラルフ・ウェルズの三名であった。しかし、七月に同校始まって以来の秀才と言われたズムスタインがフィリピンでコレラに罹《かか》って亡くなり、バンドのメンバーは大きな衝撃を受けた。[72]

パイプオルガンと年鑑アルバム制作委員

メレルには大学時代の大切な思い出となったことが二つあった。

その一つは、入学して間もなく、幸運にもチャペルにある大変貴重なパイプオルガンを自由に弾く権利を得たことである。学内礼拝のオルガン担当であった教授にメレルがオルガンを弾けることが知れ、教授から少しアルバイト料を出すから礼拝のときパイプオルガンを弾かないかと言われた。さらに、空いているときは練習に使ってもよいことになり、願ってもない幸運に浴すことがで

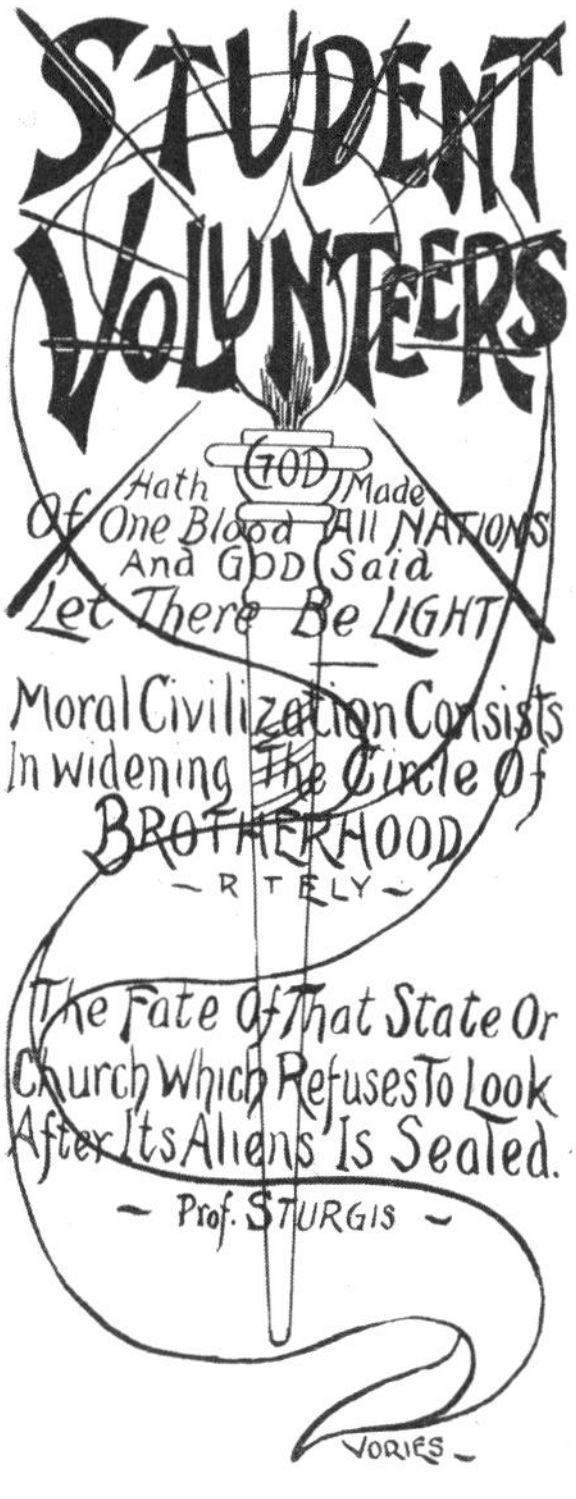

上はメレルが年鑑アルバムのためにデザインしたYMCAの記章、下はSVMの記章　72

きたのである。

もう一つのエピソードは、三年生のときに年鑑アルバム制作委員に選ばれ、美術編集担当をしたことである。アメリカの大学は、卒業者に渡される卒業年鑑アルバムを三年生の制作委員が編集する習わしがある。コロラドカレッジの年鑑アルバムはパイクスピーク・ナゲット（パイクスピーク山頂の金塊）という愛称が付けられており、美術担当のメレルはアルバムの中にたくさんの漫画風とも言えるイラストや飾り文字を入れている。ところが、教授たちを動物にたとえて風刺したものが行き過ぎているということで、怒った一部の教授からやり直しをせよと抗議を受ける事件が起きた。すでに印刷に取り掛かっていたため、発刊停止かと心配されたが、幸いメレル自身が機転の利いた釈明をして切り抜けた。ピエロ姿を描いて最も怒らせてしまった学部長に対し、威厳と学識の正反対の漫画によって真の姿を誇張するという表現方法を取り入れたに過ぎないと言って、怒りを収めさせたのである。実際にこのアルバムを見ると、前年のものより風刺が効いていて面白いが、格式を重んじる当時の大学にしてはおふざけが過ぎているようにも見える。[13・72]

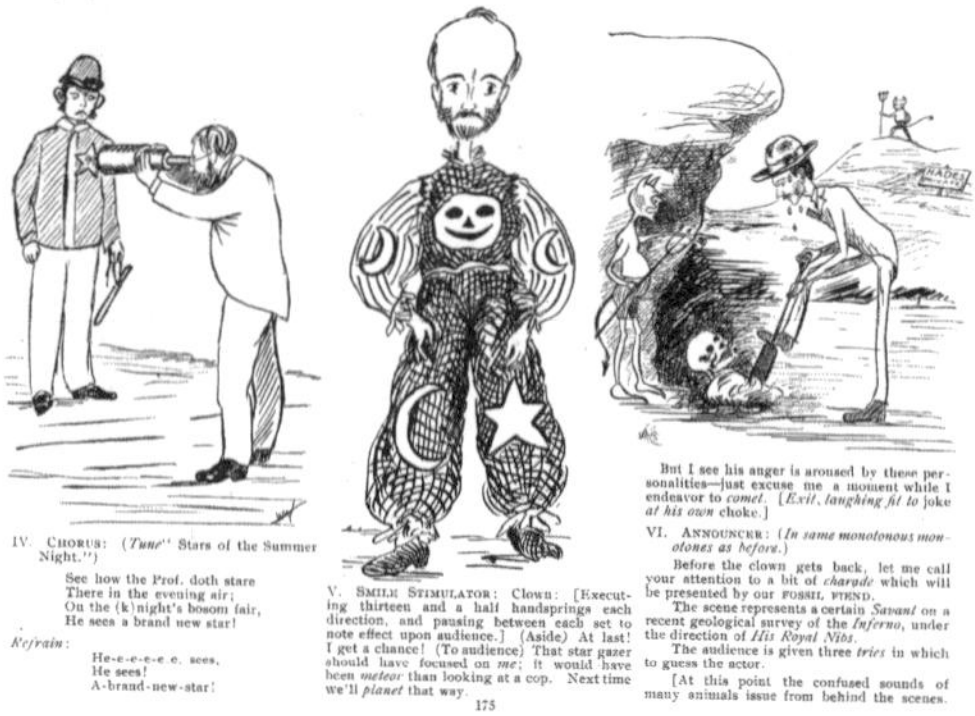

メレルが年鑑アルバムのために描いた漫画のひとつ　72

クレア・マッコイ

メレルがコロラドカレッジを選択する動機の一つとなったのは、高校時代のガールフレンド、クレア・マッコイの存在があったことは先に述べたが、大学での交際がどのようなものだったのかは不明である。クレアは、メレルら三年生の編集委員が制作した年鑑アルバムの中に、卒業者として角帽にガウンの姿で掲載されている。ＢＡ（Bachelor of Arts）の学士号を得て卒業したので、リベラルアーツ、つまり人文、社会、自然科学全般を学んだのであろう。在学中から、コロラドスプリングスに隣接する町キャノンシティで両親、兄、弟、二人の妹と暮らしており、卒業後もその地にあるキャノンシティ高校で国語教師として永年勤めた。メレルが近江八幡で教職を解かれ、自給自足の伝道を始めてから当初支援者となったのがコロラドカレッジ時代の友人たちである。その寄付者の中に、「友人」とだけ記録されている匿名の人たちがいるが、クレア・マッコイもその一人であったのかもしれない。彼女は生涯独身を通し、一九六七年に同市で亡くなった。

メレルは四年生になってから、自作の四一篇の詩をまとめた詩集『大学の思い出とそのほかの詩』（*College Memories and Other Rimes*）」を出版して友人らに配っている。この四一篇の中に、海外宣教を決心したために別れねばならなかったクレア・マッコイに捧《ささ》げた詩が二篇含まれている。バレンタインカードのことを詠った「A Valentine」と、もう一篇は外見上「To D. C. M.」と題しているものだが、Dearest Clare McCoy の頭文字であろう。この詩集と彼女のポートレート、彼女が載っている年鑑アルバムの三

クレア・マッコイの1903年度卒業写真　72

メレルが悦蔵に預けたクレア・マッコイのポートレート　†

クレアに捧げられた詩

TO D. C. M.
Before me on my table
 A little frame doth stand,
And thou. 0 Friend, dost watch me
 From out its golden band.

So thou art ever with me,
 Though here or there thou art;
I see thy face, and bear thee
 Forever in my heart.

And daily as I watch thee,
 I raise for thee the prayer
That God may keep thee spotless
 In His protecting care.

Ah, sacred power of Friendship！－
 Thy presence, ever near,
Doth strengthen me in crises,
 My daily task doth cheer.

TO D . C. M.
わたしの前のテーブルに
　小さな写真立て、
ああ友よ、わたしを見て
　その金色の縁取りの中から

あなたはずっとわたしといたのに
　今は何処にいるのか
あなたの顔を見て思い続ける
　わたしの心の中で永遠に

日々あなたを見つめて、
　祈りを捧げます
あなたが穢れなきよう
　神がお護りくださることを

ああ友情の神聖なる力！－
　いつもそばにいるあなたの存在、
岐路に立つわたしに強くあれと、
　日々仕事に励めよと

点は、後年、一柳満喜子との結婚前に吉田悦蔵に預けられ、現在も吉田家に保存されている。

クレアのヴァイオリンに伴奏をすることが何よりの喜びであったという話から、ヴァイオリニスト高木五郎のエピソードが思い出される。時代は飛んで一九二六年（大正一五）のこと、メレルがアメリカから日本に戻る客船の上で、松竹交響楽団の副首席ヴァイオリニストとして活躍する高木五郎という青年と出会った。二人は意気投合し、船の食堂でメレルのピアノに合わせて、高木が讃美歌《さんびか》の旋律を即興も交えて演奏するのを楽しむようになった。高木はメレルによって信仰に触れ、近江兄弟社という団体の存在を知って入社を決める。メレルにとって高木五郎との演奏は特別なものとなり、二人の重奏は建築事務所など社内のあちこちで仕事の合間に聞かれるようになった。二人は社内で小楽団も作って張り切るが、それもつかの間、高木はメレルとの出会いから五年後に盲腸炎の悪化により世を去る。その悲しみから、メレルは『Musician Goro Takagi』という本を刊行しているが、高木五郎との演奏はクレア・マッコイとの思い出につながっていたのではないかと思われて仕方がない。

コロラドスプリングスＹＭＣＡの副主事に

六月にメレルはPh. B（Bachelor of Philosophy）の学士号を受けて卒業した。直訳すれば哲学士であるが、日本の哲学科のイメージよりも総合人文科学系の学士号という意味にとらえたほうが近い。彼には二つほど経済的に有望な仕事口があったものの、望むような海外宣教の進路ではなかったので、定職がない状態のまま寄宿舎を出た。

メレルの1904年度卒業写真　72

メレルは海外宣教の仕事が見つかるまで、伝道の予行演習になるだろうということで、コロラドスプリングス市内のYMCAで副主事の仕事をするようになる。会館の管理やホステルの世話をする仕事が中心であった。それまで日曜礼拝にはコロラドスプリングスの長老派教会に出席していたが、母教会籍はデンバーの長老派教会に置いたままであった。しかし、一九〇四年（明治三七）九月になってデンバーの教会籍をコロラドスプリングスに移している。

その年の秋にメレルはSVM本部から、日本の近江八幡というところでYMCA派遣の英語教師として働かないかという斡旋を受けた。その土地はキリスト教徒がほとんどいないところで、いまいる英語教師が一日も早く交代を求めているということであった。この斡旋を受け入れたことで、ようやく海外伝道の第一歩が踏み出せることになった。条件として、日本に行ってからは十分な給料が払われるが、日本に渡航する費用は自分で用立てる必要があった。そこで、両親に旅費を借りたいと相談したところ、父親のジョンは遠方であることにしばし反対意見を言ったようである。しかし、すでにメレルの心は決まっており、その年のクリスマス前にYMCAを辞して自宅で準備を始めた。[5・11・13]

メレル卒業前の1904年2月23日、パルマーホールの開館式を終え、パーキンホールに向かう教授と学生の盛装行進の儀式 80

アルバート・ハーディのその後

あらゆることでメレルの一歩先をゆくA・C・H・ことアルバート・ハーディは海外宣教師としてふさわしい人材であったが、卒業後精神を病み、農場での単純労働で生活を続けていた。そして精神病の悪化により、三〇代でコロラド州立病院に入院した。この病院は精神病専門病院で、当時は精神病に対する知識も乏しく、隔離により患者の自由が奪われた暗い時代であったので、アルバートも病院で生涯を閉じたと考えられる。メレルは彼の入院を知っていたのか、アルバートの肉親から亡くなったと知らされていたのか不明だが、『自叙伝』では早くに亡くなってしまったとだけ書いている。いずれにせよ、メレルの信仰を深くさせたアルバートの夢が果たせなくなり、メレルは彼の代わりも務めようという意気込みで日本に旅立つのである。

吉田悦蔵と母柳子

後にメレルと出会い、彼を助けて近江ミッションに生涯を捧げることになる吉田（旧姓井上）悦蔵と、メレルから日本の母、そして近江ミッションの母と呼ばれた母親柳子《りゅうこ》について記しておきたい。

柳子は神戸栄町の船問屋、坂田弥右衛門とたきの三女として一八六六年（慶応二）一〇月一〇日に生まれた。坂田弥右衛門は何十隻もの千石船を所有して、鳥取や北海道まで運行しており、蛤御門《はまぐりごもん》の変で長州藩士に帰郷船を出した縁で伊藤博文と懇意にしていたという。豪放であったが徹底した異人嫌いだった。明治維新後、神戸の港近くに外国人を住まわす居留地ができることになって、太政官から海岸の別荘を外国人住居として貸すことを命令されたとき大反対をしたが、無駄であった。西洋人はその家に土足で上がり、肉食をしたので、その後返却されたときには穢《けが》れたその家を壊してしまい、土を三寸掘り返して海に捨て、生田《いくた》神社神職に清めてもらい、湊川《みなとがわ》神社から砂をもらって撒《ま》き、その上に清め塩を撒いて新築をしたというほどであった。

柳子は五人の兄や弟、そして二人の姉と育ち、仏教教育を受けたほかは普通の女の子であった。体は皆より大柄で強かった。一六歳のころに重い眼病を患い、信心を強くしたところ失明を免れ、いっそう仏教の信心を堅くしていた。一八歳になったとき、神戸の油屋として一、二を争う有名な「吉金《よしきん》商店」を経営する吉田金介とりきの長男久介と結婚することになった。吉金商店はランプの灯油や植物油の代用品、そして蠟燭《ろうそく》の原料となる魚油・鯨油を製造販売しており、小売りのほか、陸海軍に納めたり、工業用品の海外輸出も行っていた。同じ神戸市内で成功している商家どうしでもあり、吉田金介の懇願によって柳子は久介をほとんど知ることもなく結婚した。

久介は長男で、吉金の商売を継ぐために近くの神戸商業学校に入ったが交友関係が悪く、早くから酒の虜になってしまった。酒が入っていないときは非常に商売に優れたところを見せ評判も良いのだが、いったん酒が入ると人が変わったように乱暴者になり、遊郭に何日も逗留するなど放蕩《ほうとう》をする。体をこわすまで飲み続けるので、金介は京都の病院に一度、二度と入院させたが効果は続かなかった。金介はやむなく、久介より一五歳も年下の弟の金之介に家を継がせることにし、久介には一度絶えて人がいない分家の井上家を立てさせた。こうして久介には家督を継がせないという試練を与え、柳子というしっかり者と所帯を持って立ち直ってくれることを期待しつつ日常の仕事をやらせていた。

久介も結婚当初はまじめに吉金で働いていたが、いったん酒を口にすると酒乱が始まり、体をこわして再び平穏な状態に戻るということを繰り返す生活になった。一八九〇年（明治二三）に長男悦蔵が生まれ、一八九三年に長女まつが、一八九六年に次男徳蔵が生まれた。まつは生まれつき虚弱だったので、柳子は菩提寺《ぼだいじ》である近くの藤之《ふじの》寺《てら》にお参りすることが日課となった。次男の徳蔵は生まれて間もなく、子どものいない知人の家に養子に出すことになった。

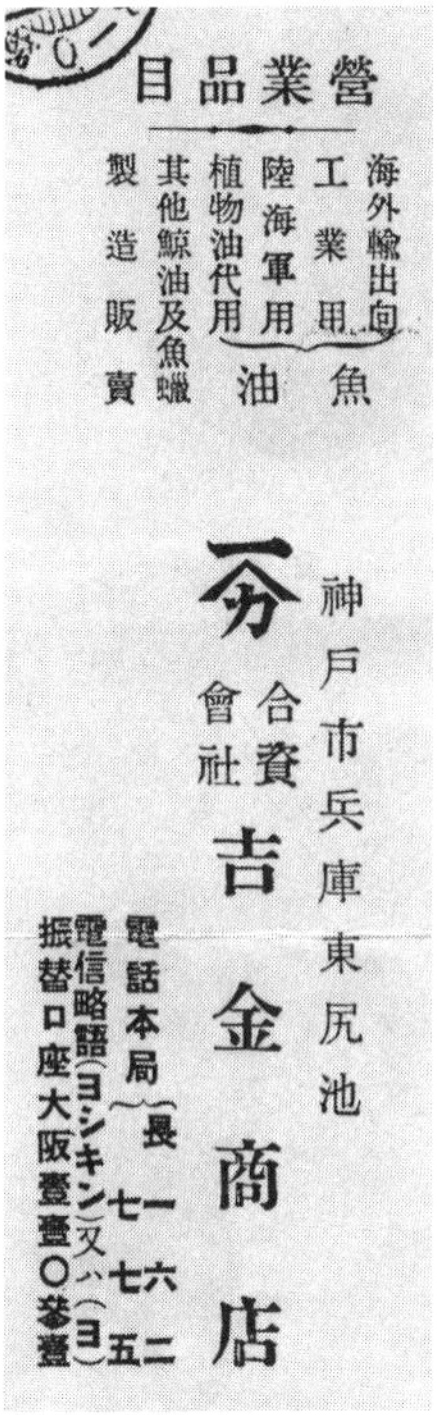

吉金商店の封筒。大正初期のもの　†

柳子、まつ、悦蔵　†

悦蔵が尋常小学校に入った一年目に、父久介の暴力をきっかけに柳子が実家に逃げ帰ったときは、悦蔵が母に戻ってほしいという手紙を書いて送り、柳子は泣く泣く家に戻った。しかし久介の酒乱はいっこうに直らず、家計を助けるため柳子は吉金の魚油工場で働くようになった。ある日久介が酒の勢いにまかせて割れた杯で柳子の頬《ほお》に傷を負わせたとき、柳子は医者に傷跡が残るようにしてほしいと頼んだという。

悦蔵はこうした哀しい母親の姿を見て育ち、祖父金介からは酒を一生飲むなと言われるようになった。久介の弟金之介は実直な人物で、悦蔵よりわずか九歳年長だったので悦蔵は兄さんと呼んで慕った。金之介はよそでの奉公を終えて吉金商店で働きだすと、悦蔵が尋常小学校から高等小学校に移った一〇歳のとき大津の取引先である西利商店から、りきという嫁をもらい、一軒屋に住み始めた。

その翌年、悦蔵一一歳のとき、父久介に体力の衰えがみえてきた。ある日、何を考えたか、床屋で頭を丸めてもらい、病床に悦蔵とまつの二人を呼び入れて、今まで二人には苦労をかけたがこの日をもって私はやり直すと約束をした。これを聞いた悦蔵は泣いた。ところが、それから幾日も経たぬうちに久介は亡くなってしまった。柳子は生活のために吉金商店の工場で作業をし、薪炭《しんたん》や石鹸《せっけん》の販売もして一家を支えるほかなかった。

悦蔵は高等小学校で一年飛び級となり、一三歳の春に卒業することになった。柳子は義父金介や金之介と相談した結果、神戸商業学校は近いが久介のようなことになるのを心配し、近江商人養成学校として名高かった滋賀県立商業学校に進学させることにした。当時、滋賀県立商業学校は大津から蒲生《がもう》郡八幡町（近江八幡）に移転したばかりで、校舎は真新しかった。近江八幡は汽車で半日もあれば行ける距離であるし、途中の大津には金之介の妻りきの実家がある。近江八幡の本町五丁目にある油屋は取引先で、そこに悦蔵を下宿させてもらえることになったので柳子は安心した。学校が始まってみると、校内では悦蔵が最年少で同学年には二〇歳をとうに過ぎた者もおり、校風はいたってバンカラ風であった。商人養成学校であるから、煙草入れを腰に下げた商人風情の者が校内を闊歩《かっぽ》しており、皆丸刈りか刈り上げ頭で、七三に分けるのはキザでもってのほかであった[1-3]。

13歳で商業学校に入学したころの悦蔵　†

実業学校であったから授業は実務的であったのは言うまでもないが、悦蔵が入学したのは、日本が清国に勝利しロシアと緊張状態にあったときであった。そのため、商人の目は近隣アジア諸国との交易に向いており、英語の習得に熱心であった。英会話の授業は外国人教師が担当し、早くからネイティブスピーカーの発音を聴くことができた。

2 一九〇五年（明治三八）　来日一年目の奇跡

旅立ちから到着まで

二四歳になったメレルがデンバーを出発したのは一九〇五年（明治三八）一月二日のことであった。駅舎には両親や友人、YMCAキャンプでテントリーダーをしたときに参加したカール・バルカム少年もいた。この少年はメレルを兄のように慕い、二年後にメレルを助けるために日本に渡る計画をしていた。それは果たせなかったが、生涯にわたってメレルの活動を支援している。

サンフランシスコに行くには、当時アッチソン・トピカ&サンタフェ鉄道に乗りアメリカを横断するルートができていた。メレルは途中のコロラドスプリングスで一泊して、大学時代の友人たちと会った。そして同じ路線にあるアリゾナ州フラグスタッフで数日を過ごし、小中学校時代の友人や長老教会の教会員の人たちと再会している。再び列車に乗って西に進み、カリフォルニア州パサデナで途中下車し、信仰について議論をして親友となったハーバート・アンドリュースを見舞った。病気のため大学を中途退学せざるを得なかったハーバートは、気候のよいパサデナで療養をしながら血統学を研究していて、それをまとめた『ロバート・ヒンスデールの血統』が出版直前になっていた。しかし、彼の病状はかなり悪くなっており、母親の看護を受けていた。メレルとハーバートは再び会うことができることを一緒に祈り、別れた。パサデナからサンフランシスコまで汽車で移動したが、このとき車窓から初めて太平洋を見たという。

サンフランシスコ港で乗船した汽船はパシフィック・メイル社のチャイナ号で、五四八〇トンの比較的小さい客船であるが、サンフランシスコと香港を結び、途中、ホノルルと横浜に寄港する航路を定期運航していた。客室は一等一三九名、二等四一名、そして三等は三〇〇名以上入れる雑居エリアであった。メレルは二等に乗った。出航して間もなく、乗客の中に日本や中国に向かう宣教師たちが何人もいて、彼らとの会話を通じてさまざまな情報を得ることができた。乗船している名士の講演会や日本語勉強会、ゲームなどが催され、一九日間の航海は退屈をすることがなかったようである。途中ホノルルで一日停泊しており、遊覧馬車に乗って島内見学やワイキキでの海水浴を楽しんだ。[13]

一月二九日の明け方、チャイナ号から陸地方向に富士山が見え、その午後、横浜港に近づいた。当時は日露戦争の最中であったので、港内に設置された機雷を迂回《うかい》するために水先案内船の後ろをゆっくりとついて岸に近づき、着岸することなく艀《はしけ》で乗客は岸に上がった。その時間にはすっかり暗くなっていて、人力車の提灯《ちょうちん》の灯りがいくつも見え、車夫のブロークンイングリッシュの声と下駄の音が響いていた。日本ＹＭＣＡ同盟から出迎えを依頼されていた宣教師デーリング博士からの手紙があらかじめ船上に届いていたが、それによると、説教をする礼拝に間に合わなくなるので、住所を書いた同封のカードを車夫に見せて自宅に来るように、と書いてあった。はるばるアメリカからやって来たのに、船の到着が遅れたため、出迎えの人が誰もいなかったのである。

客を探す車夫の群れが押し寄せる中で、一人の車夫と目を合わせ、カードを見せた。行き先はデーリング博士の住居で、車夫とは二〇銭と約束をした。途中の坂道で難渋したときは他の車夫に助けてもらったり、道に迷ったりしながら、何とか目的の家に到着した。すると車夫から八五銭を請求されて驚く。車夫は坂道を上がるときに手助けした他の車夫に支払ったことや道に迷ったことによる追加を言っているらしかった。船上の宣教師から、騙《だま》されないよう気をつけろと言われたことを思い出したが、やむを得ず支払った。ようやくたどり着いたデーリング家では暖かい床があって、一晩ゆっくりと休むことができた。[13]

　出迎えるはずであった人物について、『自叙伝』にはダーギング博士とあるが、米国北部バプテストミッションの神学博士ジョン・リンカーン・デーリング（John L. Dearing）であった。彼は一八八九年に来日し、関東学院の源流の一つ、横浜バプテスト神学校の第二代校長である。いま元町公園の北端に「横浜バプテスト神学校発祥の地」の碑があり、彼の住む校長館は神学校の隣の山手七五番地Ｂにあった。彼は教派を超えたミッション活動に理解があり、ＹＭＣＡ同盟中央委員会と在日本協同ミッションの会計を務めていた。[19・26・37・38]

　翌朝、メレルはデーリング家から人力車に乗って横浜駅まで行き、そこから汽車で新橋まで行き、人力車でＹＭＣＡ同盟本部が入居している神田美土代《みとしろ》町の東京ＹＭＣＡ会館に向かった（当時のＹＭＣＡ会館は基督教青年会館と呼ばれているが、本書ではＹＭＣＡ会館と表記する）。その建物は、当時国内最大の講堂をもつ立派な洋風建築で、そこには東京ＹＭＣＡ主事と同盟本部の日本人のほかに北米ＹＭＣＡ同盟から派遣された六人のアメリカ人名誉主事がいて、そのリーダーがゲーレン・フィッシャーであった。名誉主

キリスト教青年の世界的リーダー、ジョン・R・モット

YMCA同盟名誉主事リーダーのゲーレン・フィッシャー

京都YMCA名誉主事のG・S・フェルプス

YMCA同盟名誉主事のヴァーレン・ヘルム（のち神戸YMCAへ異動）

大阪YMCA名誉主事のジョージ・グリーソン

神田美土代町の東京YMCA会館。同盟も同居していた

事たちは日本各地の市や学生のＹＭＣＡを統括する日本ＹＭＣＡ同盟本部を支援しながら、教育、出版、軍隊慰労などの直轄事業を運営していた。直轄事業の一つに官立学校や大学校への英語教師派遣もあり、この当時は一八名のネイティブ英語教師を全国に派遣していた。

　メレルはその日、船に積んできた荷物の通関と運送の手続きのため、ＹＭＣＡ会員の大学生に同行してもらい横浜に引き返し、再び東京に戻っている。宿泊は、メレルの受け入れ責任者のヴァーレン・ヘルム（のち神戸ＹＭＣＡ名誉主事）夫妻の家に替わった。ヘルムはメレルより五歳年長で、デポー大学のＳＶＭに属し、海外伝道の誓いをたて、北米ＹＭＣＡ同盟から派遣されていた。

　翌日は、三年前に一年間ほど滋賀県立商業学校で英語を教えた経験があるウィリアム・Ｄ・ルートの案内で英語の授業を参観した。二人はそのあと銀座に行き、ルートは教文館で聖書や讃美歌集が手に入ることを見せ、新川洋服店で官立学校教諭の正装に必要なフロックコートを誂《あつら》えるのを手伝った。ルートは同校がまだ大津にあったときの九代目の外国人英語教師で、彼の退任直後に商業学校が近江八幡に移転した。今は一一代目の英語教師ジョン・リチャード・ワードが担当教師である。ワードは、体調がすぐれないので契約がいったん満了する四月を待たずに、交代の教師が来たらすぐにも退職したいという意向を伝えていた。これまでの一一人の教師の平均在職期間は二年にも満たないという状況で、外国人教師が地方で定着することは難しかったようである。[1・13]

　二月一日はアメリカ大使館で用事をすませてから、ＹＭＣＡ会員の案内で東京市内を見物した。夕方、ルートと共にアーネスト・Ｗ・クレメントという人物の家で夕食をごちそうになった。クレメントはバプテスト派宣教師として関東学院の前身、東京学院を設立し院長となった。一時帰国後に新渡戸稲造に招かれ、第一高等学校（現東京大学教養部）英語教師となり、そのかたわらプロテスタント宣教師の月刊誌『The Japan Evangelist（以下『ジャパン・エバンジェリスト』）』の編集長をしていた。メレルはこの雑誌に詩を投稿する約束をしている。

この夕食のあと、いよいよ任地の近江八幡に向かうことになった。夜一〇時の新橋駅発の汽車に乗るメレルのため、ルートが駅まで来て間違いなく近江八幡で下車できるよう車掌に話をつけ、二等車両の座席を確保させてくれた。照明は薄暗いランプだけの鈍行の普通客車であった。暖房はブリキの湯たんぽだけで、二時間おきくらいに駅で交換されるのだった。天井に吊《つ》られたランプは、ときおり停車駅で駅員が客車の屋根に上り、蓋《ふた》を開けてランプごと交換していた。当時アメリカではすでに禁煙の客車があってメレルはいつも禁煙車を選んでいたが、日本の客車にその区別はないので、大半の乗客が吸う煙草によって車内は常に紫煙が漂っていた。

翌朝、乗客たちが駅で弁当を買うのを見たが、食べ方がわからないので我慢していた。自分で調べた時刻表では朝の一〇時ごろ近江八幡に着くものと思いこんでいたが、昼になっても着かない。ついに我慢しきれず、ある駅で日本人のやり方を真似て駅弁を一つ買った。割り箸《ばし》が使えないので、鞄《かばん》に入れてあったスプーンで見慣れないものを口に入れた。空腹だったので、興味津々様子を見守る人たちの視線を感じながらも平らげることができた。すでに陽が高く昇っていて、車窓をみると、樹木の茂った山々が続く美しい冬景色が展開していた[13]。

近江八幡に移転したころの滋賀県立商業学校　40

近江八幡に到着

午後三時近くになってようやく近江八幡に着いた。車掌が覚えていて、着いたことを知らせに来たので問題はなかった。当時、東京から一八時間を要したのであるから、時刻表の読み違えをしていたのである。駅には中年の英語主任教師の雨田《あめだ》仲左衛門が迎えに来ていたのでほっとする。しかし、その駅は道中で見た駅の中でも小さいほうで、駅前には店や家がまばらにある程度、ここに官立学校があるのだろうかと心配になった。

雨田は駅前の人力車を雇い、それに荷物を乗せて、二人は北風の吹く田んぼ道を山の方向に二キロメートルほど歩いた。本来は校長と前任教師ワードが出迎えに来る予定であったが、二人とも体調が優れないので来れないということであった。メレルが最初に案内された場所は職場となる滋賀県立商業学校で、正門を通ってまだ新しい校舎に入り、冷え切ったスリッパに履き替えて職員室に入った。そして、その場にいた教職員に紹介された。

その日はそれだけだったので、雨田に連れられてメレルの宿泊のために予約していた料理旅館「兵四《ひょうし》楼《ろう》」まで歩くことにしたが、途中の魚屋町に前任者のワードが住む家があるというので立ち寄った。ワードは在宅で、案外早く着いたなと驚きながら招き入れてくれた。低い木戸をくぐりぬけて中に入ると少し土臭いにおいがする土間がある。土間に置かれた大きな石の上で靴を脱いで、一段上がったところにある畳の部屋に入った。その部屋にはストーブがあって暖かくしてあった。ワードは自分のベッドを提供するから旅館は断ってはどうかというので、雨田は兵四楼の予約を断るといって帰って行った。

　その夜はワードの暖かい居間で近江八幡での生活についてじっくりと話を聞いた。この家は紙問屋をしていた西川家の持ち物であったが、いまはワード本人と、一階奥に神谷という料理人夫婦とその男の子が住んでいるだけだった。京町屋と同じ造りで、間口が狭く奥行きが深い畳の間ばかりの家だが、十分なスペースがあった。一階は一二畳・四畳・六畳・四畳半二室と料理人の住む八畳・四畳半、そして台所と風呂場《ふろば》のほか庭があり、中二階には八畳・七畳半があった。ワードはすぐに出るので引き続き借りたほうがよいというので、同じように一二畳の部屋を書斎兼食堂・寝室・応接室にすることにした。[1-13]（この建物は一九三六年〔昭和一一〕に近江兄弟社が買い取り「創めの家」という表札を上げて回顧と修養の場に利用されていたが、昭和の半ばに取り壊された。）

2月22日ワシントン生誕日にメレルは家の前に星条旗を掲げた。この魚屋町の通りの突き当りに見えるのが商業学校である　††

　翌日金曜日の朝、ワードと一緒に出勤したが、金曜日は担当がない日で諸事について説

宮本文次郎　†

明を受けた。それによると、県立商業学校の担当授業は月曜日から水曜日に毎日四クラス、土曜日午前に二クラスを受け持ち、毎週木曜日は彦根中学（現県立彦根東高等学校）で四クラス、金曜日は膳所《ぜぜ》中学（現県立膳所高等学校）で四クラス授業をするというパターンが予定されていた。彦根中学は一年間だけの予定だった。

学校の用事を終えてから、ワードに八幡町内（近江八幡を現地では単に八幡と呼んでいる）を案内してもらった。碁盤の目になった町内の道は蒲鉾《かまぼこ》形に固められていて左右に溝があり水はけが良いように造られている。民家は黒い屋根瓦の二階建てがほとんどであることを知った。昼過ぎになると、早くもワードが近江八幡を出て行くというので、彼が使っていた古い寝台・机・椅子《いす》・緞通《だんつう》・ランプ・薪《まき》ストーブ・バケツなどを売ってもらった。六〇円を求められたが持ち金は少なく、最初の給料から送金する約束をした。その夜は相当なホームシックに襲われたという。

翌日は土曜日なので二クラスで初めての授業をした。悦蔵はその日にメレルの授業を受けた。悦蔵には将来吉金商店の仕事を拡げるという目標があったので、英語の勉強に力が入り、得意科目でもあったため、新しい英語教師をとても楽しみにしていた。山崎繁樹教頭がメレルを連れて教室に入ってきたとき、今までの中年教師とまったく違う若造だったので、生徒たちから「ボンチが来よった」と声が出たほどだった。美しい顔立ちで、威厳はないが、親しみやすいまなざしを向けてくる。最初はゆっくりとメレル自身のことを語り、授業を終える前に「アイアム　ロンリー　カムアンドシーミー　アフターザスクール」と言って教室を出て行った。その言葉の意味はだいたいわかったので、悦蔵ら友人三人は午後一緒に家を訪問してみた。すると、喜んでもてなしてくれた上にゲームを教えてくれ、一緒になって興じるので、すっかり新しい教師の虜になってしまった。

この日メレルにとって最も印象深かったできごとは、宮本文次郎という英語助教諭がクリスチャンであることを知って、一気に完全な孤独感から脱することができたことだろう。そして彼からバイブルクラス（聖書研究会）を開いてほしいと言われたこともうれしかった。

夕方、京都YMCA名誉主事のG・S・フェルプスがパンを手土産に訪問してきた。ちょうど家のパン焼き用オーブンが壊れていたので久しぶりのパンを喜んだ。フェルプスはヘルムと同じ二七歳で、メレルより五歳年長だった。京都周辺で働くYMCA派遣英語教師の世話役という立場であったので、自身の紹介とメレルの相談相手であることを伝えに来たのだった。

翌日の日曜日、近江八幡に来て初めて両親に手紙を出している。その記念すべき文面が残っているので、少々長いが紹介しておく。

二月五日の両親宛ての手紙

一九〇五年二月五日（日曜日）、八幡　第四日目

メレルの居室。右奥の黒板は卓球台にも使われた　††

東京のＹＭＣＡ名誉主事のヘルムさんの所を訪問して楽しく過ごしたあと、木曜日にこちらに着きました。とても寒くどんよりとした天候で、近くにある山以外は寂しい景色ばかりでした。英語の先生が駅で迎えてくれて、最初に学校へ行き、そこで校長と何人かの教師を紹介されました。そのあとでワード氏に会いましたが、もっと遅く着くと思っていたらしく、私を見て少し驚いていました。最初の夜のことは一生忘れられません。孤独とかホームシックという言葉の意味を、このとき初めて知りました。

金曜日の昼ごろワード氏が去り、独りぼっちになりました。けれども日が照るようになってから気分も優れてきました。このあとはだんだんよくなってきます。

たいていの状況はワード氏から聞いていたことよりましです。この家の家賃はたったの月三円（一ドル五〇セント！）で、ふすまをどう使うかによりますが、八部屋か九部屋もあります。私のリビングは日本家屋としては広いほうです。家の裏手からは石、コケ、木、石塔などのある小さな庭園に出られます。アメリカ人に必要なものは近江八幡ではまったく手に入らないので、自宅から持ってきたものは全部役に立つことになりました。神戸から荷物が届いたら（東京から汽車で来たけれど荷物は船便です）私の部屋はこの近辺でいちばん贅沢《ぜいたく》な部屋になると思います。

ホームシックが治るうれしいことがありましたよ。今朝教会に行きました。ここ八幡には一五人ほどのクリスチャンがいて、民家の教会に集まり、日本人女性の伝道師が説教をしています。うれしいことに、私が教える学校の卒業生で英語助教諭をしている人〔宮本文次郎〕がそこの教会員なのです。今日、彼に連れられて教会に出席したら、驚いたことに、着くやいなや私に説教をしてくれと言われたのです。彼が通訳となって、半時間くらい話しましたが、アメリカでも経験のないくらいうまく話せたと感じました。実際、一人でもずっとやれるくらいだと思いました。この宮本という若い教員は良い友人になると思います。それから土曜日に最初の二クラスを教えました。これもいい感じで成功し、教えることが楽しくなりそうです。この学校は広い敷地にあり、教室には灰と炭を入れた火鉢という箱があるほかにはほとんど暖房がありません。互いの吐息がはっきり見えるほどです。でも私の住まいにはストーブがあり、いつも暖かです。

ところで、私の料理人は大当たりです。永いあいだ英国国教会の司教に雇われていたそうで、英国流の仕事がそこそこできます。彼は英語を話せるので通訳が不要だし、道具も使えるし、仕事熱心です。

二つのグループの生徒が訪問してくれました。彼らにお茶を出し、ティドル・ウィンクス〔おはじきをコイン等で弾いて茶碗《ちゃわん》に入れる遊び〕をして彼らを喜ばせました。みな英語はけっこう話せるのです。自分のことを表現するにはまだ時間がかかるけれど、私の言うことはだんだん理解してきています。

ここまで書いたところで、また訪問者がありました。今日は六人、昨日は一一人の生徒が来まし

1905年商業学校内で撮影された初期バイブルクラスの生徒たちとメレル（中央）　††

た。彼らの名前とクラス名を記帳させて名前を覚えるようにしています。

私はみんなの心を摑んだように思います。彼らは小グループでやって来て、それぞれの楽しかったことを報告してくれます。何を見たとか、どんな体験をしたとか、そんな話です。もうすぐ寂しくなくなるだろうし、強い印象を残すようになると期待し祈っています。

今朝の四時ごろ大変な経験をしました。地震が三、四回家を揺らしたのです。どんな感じかというと、風呂に入れた犬が体を揺らすというか、自分が犬に付いたノミになったような感じ。他の人の話ではふだんの揺れより強めで、しばらくなかった強い揺れだそうです。心底縮みあがりました。

今晩、宮本さんが帰ったあと、真っ暗になるまで外を歩いたけど、まるで羅針盤がついているようにちゃんと家にもどれましたよ。

滋賀県立彦根中学校（現彦根東高等学校）　40

奇跡のバイブルクラス

月曜日からの授業も、メレルは生徒の反応がとても良いと感じた。学校を終えると生徒とテニスに興じ、家にいれば生徒の訪問を受けるようになる。そして二月八日水曜日の夕食後、初めて開いたバイブルクラスには、思いがけず四五人もの生徒が集まった。一部屋では入り切らないので襖《ふすま》をはずして二部屋を使った。生徒たちに無料で新約聖書を与えるため確認をとったところ、二七人が英語版を希望したという。英語の勉強のために参加していた生徒が多かったのだが、メレルはその後、聖句の読み合わせで英語と日本語を比較しながら進めるようにしたので、生徒の英語力が高まる要素となった。

自宅の二部屋を使っても人数が多すぎるので、次回から上級学年（四年生と五年生）と低学年に曜日を分けることにした。会長、副会長、書記を選ばせたところ、悦蔵に書記が回ってきた。その後、毎週火曜日に下級生、水曜日に上級生のバイブルクラスが開かれるが、二月の終わりごろには下級生三五名、上級生七七名にまで膨れ上がるのである。[13]

二月一〇日（金曜日）に彦根中学で最初の授業をしたが、彦根中学

滋賀県立膳所中学校（現膳所高等学校） 40

にとっては初めてネイティブの英語教師を迎えた日だったらしい。全校集会でメレルがものものしく紹介されたうえ、英語教師からバイブルクラスを開いてほしいと求められて驚く。

その日、彦根駅を出た足で京都に行き、週末をフェルプス家で過ごしている。フェルプスの家は同志社に近い今出川通（数年後に室町通出水上ル、京都ＹＷＣＡの場所に移る）にあった。土曜日は人力車に乗って京都を巡り、亡き新島襄《じょう》の邸宅などを見学し、日曜日には同志社神学校のチャペルで学生礼拝に出席し、オーティス・ケーリ師の説教を聞いている。月曜日の朝までフェルプスの家にいたメレルは、汽車に乗り直接学校に駆けつけたが、少し遅刻している。配送間違いがあって遅れていたトランクがその日に到着したので、中に入れておいた写真、雑誌、カードゲームなどを生徒たちに見せ、さらなる興奮を呼ぶことになる。

膳所中学は二月一六日（木曜日）が最初の授業だった。三〇人以上の生徒からバイブルクラスを開いてほしいと要望が出た。学校の一室を借りて開催場所について打ち合わせをした結果、学校の正面に建つ民家の広間を放課後だけ有償で使わせてもらうことになった。[13]

こうしてメレルは、三学期の途中にもかかわらず授業を三校で週に二二時間受け持ち、バイブルクラ

着任の翌月、滋賀県立商業学校の卒業写真に納まった。メレルの左が安場禎次郎校長　†

スを三カ所で開くようになった。二月一九日に両親に宛《あ》てた手紙には、英語を教えること自体が楽しく、三倍の給料を積まれても他の仕事はできないと伝えている。生徒たちもメレルが担当してくれた喜びを素直に表現してくれると書いているが、多くの教師が威厳を保ち、生徒と距離を置くことを普通としていた当時としては、異色の兄のような教師像であった。

メレルは八幡基督教会（以下、八幡教会）にも変化をもたらした。メレルが三回目の礼拝に出た日には、商業学校の生徒二六人が自主的に出席していた。この日は通訳をしていた宮本文次郎が不在であったので、悦蔵の同級生で彦根に近い鳥居本《とりいもと》出身の小山吉三郎に通訳が任された。小山は当初から周囲も驚く語学のセンスの持ち主で、悦蔵は彼に触発されていっそう熱心に英語を勉強するようになる。

三月三日、英語助教諭の宮本文次郎がメレルの家で同居を始めた。その様子をみた小山と悦蔵が、自分たちも同居させてほしいと訴えている。その要望に応じ、メレルは屋根裏を使ったツシと呼ばれる空間に上がれるように大工に依頼して階段、窓、ドアを取り付けた。普通は居住スペースではないので、立つと頭が当たる箇所もあるが、三人で徹底的に掃除をして壁紙を貼《は》った。この同居生活は膳所や彦根のバイブルクラスの生徒たちをも大変うらやましがらせたという。最初は、一緒に住んだらもっと英語が上達するだろうという程度の理由であっただろうが、同居してみると同居者どうしが結束し、信仰が加速度的に深まって、生活態度も向上するという体験をしたのである。

こうしてメレルは近江八幡に来て半年もしないうちに、あるビジョンを描く。日々を無為に過ごす生徒が健全な体を養い、道徳的に浄化され、情熱をもって主体的に行動する青年となるために学生ＹＭＣＡを作ること、そして彼らが共同生活をする寄宿舎を建てることである。これが進めば若いクリスチャンのリーダーが何人か生まれ、七〇万の近江の国の魂に福音を拡げることができると考えるようになった。

三月二四日は膳所中学の卒業式で、メレルは実家に帰る悦蔵と一緒に汽車に乗って馬場まで来て別れた。二五日は彦根中学の卒業式があり、メレルが祝辞を述べるとき、卒業生と同年代の商業学校生小山吉三郎が難なく通訳をこなして教師たちを驚かせた。

新学期の出来事

四月になって新学期が始まった。近江八幡のバイブルクラスは生徒が卒業して減った一方、新入生から三五名がバイブルクラスに入ってきた。膳所でも彦根でも増加をみて、近江八幡は一六〇名、膳所四九名、彦根九九名と人気を維持していた。このころになってやっとメレルの手元にアメリカの雑誌や新聞が届くようになった。

メレルの家のツシを改造した部屋が整い、四月八日に小山吉三郎と井上悦蔵が住み始めた。小山はそのころ早くも洗礼を受けたいと言い出したので、悦蔵は、宗教を変えると大変厄介だから考え直すように小山を説得した。悦蔵にとって同居生活の意味は、毎日楽しく英語を身につけることができて商売に役立つということだったのだ。

その翌々日にメレルが注文しておいたベビーオルガンが到着し、生徒たちに音楽を聴かせた。そのとき生徒たちは初めてメレルがオルガンを弾けることを知った。

英語教師の家に下宿する者がおり、放課後には大勢の生徒が出入りし、オルガンの音とともに讃美歌が外に聞こえてくるようになる。短期間のただならぬ変化に、町の人たちの間ではいろいろと噂《うわさ》の種になっていた。

四月二三日に古長清丸《こちょうきよまる》という学者肌の生徒が洗礼を受けた。メレルのバイブルクラスでは第一号である。古長は後年メレルの事業に加わり、彼に書道の手ほどきをする人物となる。小山吉三郎も古長と一緒に洗礼を受けたかったが、この日までに親の許しが得られなかったので見送らざるを得なかった。

受洗者が出たという話が広がったためであろうか、五月になってある僧侶が学校を訪れ、宮本文次郎に対して、教師でありながら生徒をキリスト教に勧誘しているらしいが、公立学校で偏ったことをするのはいかがなものか、と意見をして帰ったという。明治政府は信教の自由を認めていたが、公立学校内ではいかなる宗教であっても偏ったことは禁じられている。宮本は常にこのことを心掛けていたが、熱心な生徒が休み時間に聖書の読み合わせをしたり、讃美歌を歌うグループが生まれたりして、その風潮を苦々しく思う教員や生徒がいたのも不思議ではなかった。[1-3]

近江八幡におけるキリスト教は、八幡講義所が一八八八年（明治二一）に設立され、町内三カ所を転々としてきたが、一九〇一年（明治三四）に組合教会京都部会の承認を得て、小幡《おばた》町上筋二二番地に民家を使った八幡教会が設立された。ちょうど県立商業学校が大津から近江八幡に移転した年である。当初は浜田乙麿《おとまろ》という伝道師が他と掛け持ちで務め、メレルの二代前の英語教師ウィリアム・ルートと協力してバイブルクラスを開いていた。しかし浜田は新潟に赴任となり、メレルが来日したころは女性伝道師、深尾りくが随時出張講義をしていた。深尾は土佐藩士の娘で、神戸女子神学校を卒業した女性伝道の先駆けであった。しかし彼女も他の講義所との掛け持ちであり困っていたところ、一九〇五年（明治三八）六月から彦根教会の大橋五男《かずお》牧師が毎週二回出張するようになった。[24] 大橋牧師は少年のころ父親の鉄砲の火薬で遊んでいて右手を失い、右眼を失明、左目も弱視となったが、努力をして同志社神学校を卒業した。彼は朗々たる美声で讃美歌を歌い、説教は大塩平八郎、吉田松陰、佐久間象山の例話や天草の乱の物語が登場するなど飽きさせないので生徒に人気が出て、出席する生徒が常時二〇人を超す勢いとなった。こうした状況はメレルの活動の成果でもあったが、学校側の事情もわかる宮本文次郎は、わずか数カ月で起こった変化の急激さに、むしろ先行きに不安を感じていた。[1-28]

膳所中学バイブルクラスと清水安三

膳所中学では、四月から毎週木曜日の放課後に校門前の民家の座敷でバイブルクラスが開かれていた。この初期の参加者に清水安三がいる。後に同志社神学校を出て中国伝道を行い、北京の貧民救済、崇貞学園創設、そして戦後桜美林学園の創設者となった。彼は『湖畔の声』に、人生の転機となったメレルとの出会いについて追想を書いている。当時の様子を彷彿とさせるので紹介しておこう。

清水安三（1909年頃撮影）　††

それは明治三十八年の春四月のある木曜日の午後であった。数え年十五歳のしかも、近江の北海道すっぽこ谷と謂われる高島から、かけ出したばかりの少年だった私は、その日生まれて初めて異人さんを見たのであった。近江は膳所の中学、門の傍らに佇《たたず》んで帰途に就く生徒をバイブルクラスへ勧誘してるヴォーリズさんを私はぢっと立ち止まって先生の顔を穴のあく程に覗《のぞ》いた。

「何とやっぱり兼ねて聞く如くに眼が青いわい」

と囁《ささや》きながら物珍しう見ておった。するとヴォーリズさんは

「ペチャペチャ　パラパラ」

としか聞こえない言葉で何か呼びかけて居られるのであったが、私は唯首を横にふったり掌を縦に動かせ得るのみだった。中学の一年生だった私にその英語が珍紛漢紛わかろう筈《はず》がなかった。そうするうちにヴォーリズさんは私の首をぐいっと手首で巻いて、いや応なしにバイブルクラスへつれて行ってしまうのであった。（中略）私がひっぱって行かれたのは、そもそも第一回のバイブルクラスであったのである。

つい二ケ月前に来られたばかりのヴォーリズさんはただ「有り難う」と「サヨナラ」を喋《しゃべ》れるだけしか、日本語が出来なかったものであるから、三年生の山本一清《いっせい》さん〔のちに京都帝国大学教授。天文学者として国際的に活躍〕が通訳した。（中略）私は先生の小さいバスケットを運んで、馬場の停車場まで見送ったのであるが、ヴォーリズさんは

「サヨナラ」

と叫びながらハンカチで眼を拭《ぬぐ》う真似して皆を笑わせた。言葉も通ぜぬ血も違う極東の少年という私が、嗚呼《ああ》何という親しみを感じたことであろう。私は全くのこと次の木曜日を待ちこがれた。まんまるい顔くりくり坊主の私は、ヴォーリズ先生にきつい握手を強制せられて、指輪で指の肉が傷つく程にぎられて

「キャ　堪忍　あいたた……」

と叫ばされたり、顎髭《あごひげ》の毛根の剃《そ》り目で頬をひきかかれて逃げ回ったりするうちに、もう逃れることの出来ぬ虜とはなってしまった。私は今もなお当年のヴォーリズ先生が恋しい。

靴下の臭い田舎臭い小僧の日本少年だ何にも、可愛くも好きでもなかったろう、けれども言葉不通なればこそああせねば、心と心を通わせることはできなかったのである。私はそれを思うと先生の茶目振りを唯の茶目とは思わぬのである。（後略）

（『湖畔の声』一九三三年〔昭和八〕六月号「一支那伝道者手記」の一部）

五月から六月のこと

この時期にメレルと同居する者は宮本文次郎、小山吉三郎、井上悦蔵、そこに古長清丸、そして安倍という生徒が加わった。古長に続いて小山が六月四日になって洗礼を受けた。小山が古長と一緒に四月に洗礼を受けられなかったのは両親から許可されなかったからであった。しかし酒で素行が悪くなっていた小山が、バイブルクラスに入ってから見違えるように生活態度が改善されたので、両親は信仰を認めるようになった。ところが、洗礼を受けて一カ月も経たないうちに、父親が知人から耶蘇《やそ》教は危険だと言われて小山に洗礼をすぐに撤回せよと言ってきた。小山はそのことで深く悩んでいたが、ほどなくして実兄が函館《はこだて》でやっている事業を手伝うと言って学校を中退し近江八幡を去っていった。

六月に入って、ロシアが日本との海戦に敗れ、講和を受け入れたことで国中が沸いていた。メレルは腸の不調に一週間悩まされ高熱で苦しんだので、フェルプスの紹介で京都ＹＭＣＡの創設メンバーで元同志社病院院長の佐伯理一郎医師の診察を受けた。治療をうけてフェルプス家で休養させてもらったことで容態が改善した。この佐伯理一郎と個人的交流が生まれ、八幡ＹＭＣＡ会館の換気に関する助言を受けたり、後年メレルが佐伯病院の建築設計をするようになる。

メレル最初の軽井沢

学校側の計らいで、メレルは生徒たちよりも二週間早く夏休みが与えられた。しかし三カ所のバイブルクラスがあったので近江八幡に留まっていたところ、生徒たちは感謝の意味をこめて、七月四日の合衆国独立記念日にサプライズとしてメレルの家の前に星条旗を掲げた。

メレル自身の夏休みは、京都で教えている先輩英語教師のL・A・エルモアが計画したらしい。膳所中学の一学期最後の授業とバイブルクラスをすませ、エルモアと馬場駅で落ち合うところから始まる。エルモアは二年前にカリフォルニア大学バークレー校を卒業してYMCA派遣英語教師として来日し、京都商業学校で教えていた。エルモアに近江八幡の家で一泊してもらい、翌朝、二人は旅行鞄を持って彦根に行き、彦根城と城下町を見物して回った。そのあと、バイブルクラスを参観してもらい、そこから旅行に出ようとすると、生徒たちが彦根駅まで見送りに来てくれた。エルモアはメレルが生徒たちから盛大な見送りを受けるのに驚き、あらためてメレルの人気に感心した。

草津駅で関西鉄道（現在のJR草津線）に乗り換えて三重県に入り、伊勢神宮や御木本《みきもと》真珠養殖場を見た。そして名古屋では数名の英語教師と合流して一泊二日の見物をしてのち、再び二人だけで名古屋を出発し、沼津を経由して三島まで汽車で移動して、そこから徒歩旅行を慣行した。

この山岳地帯の行程では靴を脱いで足袋に草鞋《わらじ》履きで歩き、場所によって駕籠《かご》、人力車、トロッコも利用して熱海に至り、そこから箱根を経由して御殿場に至った。この間、汽車を使わずに旅をしたことでこの地域の人や地勢をよく知ることができた。

そして七月二四日の早朝、御殿場でYMCAの人たちと会ってから汽車で東京に出て、上野駅から軽井沢に至り、ある宣教師の別荘で初めての軽井沢の夜を過ごした。この別荘にはアメリカからの六通の手紙が回送されていた。その中の一通に、親友のハーバート・アンドリュースが五月三一日に亡くなっていたという悲報が書かれていた。彼の病状から予期していたこととはいえ、若い才能ある友人の死を想い、彼への追悼を考えるようになった。[13]

翌朝、わずか一泊の中休みをしたあと、避暑をする宣教師たちが企画した七泊八日の新潟ツアーに参加した。新潟にいる宣教師の招きで、その家を拠点に新潟市内を見物したり、佐渡島に渡って一日ハイキングしたりした。メレルにはその地域での伝道の方法や苦労話のほうが見物より印象に残ったという。この旅行中にメレルはハーバートの両親にお悔やみの手紙を書き、そこに彼を記念する寄宿舎を建てたいという気持ちを詩にして同封した。このツアーのあと軽井沢に引き返し、避暑をする宣教師など西洋人のさまざまな集会やイベントに出席したので、短期間のうちに大勢の人たちの知遇を得ることができた。

二人の富士登山

メレルは、御殿場で先日目の当たりにした美しい富士山に登りたいと思っていた。そこで、神戸にいる悦蔵に電報を打ち、八月八日の夕方四時四七分、御殿場駅に着く列車で来るように知らせた。それを受け取った悦蔵はどうしても登りたいので母柳子を説得して了解を取りつけ、御殿場駅に向かった。一六歳の息子の一人旅は心配であったが、メレルは信頼できる人物だと柳子は感じていたのである。

悦蔵は汽車に一つ乗り遅れたため、御殿場駅に四時間遅れて到着することになった。しかし、連絡がつかなかったため、メレルはずっと御殿場駅の待合室で待っていてくれた。その日は雨がひどく降っていたのでとりあえず宿で休むことにして、駅前にある富士ホテルに入った。主人に宿泊料金を聞くと、悦蔵は一泊八五銭、昼食代が二五銭、しかし西洋人はその二倍が決まりだという。それを聞いたメレルは、同じものを食べ同じ部屋で泊まるのに間違いではないかと聞き直した。悦蔵は通訳をしながら、メレルが苦情を言い出すだろうと思った。しかし、意外にもメレルの口から出た言葉は、悦蔵が半分なのはおかしい、悦蔵も二倍払うべきだと言うのである。彼独特の理屈を言って悦蔵に通訳させた。主人はそのユーモアに苦笑しながら、日本人二人分の料金で二階の一室に通してくれた。

翌朝はあいかわらずの雨だったが、次の一〇日の朝、四時半に起きて空を見ると快晴であった。二人は宿に草鞋を六足用意してもらい、馬を雇ってもらった。荷物を馬に乗せ、徒歩で二合目の登山口までやって来た。御殿場ルートでの富士登山は二合目からでも距離が長い。馬はここまでで、登山口で剛力を一人雇い、二人は編み笠《あみがさ》を被り、背中に蓑《みの》をつけた。足は草履履きであったから江戸時代の旅姿と変わらない。

八合目の石室に到着したのはすでに夕方であった。そこで、沈む夕陽に映える下界を見ていると、富士山の影が眼前に広がり始め、逆さ富士となって見えた。その景色に見とれて話をしていると、頂上の平坦《へいたん》にみえる影がどんどん伸びて、先端がとがった三角形になった。メレルはその崇高な景色は、きっと東から来たキリスト教が日本をだんだんと覆い、神が日本の地に完璧《かんぺき》な姿を見せることを暗示しているのだと悦蔵に語った。悦蔵は、その神秘的な風景を目の当たりにして、心におし留めていたクリスチャンとして生きたいという気持ちが、決心へと変わった。

その夜は八合目の石室で一泊することにした。布団を余分にかぶって眠ったが、それでも凍えるような一夜を過ごした。翌朝未明、日が昇り始める前に二人は床を出て外に出てみると、石室の主人がこんな晴天は三年に一度もないという。頂上からではなかったが、神秘的な美しいご来光を、地上一面に陽がさすころまで二人で眺めつづけた。

この日、朝のうちに山頂に到達すると、そこも雲一つない素晴らしい天候で、二人は火口の周りを一周するいわゆるお鉢周りをしながら、あらゆる方向から景色を眺めた。北北東の方向を見て軽井沢や浅間山はどこだろうかと探していたところ、突然北方向に煙の柱が立ち上り、上空で雲のように広がるのが目に入った。浅間山の噴火を目撃したのである。この偶然で不思議な巡り合わせは神の思し召しではないかと何度も二人で言い合った。

この登山を終えて二人は御殿場駅で別れ、悦蔵は神戸へ、メレルは軽井沢に戻って八月末日までを過ごした。メレルが軽井沢にもどると、宣教師たちから「浅間山の噴火が軽井沢から大変よく見えたのに惜しいことをしたね」と言われたが、「いえいえ、自分は一等席にいたんですよ」と言い返して痛快であった。八月一一日の浅間山の噴火は気象庁の活火山総覧には記録されていないが、同じ日に小説家の田山花袋《かたい》が浅間山登山をしており、登山中に噴火が始まり命からがら下山したという経緯を「浅間山横断記」に書いている。

二人の富士登山の体験は、何年に一度という美しい景色と浅間の噴火が観られたばかりでなく、神聖な体験をして悦蔵が入信を決意した特別な登山として意味づけられる。メレルと悦蔵は生涯再び富士山に登ることはなかった[1・3・13]。

YMCA修養会

メレルは八月二五日から一週間だけ軽井沢を離れ、長野県布引（小諸市）の静かな寺院で開かれる在日本外国人のYMCA修養会に出かけている。この修養会は礼拝ではじまり、信仰のための講話と聖書研究があり、そのあと派遣英語教師の英語指導研修が組まれていた。この研修を毎年行って教師としての水準を保つことは、日本YMCA同盟が文部省に対し最初に約束をしたことの一つであった。

メレルはこの研修で、ほとんどの英語教師が放課後に週一回ないし二回のバイブルクラスを開いているが、一クラス一〇人に満たない生徒に教えているのが平均的であると知った。逆にメレルのバイブルクラスは三校で三二二人の生徒を集めていると語ったとき、他の教師たちは大変な驚きようだった。当初からこれだけ突出した状況を作れていたのは、メレルの人間的魅力、熱意、興味を引く内容など他の教師と決定的に違う要素があったからだと考えざるをえない。

メレル・ヴォーリズの名は、すでにこの夏から外国人宣教師の間で知られるようになった。彼の社交性が理由の一つだが、彼の詩が『ジャパン・エバンジェリスト』誌の四月号と七月号の表紙を飾っていた。その上、九月号では近江八幡に巻き起こった信仰運動のニュースが報じられた。彼の詩はその後も同誌の表紙に何度も登場し、三年後に同志社カレッジソングの作詞を依頼されることになる。

悦蔵、洗礼を受ける

富士登山から神戸に戻った悦蔵は母と金之介に洗礼を受けることを相談した。柳子は悦蔵が酒に溺《あぼ》れることもないし、健全な生活をし、学業成績もよく、家業を継ぐつもりでいるので、特に反対を伝えることはしなかった。

九月の新学期から、悦蔵は熱心に同級生らに禁酒禁煙やキリストの教えを語るようになっていた。同級生からはキリスト様とからかわれもした。大橋牧師に洗礼を受けたいと相談したところ、九月二六日夜に同志社の牧野虎次牧師が礼拝説教をしにやってくるから、彼から洗礼を受けてはどうかと勧められた。それによって決心は固まり、当日、牧野虎次を囲んで大橋、メレル、悦蔵の四人で記念の夕食会を開いてもらった。そのあと教会に入ると七〇人ほどが洗礼式と牧野の説教を待っていた。その半数が商業学校の生徒であった。牧野はのちに同志社総長となるが、眼の前にいる一六歳の悦蔵が三十数年後に牧野を同志社総長に推挙する同志社理事の一人になるとは想像もできなかったであろう。[1]

村田幸一郎登場

のちに近江兄弟社の三創立者の一人となる村田幸一郎は悦蔵の一年上級生であった。悦蔵が初めて村

当時の村田幸一郎

田を見たのは、彼が廊下を逆立ちで足を広げて歩いていたときで、校庭では鉄棒で大車輪のようなことをやっていたこともあり、喧嘩にめっぽう強そうな男であった。村田の生家は大阪の泉北《せんぼく》郡深井村（現堺市中区深井沢町）の農家で、霜野市次郎と志げの次男として生まれた。両親は二男三女をもうけ、副業として絨毯《じゅうたん》の製造をしていたので比較的暮らしに余裕のある農家であった。父親の実弟に子どもがなかったので、次男であった幸一郎は、高等小学校を卒業した一四歳のときに叔父の家に養子に出ることになった。その叔父は近江八幡の一画にある遊郭で貸座敷業を営んでいて、親分肌の剣術家でもあった。叔父の家から近い県立商業学校を進学先に選び、入学すると間もなく他の生徒と同じように酒をたしなむようになっていた。当時の商業学校は一四歳から二〇歳を超える者もいたので、商売人の真似をして酒と煙草を早くから覚えることが黙認されていた。

九月のある夜、村田が友人と居酒屋で酒を飲んだ帰り道、メレルの家の前を通ると讃美歌の合唱が聞こえてきた。あれが噂のバイブルクラスか、一度覗いてやろうと友人と二人で家に入り、たくさんの下駄が並んだ土間から上がり込んで、声が聞こえる襖をそっと開けた。するとメレルから「カムイン」とフランクに声をかけて手を伸ばしてきたので握手をした。そのとき、メレルは村田から酒の匂《にお》いがしたため、彼らを後方に座らせて気前よく二人に新しい聖書を渡した。村田はバイブルクラスの雰囲気にすっかりのまれ、その夜からほぼ毎回顔を出すようになり、悦蔵の誘いで八幡教会にも出席し始めた。[1-23]

八幡学生YMCAを創立

メレルの自宅はいつも大盛況で、聖書を勉強する時間と娯楽と歓談の時間は、周辺に楽しみが少ない近江八幡の生徒たちにとってこの上なく楽しい時間であった。メレルは聖書、讃美歌集を無料で配っただけでなく、お茶と煎餅《せんべい》でもてなすことも忘れなかった。煎餅は集まりの必需品となって、メレルが近所の駄菓子屋から大量に買うので、その店頭では煎餅に「バイブルクラス」という名前がつけられた。

大勢の生徒が集まるとルールも必要になってくるが、メレルはそれをYMCAの精神に沿ってやりたいと考え、YMCA同盟から団体の認可をもらうことにした。当時のYMCA同盟では、「市YMCA」あるいは「学生YMCA」の拠点を増やしていたが、学生YMCAはすべて大学生のものであった。県立商業学校の場合は現代の高等専門学校のような年齢層であるため、後のハイワイ（Hi-Y）と呼ばれる高校生層のYMCAの先駆けであったのかもしれない。

規約を作るにあたっては、京都のフェルプスと相談をしながら進めた。雛形《ひながた》としたYMCA同盟の規約に禁酒禁煙が加わったものになっているが、滋賀県立商業学校の学生YMCAの場合は大半の加入者の年齢からして違和感のあるものではなかった。

一、我等は基督教主義により相互の身体、知識、霊魂の向上を計る目的を以て本会を組織す
二、我等は青年間の悪弊、飲酒、喫煙を矯正せんがため、絶対、禁酒、禁煙を宣言す
三、我等は聖書の研究会に毎週出席する事を約す[3]

そして期待どおりメレルの家のＹＭＣＡはＹＭＣＡ同盟から「学生ＹＭＣＡ」の一つとして認可された。ただし同盟からの資金補助のないアフィリエイト組織という条件付きであった。これを受けて一〇月一日、同盟本部からヴァーリング・ヘルム名誉主事が立会人として来てくれて、滋賀県立商業学校基督教青年会（以下、八幡学生ＹＭＣＡ）発足式が行われた。最初の入会者は二六名であった。その日に互選によって役員が選ばれた。三年生の井上悦蔵が主事、一年生の川崎虎太郎が副主事、二年生の辻野長太郎が会計、四年生の村田幸一郎が書記になることが決まった。メレルは日本ＹＭＣＡ同盟の外国人主事に倣って自らは主事とならず海外主事という役割にした。

一〇月六日には商業学校でヘルム、フェルプス、京都ＹＭＣＡ主事の吉崎彦一を招いて宗教色のない学校公認の講演会を開いた。

このころからメレルは、ＹＭＣＡ会館兼寄宿舎を町内に建てる計画を実行に移した。それはハーバートの両親から五〇〇ドル、そして彼の友人二人から三〇ドルの寄付が届いたので、メレルの高給を考えれば、もう一年ほど貯金をすればさほど夢とも思えなかった。建てる場所については、外国人が土地を持つことが法律上できない。教会のメンバーに相談をしたところ、牛乳製造販売をしていた千貫《せんがん》久次郎が、兄の西幸次郎が八幡町内に土地をもっているから相談してはどうだろうと言ってくれた。西幸次郎は弟の久次郎と共にクリスチャンであり八幡教会に出席していたが、この時期は京都花園村の妙心寺北門近くに小さな牧場を持ち、そちらで牛乳の製造販売をしていた。メレルはさっそく宮本文次郎を通訳として伴って京都に出向き、これまでの経緯を西幸次郎に説明した。その話に西は大変感激して、自分は八幡町の中央付近、商業学校から数ブロックの所に土地を持っている、そこにキリスト教会を建てるつもりだったが一部を分けてあげると言ってくれた。将来教会が建つ土地に隣接してＹＭＣＡ会館ができるのであれば、こんな理想的なことはないということで、二人の話はとんとん拍子に進んだ。[1・3・13]

クリスチャンの生徒への反動

一九〇五年（明治三八）一一月四日、日露戦争終結の平和祝賀会が全国各地で行われた。近江八幡でも提灯行列が催されて、日本は大国ロシアに勝利して一等国になったと上げ潮気分が蔓延《まんえん》していた。しかし、世の中は浮かれてばかりもいられなかった。岩手、宮城、福島の三県で低温多湿により米の収穫が平年の三割以下という大凶作となり、飢饉《ききん》が悲惨な状況になりだしたのである。近江八幡でこれにいち早く動いたのがクリスチャンの生徒と教会員で、飢饉救済の同情袋を各戸に配って寄付を募ったり、街頭募金をしたりし始めた。これに町内の高名な商人や青年団、福島県生まれの蒲生郡長遠藤宗義《むねよし》も呼応し、予想以上の大金と米を現地に送ることができた。バイブルクラスの団結力を町の人たちに感じさせた一件であった。[1・3]

生徒の信仰の広がりは学校側の黙認するところで、バイブルクラスの生徒たちの生活態度が立派だったので、安場禎次郎校長は好意的にみていたが、問題を生じる芽が出始めた時期でもあった。

ある日、算盤を教える講師が授業の中でキリスト教批判をしたことがあった。メレルは生徒からその話を聞くや否や校長に直談判して、自分は授業の時間を宗教に使ったことがない、キリスト教の批判は間違った事実に基づくので反論の時間をもらうのは当然の権利だと訴えた。返す言葉のない校長はメレルに該当する教室で反論することを認めた。メレルが一途に対抗をすればするほど、その教師は敵対意識をもつようになり、宮本の立場を難しくした。さらにメレルは喫煙を害毒として職員室での喫煙禁止を求めた。大半の教師らが喫煙するなかで、喫煙場所が校舎の片隅に追いやられたことで、これを根に持つ教師がいた。一方で、本職の英語の授業については学校内外ですこぶる評判がよく、県立商業学校の英語力はすごいという評判も得ていたので、この年の秋に校長はメレルに異例の昇給を実施した。

こうした何かとメレルの行動が目立つ雰囲気のなかで、学内の乱暴な生徒たちはバイブルクラスに出入りする生徒を格好の標的とするようになり、暴力事件が散発するようになった。メレルはそうした反動に対し常に毅然《きぜん》とした態度で応じることに決め、バイブルクラスの生徒にもそれを求めた。その生徒たちは結束が堅く、脱落する者はなかった。メレルの関心は一途に禁酒禁煙を広め、遊郭に出入りしないで純潔を守り、キリスト教信仰に導くことであった。京都のフェルプスは、メレルの成功を誇りに思っていたが、反感を持つ人たちが増えている様子を知って心配し、性急さを諫《いさ》めるようになった。しかし、当時のメレルの手紙をみると率直に応じた様子はない。逆にフェルプスに送った手紙には、もし自分が死ぬようなことがあれば、自分の持ち物の置き場所について書いた手帳があると、その保管場所を知らせている。最悪の場合も考えていたようである。

この年の八幡教会のクリスマス礼拝に、同志社のオーティス・ケーリ博士が招かれて説教があり、卒業を翌年三月にひかえた生徒四名が洗礼を受けた。この中に村田幸一郎や、反対派グループの扇動役であった渡邊就一という生徒もいた。商業学校の生徒約二五〇名のうち一九名が洗礼を受けたことになる。他の地域でこれほどの受洗者を出す例はまずなかったため、教会関係者のあいだでもこのニュースは広まり、関心を集めた。

学校との緊張が解けぬまま冬休みに入ったメレルは、年末年始を過ごすため愛媛県松山に向かった。夏の軽井沢で出会ったアメリカンボードのH・B・ニューエル宣教師夫妻が松山の家に誘ってくれていたのだ。夫妻は来日して一八年目のベテラン宣教師であった。

3 一九〇六年（明治三九）　反動と不屈の精神

年初めの旅行――愛媛、広島、岡山

一九〇六年（明治三九）の元日、メレルはニューエル夫妻の暖かいもてなしを受けて心を休めていた。滞在二日目に松山在住の一六人の外国人が集まる夕食会に招かれ、日露戦争の捕虜であるロシア人将校五人と、日本人のクリスチャン将校一人らと国際色ある時間を過ごした。[13] 日本には日露戦争中から二九カ所に捕虜収容所が設置されていたが、国際法に則り捕虜に対して寛大であることを内外に示そうとしていたので、民間人と捕虜の交流は比較的自由で、街に出て買い物から飲食や観劇もするくらいだった。

一月三日に松山を離れ、宮島と岡山への旅行を予定していた。あらかじめ電報で、神戸にいる悦蔵に宮島見物に同行するなら広島の宇品《うじな》港に来るようにと誘っている。悦蔵はどうしても行きたいので柳子を説得すると、兄さんに相談してみなさいと言われた。兄さんとは、九歳しか違わない叔父の吉田金之介のことである。金之介は同意してくれ、旅行が終わったら先生を家に連れてきなさいと言ってくれた。悦蔵は喜び勇んで神戸港から船で宇品港に向かい、波止場で無事メレルと合流することができた。

宮島行きの船が出航するまで時間があったので、二人は桟橋に荷物を預けて、軍用船がたくさん停泊している宇品港を散歩していると、突然背後から銃剣を向けた兵士に呼び止められた。知らぬ間に軍港の区域に入ってしまっており、白人がカメラを下げているのでスパイかと怪しまれたのである。メレルの日本語は通じないので悦蔵は必死になって通訳をして何とか怪しい者ではないことを認めてもらったが、前方だけ見て歩けと言われ、軍港を出るまで兵士が銃剣を向けてついてきた。この体験は前年の富士登山とともに二人を兄弟のように親密にさせる事件になった。[1-13] その後二人は宮島で一泊して岡山に行き、後楽園や岡山城も見物する。

一月五日の午後、二人は神戸港に近い悦蔵の実家にやってきた。生徒の家を初めて訪問するメレルは、悦蔵を信仰に導いたので、仏教徒の家族からどんなことを言われるかと緊張しながら家に上がった。しかし、柳子はまったくそんなことは言わず客人として歓待したので打ち解けた雰囲気になった。異人嫌いの父親のもとで育った柳子であったが、悦蔵が尊敬し、少なからず良い影響を与えてくれているメレルをみて、誠実な人物であることを初対面で悟ったのであろう。悦蔵にはそれがとてもうれしかった。この家で一泊した二人は新学期に備えて近江八幡に戻っていった。[1]

フェルプスへの相談

三学期が始まった。卒業が迫った生徒でもバイブルクラスをやめる者がなく、メレルは引き続き手ごたえを感じていた。しかし、宮本文次郎が学校役員会に呼ばれ、クリスチャンの生徒を増やす行動に関して一度ならず説明を求められていた。同校の外国人英語教師がバイブルクラスを開くことは以前から

E INONE, Pres.
T. KAWASAKI, Vice-Pres.
K. MURATA, Secy.
C. TSUJINO, Treas.

Y. M. C. A.
Hachiman, Omi, Japan

Foreign Secretary
WM. MERRELL VORIES
Hachiman
Home Representative
ALLISON TAYLOR FRENCH
Y. M. C. A.
Salt Lake City

最初の八幡商業学校YMCAレターヘッド

あったが、生徒の三分の二近くがそれに入るような状況は想定外で、学校側も異常事態とみていたのだろう。メレルはその反対に、来日前に認められると聞いていた伝道活動の扱いとは違うと感じ、フェルプスに、文部省とYMCA同盟の間で交わされた契約の内容を知りたいと手紙を送った。

この質問に対してフェルプスは、課外時間であればバイブルクラスを開くことが禁じられているわけではないが、YMCA派遣英語教師のことは各府県の管轄である。したがって、府県により多少考えに違いはあるので、メレルには少なくとも数年は今の成果を続けられるように、反発をする教師たちに攻撃的にならないよう注意してほしいと書いた。しかし、メレルは自らの信念を曲げようとはしなかった。そのうえで、状況が悪化していることについてフェルプスに報告を続けている。

フェルプスは再び手紙の中で、地方ではキリスト教が市民権を得ていないことを強調したうえで、例えばアメリカで日本人の歴史教師が課外に仏教文学を教え、本願寺から資金をもらって寄宿舎を建てて幾人もの生徒を住まわせて仏教に転向させたとしたら、父兄たちは仏教に好意を持つだろうかと書いた。合法か違法かということと無関係に、その教師には去ってもらいたいと大半の人々が考えるだろうと結んでいる。しかしこのような説明をされてもあまりメレルの行動が変化した様子はなかった。

集団暴力事件と卒業式

この手紙がやり取りされていたころ、滋賀県立商業学校で陰惨な暴力事件が発生した。一月一九日のこと、悦蔵と同じく四月から最上級生となる乱暴者グループが、生意気な下級生やキリスト教に染まった連中に鉄拳《てっけん》制裁を加えようという謀議をして、三日間にわたりいくつかの集団暴行を起こしたのである。悦蔵も彼らに呼び出されて鉄拳を与えられそうになったが、運よく難を逃れることができた。一方で深刻な打撲傷を負った生徒が四人いた。学校と滋賀県庁のあいだでは処分をめぐってかなり議論がなされていたが、その最中に渦中の首謀者から悦蔵に呼び出しがあり、メレルを通じて寛大な措置を学校に申し入れてくれないかと相談があった。それを聞いたメレルは校長らと連絡をとって話し合いをもった。首謀者には悔い改める機会を与えるため、魚屋町の家に引き取って同居させてみた。するとその効果が明らかにあり、メレルは学校を説得しようとしたが、厳しい処分は覆らなかった。退学二名、無期停学三名、一カ月停学一名、三日間停学一六名、訓戒二三名という内容が公表された。こうして、大津から近江八幡に移転して

当時の滋賀県庁　40

日牟禮八幡宮で撮影された八幡学生YMCA最初のメンバー。前列中央が村田幸一郎、その右に宮本文次郎、メレルは後方の灯籠の横　††

三年目の名門校に起こった不祥事は地域の大きなニュースとなった（巻末の補遺に近江新聞記事を掲載）。

それからしばらく経ったころ、近江新聞に鶴鳴山人というペンネームの投書が掲載された。そこには、根本原因は商業学校内ではびこる耶蘇《やそ》教派と非耶蘇教派の対立であると書かれている。しかも加害者でもないのに洗礼を受けた生徒一九名の実名が列挙されていた[13]（巻末の補遺に近江新聞記事を掲載）。

このあとも鶴鳴山人なる者の投書が続き、問題を起こした生徒の処分は不公平で、学校・当局者が一方的にクリスチャンの生徒の言い分を聞いたことによる被害者であるとの主張であった。しかも、クリスチャンの生徒は外人教師に扇動されて西洋にかぶれ、宗教にかぶれて教育勅語に反する行動をしたため、非耶蘇派の生徒がそれに鉄槌《てっつい》を下すために起こしたものだという捻《ね》じ曲げた長文が掲載された。これをみかねた村田幸一郎は、とうとう近江新聞に対抗する滋賀新報に匿名で真相を寄せたところ、一面で大きく取り上げてくれたので、留飲を下げた者が少なくなかった。

西村貞子の葬儀　†

一方、クリスチャンの生徒の行動に批判を集める問題も発生した。二月の初旬、八幡教会の教会員で洗礼を受けたばかりの若き小学校教師、西村貞子が重病になり、生徒たちも交代で看病を手伝うなどしていた。メレルは信頼する京都の佐伯理一郎医師に電報を打って往診を依頼した。脊髄膜炎《せきずいまくえん》という診断であったがすでに進行を止めることはできず、間もなく亡くなってしまった。この葬儀が平日に八幡教会で執り行われたので、バイブルクラスの生徒が授業を休んで葬儀に出席したのである。欠席届は出されていたがその人数が多かったため、職員室で問題となった。先行きを案じた宮本が大慌てで教会に駆けつけて学校に出るように伝えたが、応じる者はおらず、葬儀に参列しただけでなく、学生服のまま棺を担いで火葬場まで行進し、信者仲間の死を弔った。

この出来事以来、教師の中にあからさまにキリスト教の批判を口にする者が出てきた。メレル自身はその前から神経をすり減らすことが多くあり、体調を崩していたので、佐伯医師に往診に来てもらったついでに診てもらったところ、心臓に負担をかけないで安静にするようにと言われたほどだった。

三月中旬、事件の余韻が冷めやらぬ中で商業学校の卒業式が行われた。この学年は悦蔵の一年上級で、八幡バイブルクラスの過半数を占めていた。彼らが去ったあとはバイブルクラスから灯が消えたようだった。卒業生の中には、村田幸一郎、建築装飾の天才と言われた佐藤久勝、近江兄弟社の理事となる古長清丸、山本治三郎もいた。大半の卒業生は就職や家業に就くため近江八幡から去って行った。商事会社に勤める者は上海や台湾など外地に赴任する者もいた。佐藤久勝は鉄道省に入省し、金沢の電信課に配属された。古長清丸は開校準備中の神崎《かんざき》郡立神崎実業学校の職員となり、山本治三郎は舞鶴の実家が酒造業だったため、メレルから酒造を継ぐなと批判されながらもやむなく家業の手伝いに戻った。村田幸一郎は陸軍に入ることを希望していたが、入隊は年末でよいというので、それまでの期間はメレルの家に住んで無給で八幡学生ＹＭＣＡの書記をすることになった。[1・13]

病気による帰国

メレルは春休みに入ると、家で休みながらＹＭＣＡ会館兼寄宿舎の設計図を描くようになった。同居人たちはメレルにそのような才能もあることを知って多芸さに感心した。このころ、ある宣教師の住宅の設計もしたという。また来日以来のことを振り返り、自立して伝道をすることに生涯をかけることを考えていた。そんな発想から、「近江ミッション」（Omi Mission）の名前と『近江マスタードシード』（The

Omi Mustard-Seed）という月刊報告誌を出すことも思い描き、日記に残した。[13]

腹痛と下痢が不規則に繰り返されて、顔色を悪くする日が増えてきた。料理人を雇っていたが、西洋人がひいきにする京都寺町の商店から輸入シリアルを手に入れて食べていた。京都であらためて佐伯医師に診てもらうと、小児期にあった腸結核の再発であろうということだったので、神戸布引〔新神戸駅の付近〕にあるセブンスデー・アベンティスト派が始めた衛生病院に二週間ほど入院をすることになった。悦蔵も機会あるごとに病院にいるメレルを見舞った。衛生病院では水治療法という温水と冷水を使って体を温めたり冷やしたりして新陳代謝を改善する治療をしていた。当時は抗生剤がなく、体力をつけて結核菌の活動を低下させるしか方法がなかったのである。しかし、そのような苦しい時期にもYMCA会館を建てるというメレルの熱意が冷めることはなかった。

親愛なるフェルプス様

一九〇六年三月一三日　八幡

今日、西幸次郎氏に私の所へ来てもらい、土地の件をまとめました。あなたとフィッシャー氏から言われていたとおりに、吉崎氏〔京都YMCA主事吉崎彦一で元鎮西学院教授、のち関西学院教授[32]〕、貴方そして私で三〇日一〇時に彼に会い、契約書をまとめたいと思います。請負師〔建築工事請負業者のことで、同志社の工事を担っていたクリスチャンの木曽田梶之助〕にも来るように連絡をとりました。フィッシャー氏の手紙によると、同盟名で契約書をつくることでかまわないということでした。

私は今までになく腸が不調ですが、やり過ごせるように思います。玉ねぎ以外の野菜とフルーツはまだ食べていませんし、医師が言った以上に注意をしていますから大丈夫だと思います。
来週の日曜日に卒業する生徒の一人か二人が洗礼を受けるはずです。卒業するバイブルクラスの二五％の一五人がクリスチャンとして世に出てゆきます。

W・M・V・

一九〇六年三月二三日　神戸

フェルプス様

食べられるようになってからちょうど四〇日が経ちました。周りがモノトーンに見えるような感じです。しかし今回の食事制限は良い結果になるように思います。まだベッドにいて空腹ですが、閉じこもっているとYMCA会館のことを考えているときだけ元気が湧《わ》いてきます。

明日の膳所中学の卒業式には出られませんが、次週水曜日の八幡の式には出たいと思います。

請負師は仕様書を受け取って見積もりを出してきましたでしょうか？　私が不在でも彼からあなたに連絡をすることになっています。三〇日の一〇時に西氏と吉崎氏の間で土地売買契約をするので、私も起きて出席できるように努力します。

（中略）私の腸はどうなってゆくのでしょうかね。いずれにせよ今は休暇中であることがよかったです。

感謝の気持ちを込めて。　W.M.Vories

しかし、メレルは予定した日になってもベッドから出ることができず、ようやく新学期直前の四月七日土曜日の午前中に土地の売買契約を、午後に建築請負師との契約をすますことになった。

宮本文次郎の辞任と夏目漱石推薦の後任者

英語の助教諭である宮本文次郎は、一月になって学校役員会で宗教活動問題が審議され、証言を求められていた。一月一九日にその審議の二回目が開かれた。その結論は明らかでないが、学校から戻った宮本は自分の信条を曲げるつもりがないので辞職をするとメレルに伝えている。

このころには宮本はメレルの世話でコロラドカレッジへ留学する意思をほぼ固めていた。商業学校が大津にあったころ、メレルの五代前の英語教師であったジェームズ・アボットが開いたバイブルクラスで信仰に目覚め、三代前のウィリアム・ルートに能力を高く評価されて留学ができるように図ってもらっていた。しかし、メレルの補助を優先するためにその申し出を断っていた経緯がある。メレルはその感謝の意味からコロラドカレッジに推薦状を書くなどして精一杯援助し、宮本の入学許可をもらっていたのである。[1・13]

宮本が辞職する旨を校長に告げたときにはすでに新学期が始まっていた。退職日に全校生徒に対して告別演説を行っている。ある生徒の証言によると、その内容は痛烈、肺肝を抉《えぐ》るような話で、多くの生徒を泣かせたという。宮本の公式な退職日は五月一〇日と記録されているが、四月二七日に職員や生徒たちに見送られて八幡駅を出発し、郷里和歌山に戻り、五月末の客船でアメリカに出発することになった。
　商業学校では宮本の欠員補充が進められたが、周辺で適任者が見つからなかったのか、安場校長から東京一高教授の畔柳《くろやなぎ》都太郎《くにたろう》に教師斡旋の話がもたらされた。その情報は、畔柳の一高教授仲間であり、東京帝国大学文学部英文科講師でもあった夏目金之助（夏目漱石）にも伝えられた。漱石は『吾輩は猫である』を連載中で人気を高めていた時期であったが、就職口が見つからない教え子の妹尾《せのお》福松に書簡を送っている。妹尾は東京帝国大学英文科に在籍したが、正科ではなく専科という学位をもらえないコースを出たため、就職が難しかったのだ。

　拝啓　其の後は御無音、さて今般滋賀の八幡と申す処の商業学校に英語の教員の入用ありて、大兄を推挙致し候処、どうか出来さうなり　もし行く意あらば御報知を乞う　川越にも口あれど是はどうなるか分からず候　右用事迄艸々頓首
　　八月十三日　　　　　　　　　　　　　　夏目金之介
　妹尾福松様

　この話はすぐにまとまり、妹尾福松は八月一九日付けで滋賀県立商業学校の英語助教諭となった。着任当初の妹尾は教員の免状がなかったので、漱石はさらに世話を焼いて、熊本五校時代の教え子、白仁《しらに》三郎（坂元雪鳥の名で能楽評論を行う）に文部省に務める兄に免状の早期発行をしてもらえるよう依頼をしている。それが奏功し、次のような手紙を近江八幡にいる妹尾に送っている。

拝啓　秋炎の候如何御消光被成候や　さてかねて御依頼に相成候教員免状下附の件　昨二十二日会議の結果としていよいよ御希望通り下附に相成る事に決定のよし白仁三郎氏より通知有之　是にて小生も君のために安堵致候　大兄にも定めてご満足の事と存候　右不取敢御報致候　秋になると金を懐にして旅がして見たく候。所が金もなく時もなく候　以上

十月二十三日　　　　夏目金之介

妹尾福松様

実際には、免状は手違いで年末まで遅れている。その翌年には逆に漱石自身が白仁三郎から朝日新聞入社を勧められて条件面でしばらく迷ったが、結局白仁と一緒に入社をする。妹尾は三年八カ月滋賀県立商業学校に務め、広島県立呉中学校に転任した。妹尾の採用は、病気が重いメレルの後任だったという説があるが、ネイティブスピーカーの授業は商業学校の看板授業であり、宮本の交代要員であったと考えるべきだろう。[34・65]

帰国中のできごと

メレルは新学期が始まる前に退院して仕事を再開したが、五月に再び腸の不調が始まった。そのため、一切の活動を止めて八幡の家で休む日々となっていた。悦蔵をはじめ同居の生徒が心配しながら看病を

するが、今回は今までより相当悪そうであった。
フェルプスに宛てたメレルの悲痛な手紙が残されている。

フェルプス様
一九〇六年五月八日　八幡
五月二一日から七月二一日までの二カ月間、私の代理教師をしてくれる人がみつかるものかお教え願えますでしょうか。明日神戸に行って例の医師に面会し、木曜午後にはこちらに戻って不在期間相応の代理を見つけたいと思います。
後任なら見つけられても、代理の教員を見つけることは難しいとは思っています。現在のところ、最近の反対運動の最中だし、有力な生徒たちが卒業してしまって、難しい時期に寄宿舎の件、YMCA会館建築第一ステージの件があり、今心安らかに辞められる状況にありません。他に選択肢もなく、辞職さえも考えねばならぬ状態で、ゲッセマネ〔キリスト苦難の地〕のように胸が痛みます。（中略）
さらに長期に休まないといけない場合、建築工事は戻ってくるまで延期するべきでしょうね？もし療養所に二カ月いるならばYMCA会館のために節約した資金がなくなり、何もならない！私の日本の持ち物一切を売ってしまうのは火葬されて家に送られる場合だけです。私は死んでも解職されたくはありません。
こんなことになって大変申し訳なく思います。

Wm Merrell Vories

フェルプスはメレルの手紙を受け取るや、タイプ打ちした手紙で返信をしている。今や親代わりであり、上司であり、友人であるフェルプスの慈愛に満ちた手紙がどれほどメレルを勇気づけたことであろう。

親愛なるヴォーリズ様
一九〇六年五月一〇日木曜日
君が再び神戸に行くことを書いた手紙を昨夜受け取り大変心配しています。二カ月の代行者が必要になるのですね。病状が悪化したことは残念ですが、何とか帰国して治そうとしているのは良かったと思います。(中略)
代理教師の件は探してみましょう。フィッシャーさんにも連絡して手だてを考えましょう。何ら方法がないならワード博士〔短期滞在中のフェルプスの義父〕が二、三週、いや四、五週でも助けられないか、できる限り早く返答します。建築工事は自分の目で見ることができるように延期したほうが良いと思います。会ったときに話しましょう。
君には試練の時でしょうね。でもきっと最後はうまくゆくと思います。神を信じ、神に委ねばなりません。人生のどんなつらい経験をしていても、君の奉仕のことを神は見守ってくれます。我々は独りぼっちではないから、君が始めた仕事が続けられるように、皆は精一杯同情し祈ってくれると思います。
所在場所を知らせてもらいたいし、計画していることで何か私が手伝えることがあれば是非知らせてください。
クリスチャンの愛をこめて、
君の親愛なる、フェルプス

メレルは神戸布引の病院のベッドにいた。医師から母国に戻って専門の医師の治療を受けるように諭されていた。フェルプスは病院に駆けつけ、帰国の手伝いをするように東京のYMCA同盟本部に連絡をとったこと、代理教師には京都に滞在中の義父ジョン・タフト・ワード博士が帰国を延ばして夏休みまで担当することを説明し安心させた。ワードはミシガン州のヒンスデールカレッジの神学教授である。前年の夏から娘が嫁いだフェルプス家に滞在していたのでメレルとも顔なじみで、年末にバイブルクラスを参観もしていた。しかしワードは新学期が始まる前に帰国する必要があり、フェルプスは念のため八月終わりから九月の代講者として同志社の宣教師R・ゴーボールドに依頼しておいた。

フェルプスは口には出さなかったが、メレルの容態ではふたたび日本に戻って仕事をする見込みはほとんどないと考えていた。メレルの同居人にもその不安が広がっていた。荷造りをするため、フェルプスはやっと歩ける程度のメレルを伴って神戸から汽車と人力車を乗り継いで八幡の家に来た。たまたま家にいた悦蔵は何事かと驚くとともに、フェルプスから事情を聴いて暗い気持ちになった。椅子に座ったままのメレルから指示を受けながら荷物をまとめた。話を聞きつけて生徒や教会員が集まってきた。メレルは二カ月不在にするだけだと言ったが、誰の目にもそんなに早く戻ってこれるようには見えないので、重苦しい空気が流れるなか、回復と再来日を神に祈るしかなかった。フェルプスと悦蔵に付き添われてメレルは八幡駅に向かったが、横浜までは一人きりであった。

一六時間かけて翌朝横浜駅に着いたメレルを出迎えたのは、YMCA同盟名誉主事のC・V・ヒバートであった。ヒバートは船の片道切符を手にいれており、それを手渡した。しかし、二カ月後に戻ってくる意思が強いメレルは自ら切符を探し、その船より先に出航するシアトル行きのダコタ号があったので、その船の往復切符に買い替えた。そしてフェルプスに手紙で、必ず戻ってくるが、この汽船会社で戻ると二学期に三週間遅れるので代講できる人を必ず探しておいてほしいと依頼している。[13]

メレルは、五月一六日に乗船しシアトルまでの一七日間の途についた。シリアル中心の特別食を持って乗り込んだが、船に強い彼は船酔いをするどころか胃腸の調子が次第に回復し、アメリカに着くまでには普通食だけで生活できるようになっていた。

悦蔵の修学旅行

そのころ近江八幡のメレルの家では、同居人たちが朝の祈禱《きとう》会（早天祈禱会）を欠かさず行っていたが、メレルと宮本がいなくなったばかりか、クリスチャンの生徒の多くが卒業したので寂しいものになっていた。学校での英語の授業はワードが穴を埋め、派遣元のYMCAは滋賀県と学校に対して面目を保っていた。さらにワードはバイブルクラスも開いて生徒たちを喜ばせていた。[1]

五月に県立商業学校で校長の異動が行われた。メレルの良き理解者で、生徒からも尊敬を集めていた安場禎次郎校長が長崎市立商業学校に転じて出ていった。そして交代に大阪高等商業学校から伊香賀矢六が校長としてやって来た。伊香賀校長も立派な教育者だったが、自分の子どもを失くしてから熱心な仏教徒になったという話が伝わり、バイブルクラスの生徒たちの不安をかきたてるに十分であった。[1・41・42]

七月五日、かねてより病弱であった悦蔵の妹まつが一三歳で亡くなった。娘の健康を願って何年も兵庫の藤之寺でお参りをしてきた柳子は、このときばかりは悲しみで力を失い、悦蔵にとってもメレルの病気帰国に続く悲しく、つらい時期となった。そのようななか、七月二〇日から悦蔵は以前から楽しみにしていた大連、旅順、奉天（瀋陽）、朝鮮を二週間訪問する修学旅行に出発した。卒業前に近県に行く修学旅行は以前から行われていたが、海外は初めてだった。少々余談であるが、歴史的に意味深いので触れておく。[1]

この修学旅行は文部省と軍部が全国の若者に、拡大した日本の領土、そして日清・日露の戦場を見学し学ばせるために国家プロジェクトとして企画した満朝旅行の第一回であった。新聞紙上で全国に募集が発表され、学校に参加希望を伝えた者の中から選抜される形であった。

『八商百年史』によれば、滋賀県立商業学校からは悦蔵を含め卒業年度の四人の生徒と、引率の北川弥太郎教諭、校医山本小太郎（のち八幡町長）が参加した。生徒は制服制帽、雑嚢《ざつのう》を肩にかけ、朝八時に学校に集合し、校長の訓話と見送りを受けて大津の師範学校に向かった。そこに県内の第一中学、第二中学、農学校、師範学校、小学校教員の参加者が集まり、総勢七一名の滋賀旅行団をつくった。夕方に馬場駅（膳所）で大勢から万歳歓呼の見送りを受けて汽車で広島に向かった。翌々日、宇品港に全国の参加者総勢七〇〇名強が集合し、滋賀県の者は神宮丸が振り当てられて乗船、関門海峡を通り、朝鮮南端から西南部を周り、二六日に大連港に上陸した。大連市内見物後、列車で旅順に行き、二八日から二日間旅順を詳しく見た。三〇日奉天見学、八月二日に鉄嶺で見物、翌日馬蜂溝にゆき、遼陽、首山堡《しゅざんぽ》、営口、金州、南山古戦場を見て大連に戻り、病院船で韓国仁川に向け出発した。

この旅は生徒に鮮烈な印象を残した。[41・42] 悦蔵には日清・日露の戦場が印象的であったが、奉天（瀋陽）で、馬賊七名の公開処刑があるというので友人らと見物に行くと、青龍刀による断首、そして建物一杯に詰め込まれた頭蓋骨《ずがいこつ》の山を見た。国境を越えると自分の狭い知識だけでは通用しないということを身に染みて感じた。

八月半ば、旅行を終えて神戸に帰ると、デンバーのメレルから絵葉書が届いており、九月一六日に横浜港に着くので迎えに来てほしいというものであった。この葉書は悦蔵を大喜びさせた。[1]

回復と収穫

メレルが乗ったダコタ号がシアトルに到着してからのことは、彼がフェルプスに宛てた四通の手紙と『自叙伝』によって詳しいことがわかる。

シアトル港に到着したメレルは、トランクの通関に四時間もかかってようやく解放された。出航前に買った切符で日本に戻れる便は八月には就航しておらず、仕方なく九月二日の二等船室を予約した。九月の新学期に三週間遅れることは確実なので、再びフェルプスにゴーボールド博士の代講を依頼している。

体調はすこぶる良かったので、病気だったことをすっかり忘れて、デンバーの家に帰るまでに途中下車をしながら各地を見物した。六月七日にソルトレークシティで、大学の後輩アリソン・フレンチが主事をするＹＭＣＡに立ち寄る。フレンチはメレルに八幡ＹＭＣＡのレターヘッドの入った便箋《びんせん》をプレゼントしている。さらに鉄道で西に向かい、弟ジョン・ジュニアがいるグレンウッドスプリングスの教会で講演をした。そして大学時代の街、コロラドスプリングスで下車して第一長老教会の講演を引き受けている。

デンバーの実家に着いたのは六月一五日の昼であった。体調はすっかり回復し、医者に相談する必要も感じないほどであった。デンバー周辺でも、教会などから講話依頼を受けて三回分の礼金をフェルプスに返済するために送金している。宮本文次郎が数日遅れてデンバーにやって来た。再びコロラドカレッジに行き、二人で大学ＹＭＣＡとＳＶＭの集会や卒業生昼食会に出て近江八幡の話をして喝采《かっさい》を浴びた。

七月後半にはシカゴ、カンザスシティ、セントジョセフで六回講演をして会館建設の資金を蓄えた。シカゴでは、亡き親友ハーバート・アンドリュースの実家で一週間滞在してもてなしを受けた。会館建設の計画を説明したとき、ハーバートの父親は同志社の土地問題（アメリカンボードと同志社理事会の対立事件）の件があったから土地登記の方法に十分注意するようにとビジネスマンらしい忠告をした。メレルはその対策として土地建物を日本ＹＭＣＡ同盟に寄託することを説明したところ、安心して新たに会館建設に現金二〇〇ドルと一〇〇ドル相当の様々な椅子を寄付してくれた。

デンバーの家に再び戻ると、両親は弟ジョン・ジュニアが暮らしているコロラド州グレンウッドスプリングスに引っ越す準備をしていた。グレンウッドスプリングスは温泉が湧く高原の保養地である。ジョン・ジュニアはメレルと二歳違いで、高校を卒業して一九〇二年（明治三五）アリゾナ州クロライドでフィラデルフィア&アリゾナ鉱山会社に入社したが、鉱山衰退によりグレンウッドスプリングスに転居していた。自営ビジネスを志望し、この地で叔父のクーパーの店を手本にして書籍と文房具、アンティークを含む雑貨を扱う店を開業していた。メレルがスピリチュアルな志向が強いのに対して弟はビジネス志向であり、何かと対照的な兄弟であった。ヴォーリズ一家は常に二人の息子たちの生活に合わせて潔く転居をしてきたが、二人とも学業時代が過ぎた今は、グレンウッドスプリングスが適地と考えたようである。父のジョンはデンバーの百貨店勤めに見切りをつけてジョン・ジュニアの店を手伝うことにしていた。

クーパー家の書店のソーダカウンターで写るヴォーリズ一家　†

　メレルとその一家は転居先に荷物を下ろしただけで、保養地アスペンのF・S・クーパー家を訪問して数日過ごしている。クーパー家はジュリアの姉の嫁ぎ先で、書籍、文具と雑貨の店を営んでいた。そこではクーパー家がメレルの資金集めのために一計を案じ、長老教会とオペラハウスを会場にして何度か有料の講演会を開いて店でチケットを販売した。ステレオオプティコンという当時最新鋭の幻灯機を使ってプレゼンテーションしたことが当時の新聞広告からわかる。

Wheeler OPERA HOUSE

Saturday Night August 11.

By Special Request.

Illustrated Lecture.

On Japan and it's People

By PROF. W. M. VORIES.

English teacher in Gornet College, Hachiman Omi, Japan.. Instructive and Entertaining, showing street scenes, life and customs of this progressive people, the Yankees of the Orient. Pictures were taken by Prof. Vories and many beautifully colored by native artists. Prices, 25c; any seat. Seats on sale at Cooper's Thursday morning.

オペラハウスの講演の新聞広告（1906年8月8日 Aspen Daily Times誌）

このように、療養というよりも静養となった帰省を終え、メレルは八月一六日の夜行列車で西海岸に向かった。途中なつかしいデンバーとコロラドスプリングスで数日過ごし、友人と再会したうえ、講演会で募金活動をした。[13] さらに八月二一日から数日間、故郷のフラグスタッフに滞在をしたあと、サンフランシスコに移動して市街を見物した。そこでは、四月に発生した大地震の爪痕《つめあと》がまだ残り、たくさんの立派な建物が崩壊しているさまを見ている。この体験はその後の建築事業をするなかで地震対策を意識する動機となったと語っている。それは後の関東大震災でヴォーリズ合名会社の建築物の大半が倒壊せずに残ったことで証明されることになる。

あとは乗船するためシアトルに向かうだけだったが、サンフランシスコでならず者に襲われかけたり、線路が水に浸かって大幅に遅れたり、港に着くと船は満員と言われるなど災難が続くが、何とか寝台のない三等船室に滑り込むことができた。この船には訪日使節団や、二〇人ほどの宣教師、日本の名士が乗船していて、こうした人たちとの知遇を得て退屈しない船旅となったというが、長旅にも余裕のある様子は、いかに彼が健康を取り戻したかを物語っている。[13]

九月一六日、ダコタ号が横浜港に着く直前に八幡から歓迎の電報が船上に届き、横浜港では悦蔵のほか東京で働いている元バイブルクラスのメンバー数名がメレルを出迎えた。一団はそこから東京に行き、翌日YMCA同盟本部へ報告に行くが、当地でも歓迎会が開かれた。

メレルが近江八幡に帰ってきたときの歓迎の様子は想像に難くない。大勢の生徒と教会員や膳所、彦根、京都の友人たちが出迎えた。こうしてメレルの授業が再開された。

八幡YMCA会館の建設

YMCA会館の建築工事は保留してあったが、請負師の木曽田梶之助は約束どおり手を空けて待っていてくれた。木曽田が待ちかねたように来て、メレルと悦蔵の三人で仕様と契約の打ち合わせを行った。着工の日は一〇月一〇日とし、先立って一〇月一日の八幡学生YMCA設立一周年記念日に起工式を行うことにした。資金のほうは、帰国中の寄付とメレルの貯金をすべて使ってもさらに八〇〇円不足する計算であるが、メレルの給料からすれば無理のない残額であった。

木曽田とメレルの間の工事委託契約書の下書きが残されているが、契約の要点は次のようなもので、おおむね現代の建築工事にも通用する内容である。

1　仕様書に対し正確に従うこと

2　寸法や費用に変化を生じさせる変更は行わないこと
3　軽微な変更でも両者の署名入り記録を残し、それを仕様書の変更簿とすること
4　支払いは棟上げ時一千二百円、建築完工時一千三百円、工事完了から六カ月後に依頼主の完了確認を行い残金五百円を支払う
5　追加工事に三百円以上の支払いが生じないこと
6　追加工事なき場合の完成日は　年　月　日とする
7　建物各部と材料に関して建築請負側は一年間の保証をする。この期間中に発見された瑕疵やエラーは直ちに建築請負側の負担で修理がなされること

この工事が終わると、メレルの貯蓄はゼロになるはずであった。しかし、八幡教会の牧師となった大橋五男から、西氏が用意している土地を使って教会堂を建てることがついに決まったと知らされると、大喜びしたメレルは気前よく二五〇〇円を寄付した。[1]

八幡YMCA会館の土地と建物は、メレルの自己資金と寄付金によってできるが、当時外国人が土地を所有することができなかったため、日本YMCA同盟が所有する形にすることに決まった。管理をする能力があり、使用目的を維持できる法人は、YMCA同盟以外になかったのである。ただし、八幡学生YMCAが返却を求めることは可能だという一文をいれた契約とすることにした。会館は八幡商業学校学生YMCAに限らず地域の青年のためであることを意図して「八幡基督教青年会館」と名付けられた。本書では簡略に八幡YMCA会館と呼ぶことにする。

「マンスリーレター」創刊

メレルは三つの学校のバイブルクラスを巣立った生徒たちのことも忘れることはなかった。彼らが各々の地域で仕事をしていても信仰と英語を忘れないよう、「マンスリーレター」と題した月報を発行し郵送を始めることにした。その内容は、My Dear Brothersで始まる英文手紙の形式に翻訳がつけられ、毎号聖句を引用して解説をし、生活にどのように生かすかといった信仰生活のための助言と、健全な体を維持するための衛生面に関することが中心であったようである。かつての教え子たちに対し「我が兄弟たちへ」という語りかけは、まさにメレルの神髄であった。最初は謄写版《とうしゃばん》刷りで一〇〇通ほどから始まるのだが、フェルプスの紹介で、印刷を同志社のチョーンシー・ケーディが運営する京都の孤児産業印刷所に頼んでいる。この印刷所は、岡山県の慈善実業家石井十次《じゅうじ》が興した岡山孤児院の中の活版部で技能を身につけた者の雇用の場として京都につくられていた。[58]

彦根の井伊直弼公誕辰祭

一〇月二八日、メレルは二六歳になった。この日、仙台で活動をするアメリカンボードの宣教師J・H・デフォレストがメレルの家を訪問してくれた。[13] デフォレストは一八七四年に新島襄と共に来日した宣教師で、今や六四歳、伝道だけでなく、YMCAの日本軍隊慰労事業や派遣英語教師の仕組み作りに

J・H・デフォレスト。1908年勲四等旭日小綬章受章時撮影

関与していた。また、日本事情を書いて海外に発表しており、明治政府からも評価されていた人物だった。彼の次女シャーロットが神戸女学院の第五代院長に就任して間もないころである。彼のような有名な宣教師の訪問を受けて、メレルには非常に励みになったことであろう。

デフォレストは二日後の一一月一日に再びメレルと彦根で会っている。二人は彦根城で開催された第二一回故井伊直弼《なおすけ》公誕辰祭《たんしんさい》にアメリカ代表者として招待されたのである。この催しは元彦根藩士の彦根辛丑《しんちゅう》同志会が井伊直弼を顕彰するだけでなく、開国に導いた恩人の名誉を一日も早く回復したいという想いで開いてきた。

読売新聞は、五万人あまりが集まった誕辰祭の詳報を載せている。午後一時から彦根城山に祭壇が設けられて神事が行われ、「参列者は井伊直忠伯代、同母堂代、田中左門、大久保直臣、中島宗達、中村正文、木俣《きまた》男爵、神学博士デホレスト、英文学者ボリスの諸氏及び旧藩士、旧領民有志、各新聞記者、諸官衙官吏、軍人、銀行会社員等数百名にて其他県立中学、女学、各小学校職員生徒及び遠近老幼男女、一般の参拝者無慮五万余と註せらる。余興の能狂言、西洋手品等は城山能舞台に於て催され、花火は早朝より数百発を打揚げ実に同地には希なる盛況なりき。式後同所に於て誕辰紀念演説会を開催し、かねて彦根辛丑同志会より招聘《しょうへい》のデホレスト博士、ボリス、大海原、田中の諸氏出席し、当日井伊伯爵家よりは会員一同に開国始末一部づつ寄贈せり（以下略）」とある。

誕辰祭の様子。前列中央にデフォレスト、右に一人置いてメレルがいる　73

『開国始末』とは、島田三郎著『開国始末　井伊掃部《いいかもんの》頭《かみ》直弼傳』であるが、アメリカ人二人にはヘンリー・サトー（佐藤顕理）による翻訳版『Agitated Japan』が贈られた。二人のアメリカ人に敬意を表し、食事のときも喫煙をする者がいなかったと『自叙伝』に書かれている。

　デフォレストは彦根辛丑同志会から井伊直弼の名誉回復に支援をしてもらいたいという依頼を受けたので、後日、それに対しきちんと対応をしている。東京で高官四人と長時間の面談を行い、西郷隆盛や水戸藩士に比べて井伊直弼の名誉回復が遅れていることを指摘し改善を迫っている。横浜と彦根に井伊直弼の銅像が建てられる三年前のことなのは注目に値する。また、アメリカの権威ある国際政治雑誌に「一八五二年に日米戦争を回避させた男――井伊掃部頭直弼」を寄稿している。[13・21・63・73]

　メレルは滋賀県で公職にある唯一のアメリカ人として招待されたわけであるが、一九〇九年（明治四二）に同志会の依頼で井伊直弼に関する講演をしたり、元彦根藩士で有栖川宮《ありすがわのみや》の侍従をしていた田中左門と親交を結んだりするようになる。

悦蔵が吉田姓になる

柳子が一一月のはじめに八幡ＹＭＣＡ会館にやってきた。その目的は悦蔵の姓を井上から吉田に変えることをメレルや学校に報告するためだった。柳子の夫井上久介が亡くなって久しくなるが、義父吉田金介が柳子の結婚以来の苦労に報いることと、悦蔵も吉金商店を継ぐことを期待して井上家を廃し、吉田家に復縁させることが決まったのだ。さらに悦蔵を喜ばせたのが、養子として出ていた実弟の徳蔵が柳子の子として再入籍することになったことだ。柳子、悦蔵、徳蔵が吉田姓になったので、柳子は学校や世話になっているメレルにも伝えた。悦蔵は徳蔵をこの上なくかわいがっていて、しばらく魚屋町の家に住まわせて英語の勉強をしやすい環境に置くことにした。[1]

解職の予兆

一一月半ばにメレルは滋賀県庁の学務部長から呼び出しをうけ、膳所中学の仕事を終えてから県庁を訪問した。学務部長とは初対面ではなかった。ひと月ほど前にメレルの所にやって来て差しさわりのない話をして帰ったのである。そのとき彼から「あなたのような人がここにいるのはもったいない」と言われ、それが妙に気になっていた。今回の呼び出しはその予感どおり悪い知らせであった。学務部長によれば、新任の伊香賀校長はメレルの英語教育については非常に満足をしているが、キリスト教に反対する者との摩擦をこれ以上拡げないために、契約を更新しない考えらしいということだった。ただし、仮に契約を打ち切る場合、建築中の建物については商業学校が借りる考えを持っていることも伝えられた。学務部長は伝道活動を抑えるか、円満に辞任を申し出てもらおうとしたのであろうが、メレルは間違ったことをしていないし、建物は目的どおりに使うつもりであると主張し、二人の話し合いは平行線のまま長時間に及んだ。メレルは帰りの汽車がなくなったため大津の旅館に泊まったという。

そのような重い雰囲気の中で、メレルは収穫感謝祭の週末をフェルプスの家で過ごしたあと、神戸のフランク・ミュラーの家に行って気を紛らわせていた。クリスマスにはバイブルクラスから新たに洗礼を受ける者が出て、これで二六人となった。そのころ、村田幸一郎は入隊の日が近くなったため、ＹＭＣＡの書記をやめて魚屋町の家を出ていった。[13]

4 一九〇七年（明治四〇） 献堂、解職、そして自立

悦蔵日記より

悦蔵は一七歳の新年を神戸の自宅で迎えた。受け取った年賀状の中にメレルのものがあり、一月三日に悦蔵の家を訪問すると書いてあった。その朝、商業学校から成績表が届いたが、赤点がなかったので卒業が確実となった。家内の男衆でお祝いの昼食を御門《みかど》ホテルでしようと一同が家を出ると、ちょうどメレルが歩いて来るところであった。皆はメレルを誘ってホテルで食事をした。昼食後、悦蔵は兵庫教会の武田猪平《いへい》牧師をメレルに引き合わせたいので教会へ向かったが、武田牧師は不在だったので、二人は会堂内を見学し、金之介の家に立ち寄ったあと、メレルは三ノ宮駅から帰っていった。

五日になって最終学期が始まるので悦蔵は身の回りのものを行李《こうり》に詰めて近江八幡に戻った。新学期が始まるまでの三日間を、同級生の下宿を行き来して歌かるたに興じたり、日牟禮八幡宮境内でテニスをしたり、夜は教会の祈禱《きとう》会に出たりという生活をした。目下建築中の八幡ＹＭＣＡ会館の現場を見に行くと、外壁も最後に塗る段階までほぼ出来上がっていた。

こうして始まった三学期の三日目のこと、メレルの英語教授法を参観するため、早稲田大学で英語を

八幡YMCA会館（八幡基督教青年会館）

教えるウォルターと大阪高等工業学校のバイヤーズが訪問してきた。二人の参観者は、他の英語教師から聞いていたとおり八幡商業の生徒の英語力にはなはだ驚き、メレルも得意気であった。

同じころ、メレルは大阪を訪問した際に前校長の安場禎次郎に会った。安場は一〇月に開校する大阪大倉商業学校の校長に指名されて大阪にいた。安場はメレルのキリスト教活動について教育関係者が批判的に言う声を聞いたので、四月からは大都市で働くようにしてはどうかという意見を伝えた。安場の本心は、同校にメレルを英語教師として招こうとしたようである。しかしメレルは、八幡ＹＭＣＡ会館の工事が進んでいるので、近江八幡に留まるつもりだと答えて帰った[1]。それもそのはずで、会館の献堂式は二月一〇日と決めており、そのプログラムも考え、招待状を郵送する準備で忙しかったのである。内装工事の一部は献堂式に間に合わなかったが、この日程で強行しなければならない理由があった。一つは卒業するバイブルクラスの生徒に出席してもらいたかったのである。そしてもう一つは、後述する国際会議が四月に開かれるので招待客の多くは多忙になってくることが予想されたからである。建築工事は、請負師であり棟梁《とうりょう》である木曽田に任せていたが、途中で木曽田自身が資金不足になり中断しそうになったため、教会員の千貫久次郎に六〇〇円を貸してもらってその場をしのいだこともあった。

メレルは卒業する悦蔵に主事を続けるよう説得するようになった。献堂式までに主事を決めておかないといけなかったからだ。悩んだ悦蔵は実家の母と金之介に、卒業後しばらくの間ＹＭＣＡ主事として働きたいという手紙を出したが、案の定、すぐに二人からそのようなことでは身を立てられぬし、吉金商店の発展のために高等商業進学かヨーロッパの商科大学に留学する道を選ぶようにとの返事がきた[1]。

一月三一日にはＹＭＣＡ会館の階段が仕上がったが、献堂式に間に合うかどうかあぶないペースで進んでいた。二月二日、この日はメレルが二年前に近江八幡の土を踏んだ日であった。悦蔵の様子を心配する叔父の金之介がやって来るという知らせがあったので、悦蔵は近江八幡駅で出迎えた。二人は寒空のもと歩きながら語り合った。魚屋町の家に着くと、メレルを交えて三人で将来のことを話し合った。メレルと悦蔵が熱心にＹＭＣＡの夢、そして湖国伝道の夢を語るので、温厚な金之介は、悦蔵が高等小学校を一年特進で卒業して商業学校も一年早く卒業したのだから、一二月の末までなら近江八幡に留まってメレルの手伝いをしてもよいという妥協案をひねり出してくれた。悦蔵は日記に「本当にうれしい日」と書いている。

八幡ＹＭＣＡ会館の献堂式

二月九日、献堂式の前日となってメレルは悦蔵、梶野、河路《かわじ》寅三に手伝わせて滋賀県立商業学校の正門前に式典と講演会のポスターを貼ったり、椅子の借用やプログラムの印刷をしたりと忙しく動いた。その日の午後には来賓の一人、京都に住む宣教師ダナ・グローバーが先駆けて到着し、翌日の打ち合わせを行った。

そして当日の朝、メレルは八幡駅に来賓を出向えに行き、午前中の汽車が着くと会場に行く人力車に誘導した。式典は午後一時から始められた。そのときのプログラムは次のような内容であった。

司式　吉田悦蔵（当ＹＭＣＡ主事）
讃美歌　ＹＭＣＡ讃美歌
祈禱　大橋五男（八幡教会牧師）
聖書朗読　マタイ伝　五章一から一六
会館献堂の声明　ウィリアム・メレル・ヴォーリズ
献堂讃美歌独唱　ジョージ・グリーソン（大阪ＹＭＣＡ名誉主事）
（訳詩 関西学院教授吉崎彦一夫人による）
献辞　平沢均治（国際ＹＭＣＡ副主事）
献堂の祈り　宇野重喜（陸軍歩兵中佐、京都ＹＭＣＡ理事）
メロフォン独奏　Ｊ・Ｍ・スティック牧師（仙台ＹＭＣＡ）
祝辞　吉崎彦一（関西学院教授、前京都ＹＭＣＡ主事）
祝電披露　江原素六、留岡幸助、本多庸一、佐伯理一郎、
ゲーレン・フィッシャー、Ｊ・Ｈ・デフォレスト他
音楽

「八幡学生YMCA会館」開所時のレイアウト

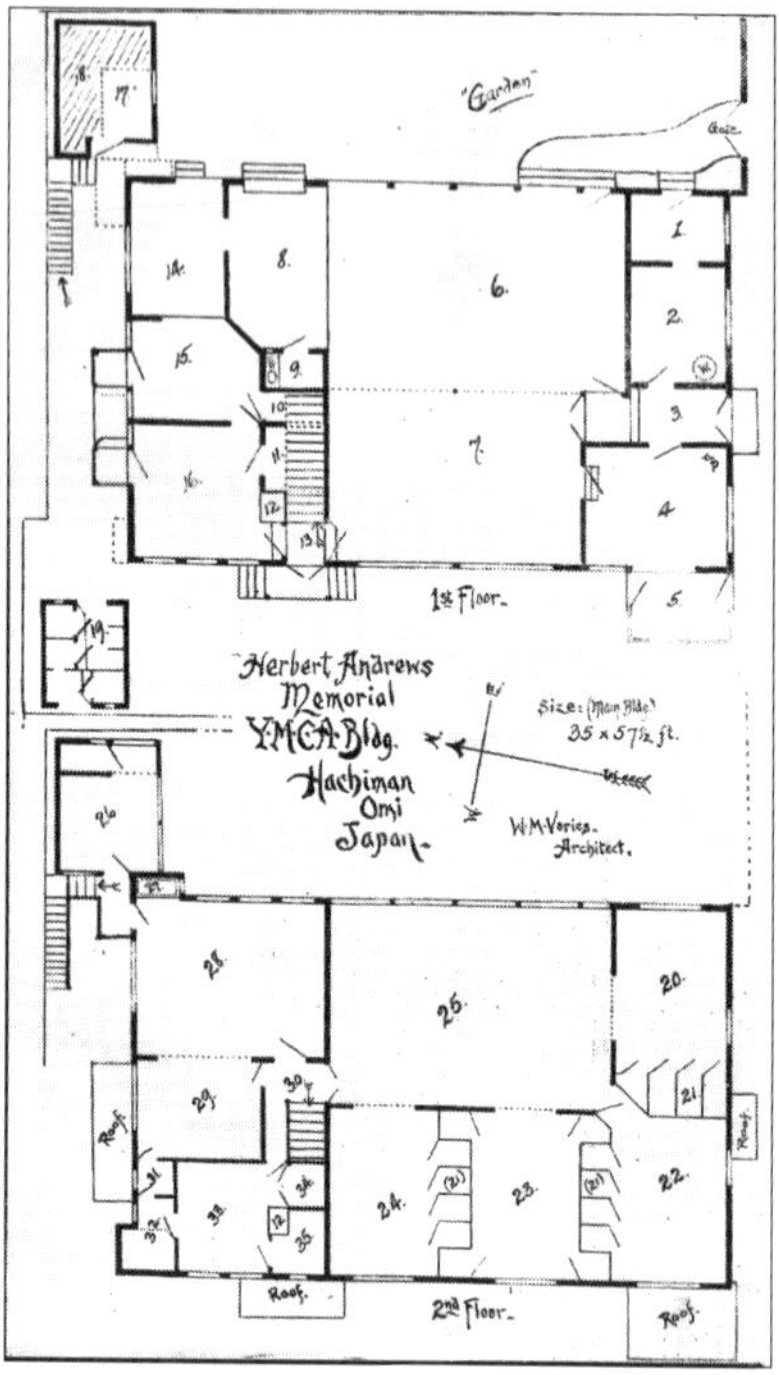

メレル自筆の八幡YMCA会館レイアウト図　11

【1階】

① 脱衣室
② 風呂場(井戸つき)
③ 玄関ホール(道路側)
④ 寮生キッチン、ポンプ式井戸
⑤ 薪(燃料)庫(キッチンに通じる)
⑥ 集会室
⑦ 寮生食堂
⑧ 図書室(一部ステージ)
⑨ 現像用暗室(赤ガラスとシンク付き)
⑩ クロゼット(⑮へ通じる)
⑪ 食品庫(⑯へ通じる)
⑫ 給仕用エレベーター
⑬ 階段室と勝手口
⑭ 印刷室
⑮ 用務員室
⑯ ヴォーリズ用キッチン
⑰⑱ 店舗と薪庫
⑱ 店舗につながる回廊(地上2m)
⑲ トイレ

＊⑥⑦⑧はパーティションを取ると講堂にできる

【2階】

⑳㉒㉓㉔　四人部屋×4室
㉑ 個人用ロッカー
㉕ 学習室(⑳〜㉕は1台の暖房機を共用)
㉖ 開放型スリーピングポーチ(ヴォーリズの居室に接続)
㉗ ベランダ(床は薪保管箱)
㉘ ヴォーリズの書斎、寝室(個人用階段付き)
㉙ 来客用寝室(㉘とスライディングドアでつながる)
㉚ 2階ホール(学習室に通じるガラスドア)
㉛ 収納庫とバスルーム㉜への通路
㉜ ヴォーリズのバスルーム
㉝ ヴォーリズの個室(給仕用エレベータ取り出し口)
㉞㉟　ヴォーリズの個室用クロゼット

『The Omi Mustard-Seed in Japan』1907年4月号より)

頌栄
祝福
館内の案内
日野真澄牧師（同志社）

滋賀県外からの来客は五〇人近く、県内からは一五〇人が集まり盛大なものとなった。終了後は来客に館内を披露した。主事として紹介された悦蔵には大変誇らしく、充実した一日であった。夜七時からの演説会には、ポスターで直前に予告しただけだったにもかかわらず三〇〇人を超える聴衆が集まり、立《りっ》錐《すい》の余地もない状態となった。演者は同志社神学部教授の日野真澄、第三高等学校ならびに関西学院神学部教授の鵜崎庚午郎《うざきこうごろう》（京都ＹＭＣＡの設立メンバーでもあった）、大阪ＹＭＣＡ総主事で元大阪高等工業学校教授の佐島啓助の三名であった。[11]

解職されるも留まる

この献堂式の前後に、メレル解職に向けた動きがあった。ＹＭＣＡ派遣英語教師の契約は二年単位であったので、いずれにしても新学期の前に契約更新の可否について判断がなされる時期だった。メレルの宗教活動に関する問題は滋賀県議会でも取沙汰《とりざた》されたといわれているが、議会で質問が出た事実はあっても、解任に至る議決が行われたわけではなかったという。[29]

契約更新がされなかった真相は、メレルが二月一六日にフェルプスに宛てた手紙に書かれている。それによると、一月に再び学務部長と面会をすることになり、学務部長は自分の権限で何とか継続できるよう計らおうと好意的な話をしたが、直後に手紙を送ってきて、友人に貸すために二〇〇円を融通してもらいたいと知らせてきた。そんな義理もなく、会館建設で貯金もないメレルは断りの手紙を出した。すると、再び面談をしたときには学務部長の態度がすっかり冷淡になり、YMCA派遣教師をやめて英国人英語教師を採用する方針だと伝えてきた。メレルは金を貸さなかったことに対する仕打ちだと感じ、防衛のため借金を求めたことを明らかにすると学務部長に伝えた。そのまま献堂式を迎えたのであるが、その直後にメレルは学校の同僚からすでに契約更新はなくなったということを知らされた。その時点でメレルはようやくフェルプスに顛末《てんまつ》を手紙で説明し、膳所駅で落ち合って相談をしたようである。しかし、もはや事態が改善するはずもなかったので、フェルプスは学校や県と争うより大阪YMCAで働くことを勧めたようである。その夜メレルは自分の考えを整理して次の手紙を送っている。

一九〇七年二月二一日　近江八幡

フェルプス様

今日のご援助ありがとうございました。私は今日の知らせで驚きも、落胆もしませんでしたが、この地を去るかどうかは別の次元のことだと思っています。

この地で一生懸命働き、考え、野心と愛をもって人生の一時期を賭《か》けましたから、達成をしないままここを去りたくありません。もし結婚をしていたら、お金を失って離婚に至っていたかもしれません。が、失職と無給になることは〝我が仕事〟を失くしたことを意味しません。

あの少年たち、学校の生徒たち、多数の宣教団の友人、私に反対はしてきたが本性の良い人たち、みんなを妻や家族のように愛しています。

その〝仕事〟のためならどんなことでもやりますが、この地を去ることができません。もし大阪のそれがパートタイム以上でやりがいがあってもそれを受けないでおきたいと思います。私の魂はここにあり、この地にいられるならそれ以上望ましいことはないのです。（後略）

あなたと奥様のご健勝を願いつつ

Wm Merrell Vories

学務部長が言っていたとおり、伊香賀校長はクリスチャンの生徒と反動派の対立と内外からの批判に困っていたが、英語教授のうまさは天下一品と認めていたし、モラルの高い生徒が増えたことも事実だったので、何とか丸く収めて継続させたい気持ちがあった。その思案中に学務部長が独断でＹＭＣＡ派遣のルートを絶ち、発音の異なる英国人の教師を招聘していたことに憤りを感じていたのである。しかも、英国留学の経験がある学務部長は、知り合いのＨ・Ｏ・エルキントンという英国人に声をかけたことも伊香賀は気に入らなかった。しかしすでに事は決せられているので、メレルを呼んで契約の更新を行わない旨の伝達をした。覚悟を決めていたメレルは淡々とそれを聞き、更新されなかったのは英語の指導が理由ではなく、宗教的な活動が問題で解職されることを紙に書いてほしいと求めた。すると伊香賀は次のように書いて渡してくれた。

証明書

ウィリアム・メレル・ヴォーリズ氏は西暦一千九百〇五年二月より滋賀県立商業学校において英語科の教員であった。その教授振りと、学生の陶冶《とうや》に関することは全然、満足さるべきものであった。同氏が解職されたのは、県民の反対意志により、即ち、聖書を教えて、学生達をキリスト教に至るように感化したる事を以て、県民の大部分なる仏教徒諸君の反対意志により解職したのであります。

学校長　伊香賀矢六　（自署）[3・13]

悦蔵は卒業をひかえたこの時期、友人たちの下宿や家を行き来して進路の話や写真交換などをして最後の交流をしていた。学校で雨田教諭からメレルの状況を聞いていた悦蔵は、心配でいても立ってもいられなかったが、メレルはこの話を口外しないようにと言った。二月二三日に全校の卒業集合写真撮影が行われた。集合写真には、最前列に伊香賀校長と並んで映るメレルが沈んだ表情で下を向いているのが印象的である。

三月二日午後に八幡の西別院において滋賀県立商業学校仏教青年会（別名ＹＭＢＡ）発会式が行われた。会長は悦蔵と同学年の岡田彦治郎で、彼に誘われて悦蔵も出席をした。岡田は悦蔵に向かって、会の発足目的はキリスト教青年会の排斥であると言い、八幡学生ＹＭＣＡへの対抗意識がとても強い団体であった。発会式の参加者は生徒二〇〇人、一般人一〇〇人もあったという。[1]

その翌日のこと、ＹＭＣＡのメンバーはメレルの家で親睦会《しんぼくかい》を開いた。その席に大橋牧師が招かれて

1907年3月の卒業写真。伊香賀校長の横に解職されたメレルがいる。悦蔵は前から3列目左端

いて講話があった。そのあと、活動報告などをしてから皆で牛鍋《ぎゅうなべ》をつつき、そろそろ閉会しようというとき、大橋牧師がメレルに向かって、学校のことを皆に伝えるよい機会ではないかとうながした。それに応じたメレルは立ち上がって、静かな口調で自分が解職されたことを皆に伝えた。参加者一同には驚きがひろがった。そのときのメレルは一切学校や県当局を恨むような言葉を発せず、信仰のためには職をも捨てる男の潔さをみせ、実情を知る大橋や悦蔵をいっそう感激させた。この会が終了したあと、大橋はこの事実を世間が知らずに放置してよいものかと考え、思い切って『基督教世界』誌に投稿をした（巻末の補遺に『基督教世界』の記事を掲載）。

この一文が三月一四日に掲載されると、日本各地から激励の手紙が寄せられた。フェルプスが斡旋《あっせん》した大阪の仕事のほかに、東京ＹＭＣＡ、同志社、早稲田大学、前校長の安場から大阪大倉商業学校教職のオファーが届いた。しかし、メレルはここまでに至ったことが神の示された道であるから、これを進めるべく近江八幡に留まる決意を固めており、すべてを丁重に断った。[1]

メレルは滋賀県立商業学校の仕事を失ったのと同時に、膳所中学でも英語の受け持ちは終わった。それでも三カ所で開いてきたバイブルクラスは続けることに迷いはなかった。ただＹＭＣＡ会館の建築費の残金を支払うと貯金がなくなるため、どのように生計を立てるかが問題となってきた。わずかな収入の道として二つの仕事を引き受けた。大阪のＹＭＣＡ夜間学校で毎週三回英語教師をすることと、水口町（現甲賀市水口町）の教会で応援説教をすることである。生活費にも足らなかったので、大幅に倹約して生活をしなければならなかった。[13]

ところで、教職を失ったメレルはどのようにして滞在資格が維持できたのであろうか。それはフィッシャーとフェルプスの計らいで、メレルをＹＭＣＡ派遣英語教師の立場のまま留めておくことにしたのである。当時は英語教師として来日していても教職に就かないまま、プールされた人材としてＹＭＣＡ同盟や伝道の仕事をする者もいた。以後、近江ミッションが独立した伝道団体として認知されるまでその状態が続けられた。そのおかげでメレルには身元保証者がおり、毎年の派遣英語教師の修養会に出席できたし、東京と軽井沢で開かれる在日本協同ミッションの会議を傍聴して情報を得たり、議論に参加したり、それを通じた人脈づくりもできたのである。

自立伝道の冒険を決意

三月二一日になると、メレルと悦蔵の二人は家賃がかかる魚屋町の家を引き払い、八幡ＹＭＣＡ会館に引っ越した。料理人の神谷は自ら暇を願い出て去ってしまった。悦蔵が料理の支度をする立場になった。夜は一つのランプで過ごし、風呂場はつくってあったがまだ浴槽がないので、スポンジで体を拭《ふ》くだけにした。

引っ越して三日目に大雨が降ったときは、早速雨漏りが発生した。そうしたみじめな様子の二人を見かねて教会員が掃除を手伝ったり、昼食に誘ったりしてくれるが、まだ寮生も入居していないがらんとした会館二階で寝泊まりしているのは二人だけであった。メレルは常々健康のために睡眠中は清浄な空気を吸うことが大切で、雨戸というものは不健康だと考えており、ＹＭＣＡ会館の設計では二階に三方に窓をとったスリーピングポーチという寝室をわざわざ作ってあった。悦蔵にも良い空気で寝るように勧め、二人は同じ部屋にベッドを並べて寝た。[3・13]

八幡YMCA会館内のメレルの書斎　††

三月二五日は悦蔵の卒業式の日で、制服を着て三時に集合した。滋賀県知事も列席するなかで式典が行われ、卒業生代表の答辞は、首席の大橋が日本語で、悦蔵が英語で述べた。県立商業学校の英語力は評判となっていたので、それを披露する意味があったようである。この日の夕方、卒業生らは町内の中村屋で開かれた離別会に出席した。悦蔵が帰宅すると、メレルは学校教師の最終日を終えてさみしそうに待っており、二人で前途のことを話し合った。[1]

このときの二人の会話は、悦蔵が書いた『近江の兄弟ヴォーリズ等』（以下、『近江の兄弟』）のクライマックスであり、その個所を引用しておきたい。文中のIとは井上のイニシャルで悦蔵のことである。

（前略）〔メレルは〕「私は、日本の琵琶湖畔に、神の国の福音宣伝のため、命を捨てたいです。勿論、八幡町では私に一銭の収入を与えてくれる途はありません。しかし、私は敢て信仰の冒険をやります。そして、神にのみ頼って、生きて行きます。その大決心を今、ただの今、心のうちに誓ったばかりです。『神の国とその義を求めよ、すべてこれらのもの、（衣食住のもの皆）はなんじらに加えらるべし』と聖書にあります。私はそれを確信して、己を棄《す》てます。そして我一身を湖畔の土に埋めましょう」


Iは涙の頬に伝わるのを覚えた。そしてメレルさんの腕を抱いて、二人して長い間祈った。

突然、ヴォーリズさんは身を起こした。

「Iさん、学生の食料一ヶ月は寄宿舎で何程ですか」

Iは驚いて返事した。

「四円五十銭です」

「米と塩ばかりで、一ヶ月一人の食料は何程ですか」

「飯と漬物でしたら、まあ三円五十銭位でしょう」

ヴォーリズさんは再び跪《ひざまず》いていた。そして
「天の父様、私に毎月三円五十銭づつ与えて下さい。私は、あなたがそれだけを保証して下されば、私の一身を、この青年会館に埋めます。そして琵琶湖畔の福音宣伝に一生を捧げます。アーメン」

Iは、轟く胸と、滝のように流るる涙をとめもあえず、決心する事があった。

Iは今までクリスチャンの一人のつもりだったが、真の伝道心は無にも等しかった。今目のあたり、真の基督《キリスト》魂をみた。十字架を負う一人を目撃した。今や、ためらう時ではない。血の最後の一滴までも福音宣伝のために、利他主義の実行のために、遠く北米より来たったこの一人のヴォーリズさんの同僚として、捧げたいと感激した。

「ヴォーリズさん、私は、私の将来を捨てます。私は母から送ってくる、今までの学資をそのまま送って貰いまして、とにかくあなたと二人の食料だけを出します」と、その声は震えていた。

ヴォーリズさんの目に熱い涙が漲った。そして、二人は、再び手に手を取って跪いた。そして、無言の感謝と、感激の祈りとを神に捧げた。[3]

このときの様子について戦後メレル自身が語った肉声テープが残されているが、ほぼこの内容と同じことを語っているので、生涯平信徒（聖職者ではない一般信徒）の伝道者として生きる誓いの日として二人に記憶されたのだろう。マタイによる福音書第六章三三節「何よりもまず、神の国と神の義を求めなさい。そうすれば、これらのものはみな加えて与えられる」の一節はメレルの自給自足伝道の基調となる。

悦蔵は商業学校時代の四年間、実家から毎月一四円の仕送りを受けていたが、四月から無収入に近いメレルと生活をするというので、母の計らいで一六円の仕送りを受けるようになった。これをメレルと共同の生活費にしたのである。

翌日は今までのテニス仲間と日牟禮八幡宮で最後のテニス大会を催した。三月二七日、柳子と弟の徳蔵が神戸から近江八幡にやってきた。柳子は元気づけのため肉鍋の材料を買いに行かせ、四人で鍋をつつきながらじっくり話をした。柳子はメレルの誠実な人柄をとても好ましく思っていたので、年末まで一七歳の悦蔵をメレルに預けることにいささかの心配もなかった。それから数日して、叔父の金之介から手紙が届き、そこには吉田家は浄土宗と深いつながりがあるのでキリスト教にはなれないが、お前はそのままの信者で一生酒と煙草から離れていてくれと書いてあった。[1]

篤志家ウッドワードと神戸ＹＭＣＡのヘルム

三月二八日になって一通の素晴らしい手紙が届いた。京都のフェルプスを通じて匿名の篤志家《とくしか》が今後二年間メレルの活動を支える資金として毎月二五ドル（約五〇円）を仕送りするということで、その一回目の為替が入っていたのである。これによって生活を少しましにして、会館の維持と伝道ができるようになった。この篤志家の名はメレルに対して完全に伏せられていたが、三年後にメレルが渡米した折「ウッドワードという商人」ということを知ったという。[50]

ウッドワードとは、ワシントンＤＣ商工会議所会頭のサムエル・Ｗ・ウッドワードである。彼はワシントンＤＣ最初の百貨店ウッドワード＆ロスロップの共同経営者で、地元では有名なクリスチャン実業家であった。ちなみにこの百貨店は二〇世紀末まで繁栄し、今も建物の一角はワシントンDCの歴史的建造物として保存されている。彼は一月から同商工会議所の東洋使節団の先頭に立って渡航来日し、伊藤博文など政財界人と面会し、三越百貨店を視察している。来日の第一目的はあとで述べる万国学生基督教青年会（WCSF）東京大会に出席することであった。大会が終わったあと、モットらと京都YMCA会館の起工式に列席し、東京本部から神戸YMCA名誉主事として赴任したばかりのヘルムに連れられて神戸にも足を延ばした。そこはヘルムが会館建設の寄付を嘆願している地だった。ウッドワードは同行したもう一人の篤志家J・B・スリーマンと共同で寄付することに同意をした。

ヘルムはこの寄付を生かすため土地購入の募金活動や組織作りに奔走しはじめる。しかし、この年の一〇月に胸膜炎で急逝し、外国人として初めて火葬され、六甲山麓の外国人墓地に手厚く葬られた。妻は遺灰と生後六週の子を含む四人の子どもを連れて悲しい帰国をしている。[50]

メレルは来日して急速に親しくなった友人であり、八幡学生YMCA発会式に来てくれたヘルムの死を悼み悲しんだ。ヘルムが建てようと努力した神戸YMCA会館の設計は公共建築物に経験豊富なシカゴのシャトック・アンド・ハッセー建築事務所が請け負っているが、一九一〇年（明治四三）に帰国したメレルがこの事務所を訪問して実習を受けたと述べており、それ以来この図面に関わった可能性が高い。YMCA同盟の一九一三年の完成報告によると、フェルプスが建設委員長となり、メレルが建築監督（supervising architect）であったと記されている。そのためだろう、図面にはヴォーリズ合名会社の名前も併記されている。[11・69]

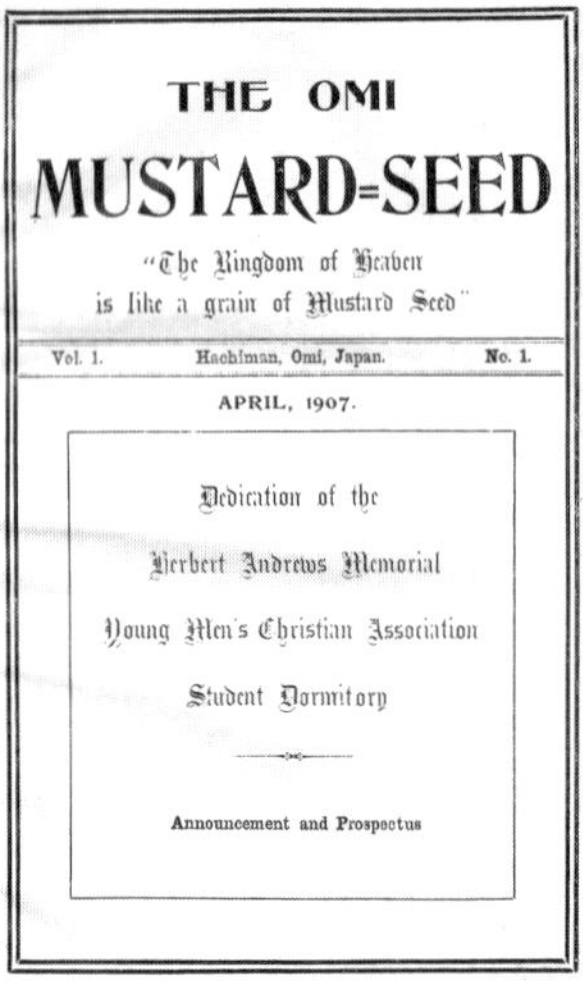
THE OMI
MUSTARD-SEED
"The Kingdom of Heaven
is like a grain of Mustard Seed"

Vol. 1. Hachiman, Omi, Japan. No. 1.

APRIL, 1907.

Dedication of the
Herbert Andrews Memorial
Young Men's Christian Association
Student Dormitory

Announcement and Prospectus

『近江マスタードシード』創刊号の表紙

『近江マスタードシード』創刊

メレルはバイブルクラスの卒業生たちに『マンスリーレター』を郵送していたが、自給自足の伝道をするにあたって、その活動をアメリカの友人たちに発信して応援をしてもらおうと機関誌を発行することを決めた。参考にしたのは前述の『ジャパン・エバンジェリスト』だと考えられる。国内外の「近江の伝道に関心を寄せるアメリカ人読者に向けて」七月と八月を除く毎月発行することにした。アメリカ人に限定する必要はなかったと思われるが、一九一五年（大正四）までのタイトルにそう書かれている。誌名は一年前の病床で考えておいた『The Omi Mustard-Seed』（以下、『マスタードシード』）と名付け、副題としてThe Kingdom of Heaven is like a grain of Mustard-Seed（「天国はからし種の如し」）とした。この副題はマタイ伝一三章三一節と三二節に示されるたとえ話の「からし種」を意味する。

「我々は一粒のからし種を植えたのですでに新芽が出ている。しかしこの地近江を（神の国にするために）あらゆる邪悪と迷信の力から遮り、信仰の形骸《けいがい》化《か》やモラルと気高い精神の退廃から守るために、もっとたくさんの種を撒き、地上を無数の木で覆いつくそう」と書いている。

印刷は前述の京都の孤児産業印刷所に依頼した。『マスタードシード』を定期購読すればその印刷所の支援にもなるという触れ込みも書いている。当時、日本で発行されていたキリスト教系の定期刊行物は日本語のものが五〇以上あったが、英文のものは二種類ほどしかない。自給自足の伝道を進むことにしたメレルには、不特定のアメリカ人の支援者に活動を示して寄付を得る草の根運動が必要だったのである。

創刊号にはYMCA会館の献堂式の詳報と、八幡YMCA会館を友人の故ハーバート・アンドリュース記念とした理由や両親の寄付のこと、建物の内容や図面、そしてバイブルクラス卒業生たちの祝辞を掲載した。そして、年一ドルの購読料は近江伝道の支援に直結していることを強調した。自らの生活費を除き、伝道のための移動費、ゲストスピーカーを毎月近江八幡に招く費用、キリスト教関連書籍の購入費などを捻出《ねんしゅつ》するため一〇〇〇部の定期購読が必要なことをアピールした。創刊号はすべて無料配布用で、どうしても三月末までに印刷し終える必要があったが、幸い予定どおり印刷が仕上がった。

万国学生基督教青年会東京大会に出席

八幡のYMCA会館献堂式を二月に強行した理由の一つが国際会議であると先に述べたが、それは日本史上初となった国際会議、第七回万国学生基督教青年会（WCSF）東京大会のことである。四月三日から五日間、東京神田美土代町の東京YMCA会館で開催された。WCSFとは、一八九五年にカール・フリース博士とジョン・R・モット博士が興した欧米のクリスチャン学生が属する団体をまとめる連盟組織で、YMCAはそれに加盟する最も規模が大きな組織という関係である。モットは両組織の長であったため二つは混同されやすいが、ＷＣＳＦは現在もアジア・アフリカ地域を加えて存続している。

この大会に合わせて救世軍の創設者ウィリアム・ブース大佐が八〇歳の高齢をおして日本にやってきた。海外のミッションボード（宣教団体）の代表者たちも来日するので、日本のキリスト教伝道五〇年目の大イベントであったばかりでなく、日本国にとっては日露戦争勝利後に初めて国力を海外に発信する好機であった。開催の準備をしたのは、日本ＹＭＣＡ同盟と北米ＹＭＣＡ同盟派遣の名誉主事たちであった。

全国のＹＭＣＡ主事には招待状が送られ、ＹＭＣＡ派遣英語教師も招待されたので、メレルと悦蔵の二人も出席できることになった。旅費と食費は支給されるものの、出席者は分担金と宿泊費を負担しなければならないので困っていたところ、ＹＭＣＡ同盟側の計らいで、メレルはオルガン演奏者として、悦蔵も裏方として雇われて相応の給金が与えられることになった。この大きな会議に出席しキリスト教界のリーダーたちや日本の重鎮の話を直接聴く機会を得たことは、二七歳のメレルと一七歳の悦蔵の将来にとって貴重な種を蒔《ま》いたことは間違いなく、少々細かくなるが悦蔵の日記をもとに会議の様子を伝えておく。

四月一日の午後四時過ぎ、ＹＭＣＡと教会員の七人に見送られて二人は意気揚々と八幡駅から三等車両に乗って出発した。荷物には刷り上がった一六ページの『マスタードシード』創刊号があった。車中に偶然、二年前のＹＭＣＡ修養会で出会った広島高等師範学校のＹＭＣＡ派遣英語教師、イリノイ州出身のパーシー・Ａ・スミスと彼の生徒二人が同乗しており、しばらくの間歓談をした。スミスは一八年後に聖公会教会牧師として彦根に着任し、和風の教会堂を残した人物である。

　メレルと悦蔵は互いの膝を貸しあって座席で眠ったりして兄弟のような親密さなので、車中の人が不思議がって関係を聞いたりした。午前八時前に新橋に到着し、市内電車で神田美土代町の東京YMCA会館を目指した。

第7回万国学生基督教青年会（WCSF）の様子

　悦蔵は早速YMCAのスタッフがいる事務所で手伝いを始め、会館地下に設けられた書籍売り場の販売係を割り当てられた。メレルはYMCA関係者や宣教師との会話にいとまがない中、『マスタードシード』創刊号を配っていた。メレルは神田にある今城館で泊まることになり、悦蔵や書籍販売係の人たちは麴町の旭楼が宿舎として割り当てられた。

　四月三日の大会初日はピアノ、コルネット、そしてメレルが奏でるオルガンの重奏を合図に祈禱があり、大会概要や諸注意のあと、モット博士の基調演説が行われ、カール・フリース、YMCA同盟中央委員長の本多庸一、キリスト教界の指導者鵜崎庚午郎《うざきこうごろう》や井深梶之助などが演説した。

　海外からの出席者は、清国七三名、米国二六名、インド一九名、英国一四名、フランス五名、ドイツ四名、韓国四名など二二か国一七二名、日本側代表者は約四六〇名で、プログラムは東京YMCA会館の講堂、昼食会場は一橋高等商業学校の講堂が用いられた。会期中のスピーチは日本語と英語の二言語に統一された。

悦蔵ら裏方も、プログラムの最中は後部席で聴講することが許された。大会二日目の朝、すなわち四月四日、悦蔵はメレルと落ち合い、宛名書きをした記念すべき『マスタードシード』を神田橋郵便局で発送した。

大会三日目のプログラムが終わったあと、この日は東京市と商工業有志の主催による歓迎会が芝公園内三縁亭で開かれ、実業界を代表して渋沢栄一が歓迎のスピーチを行った。

大会四日目のプログラムは午前中に終わり、午後一時過ぎから大隈重信伯爵邸にて大会参加者の園遊会が行われ、幸い悦蔵らスタッフも出席を許された。大隈公と後藤新平の挨拶は新渡戸稲造の流暢《りゅうちょう》な英語で通訳された。同じ時間に、帝国ホテルではウッドワードを代表とするワシントンDC商工会議所メンバーがアジアの北米YMCA同盟派遣名誉主事を招いてレセプションをした。いかに彼らがYMCAを評価していたかがわかる。

その日の夕、メレルらYMCA派遣英語教師は、モット博士主催の晩餐《ばんさん》会に招待されて帝国ホテルに赴いた。このときモット博士と対話をする機会を得たメレルは、これまでの経緯と今後は平信徒として地域で生涯伝道活動をやるつもりだと自分の計画を説明したところ、モット博士は自分は独立系ミッションには賛成しかねるが、君のようにビジョンを明確にしているのであれば成功するだろうからやってみなさいと言われた。モット博士は当時世界の青年たちの宗教リーダーとして尊敬を集めていて、彼の助言はメレル生涯の動機となった。[11]

四月七日は大会の最終日である。この日は一橋高等商業学校内で開かれた懇親会があり、モット博士の離別挨拶を聴いて解散となった。そのまま帰るのはもったいないので、翌日は東京見物をして近江八幡に戻った。

八幡ＹＭＣＡ会館の業務を開始

二人は輝かしいＷＣＳＦ世界大会の興奮からもどり、再び寮生もいないがらんとした八幡ＹＭＣＡ会館での生活を始めた。会議に出てから日米両語を話せることの重要性に気づき、互いを教師にして会話の練習をした。悦蔵は後年、この時期の生活を次のように記している。

> この建物に私と二人で入って最初の一年間は何をする事も出来なかった。町へ出れば後ろ指を指される。どうする事も出来ない。毎日八幡山や方々へ行って寝ころびながら色々な話ばかりしていた。私の英語はその間にすっかり基礎づけられたし、ヴォーリズさんの日本語も段々不自由でなくなって来た。毎日食べるものはパンに砂糖にバター、それに千貫さんのお父さんの持って来てくれる牛乳をどんぶりに入れて、パンを千切ってその中にブチこんで食べてばかりいた。考えるとこの時が一番自由な時だった。何の束縛もないたった二人きり、何をしても自由だった。兄弟社はこの自由な、何の束縛もない青年から出発したのだ。[5]

ウッドワードの寄付を生活費に入れていたが、お金がない状態は続いた。四月一〇日に税務署からメレルに三三円の税の払い戻しがあるという通知を受けて大喜びしていると、一四日にシカゴのアンドリュース氏が寄贈してくれた折り畳み椅子などが届いて、その国内運賃を支払うと再び赤字に転落するといった調子だった。メレルは細い体がいっそう痩《や》せてゆき、こんな食生活で生きていけるのか不安になっていたころ、ちょうど安く料理人を雇えるうまい話が飛び込んできた。

八幡教会の大橋五男牧師を頼って、浦谷貞吉という無職の夫婦者がどんな仕事でもやるので働かせてほしいと言ってきたので、八幡ＹＭＣＡ会館の料理人の職がよいのではないかと紹介されたのである。夫妻は住み込みができれば安い賃金でもかまわないというので、メレルと悦蔵には願ったりかなったりである。寮は二階に四室あり、各室四名の計一六名が定員であったが、まだ一人しか入寮希望者がないので、一室を浦谷夫妻が用いることにした。これで悦蔵も外出がしやすくなった[1]。

寂しかった八幡ＹＭＣＡ会館も五月を過ぎると少しずつ寮生が入ってきた。五月一八日に、膳所中学の生徒で後の近江療養院初代院長となる富永孟《たけし》がわざわざ膳所から転居してきた。六月になると入寮者が六名になり、ようやく賑やかになってきた。六月に八幡学生ＹＭＣＡが定例集会を開いたところ生徒一五〇名と市民五〇名が集まり盛況であったが、ＹＭＢＡ（仏教青年会）が同日開いた集会は七〇名であったとメレルは報告している。

この時期に叔父金之介は、吉金商店を魚油から石油に転換しようとスタンダードオイル社と取引を始めていた。しかし、英語と技術的なことに苦労していたため、悦蔵に来年外国の大学で石油を勉強してはどうかと提案をしてきたので、悦蔵は進路に悩みはじめた。一方で、メレルは『マスタードシード』

七月号に「今月一番のニュースは、去る三月に卒業し通訳兼ＹＭＣＡ主事として残ってくれた吉田君が、一二月で辞めずに、さらに一、二年の延長をすることに家族の許可を得ました。彼はこれを読むので、どんなに喜ばしいかを書けないですが！　この仕事に彼の能力と熱意は不可欠で、英語で伝える力も素晴らしい……」と書いて紹介をしている。悦蔵の日記とこの記事の矛盾は、当時の彼の心の揺れ動きを物語っている。

『マスタードシード』で寄付を集めることは当時の重要な仕事だったので、読者を増やす努力がみられる。創刊号は無料で知人に配布したが、読者を増やすために五月号では「敗北の中の勝利」と題して英語教師の解職の真実を報じた。六月号では悦蔵がいかにしてキリスト教徒となったかの手記を中心記事とした。七月号は読者を増やすために三部ずつ送り、知人に配ってほしいと訴えている。[11]

海外著名人の往来

ＷＣＳＦが終わったあと、来日している信仰のリーダーたちは、招かれて日本各地でさまざまな活動を行った。例えばモット博士と実業家のウッドワードは京都に行き、三条柳馬場通の敷地で、京都ＹＭＣＡ会館新築工事の起工式に列席している。そのときの建設全権責任者はフェルプス、建設委員長は佐伯理一郎であった。ただし、設計図面の最終化や業者選定までに期間を要したので、肝心の新築工事が始まるのは一年半近く後のことである。[50・54]

近江八幡には五月六日から三日間、インドで高名なＳ・Ｖ・カーマーカー牧師がやって来た。メレルは招聘者として町内だけでなく、水口町や膳所中学で講演会を開くことにしており、通訳を悦蔵にさせることを決めていた。悦蔵は、インド訛《なま》りの牧師の英語を通訳するのは自信がなかった。しかしすでに事が進められていたので、全校生徒や英語の先生が居並ぶ前でカーマーカー牧師の演説と祈禱の通訳をこなした。商業学校を今年卒業したばかりの、かすりの着物に袴姿の若造が、ヨハネ伝の解説や最後の祈禱まで難なく通訳したことで聴衆を驚かせた、と膳所中学英語教師（のち同志社大学予科教授）の南石《みないし》福二郎が証言している。あんな若造にできるわけがないので中身は適当ではないかと噂する者さえいた。[5] そのあとも悦蔵は引き続いてカーマーカー講演会の通訳を頼まれて福知山と神戸を回る。ヘルムのいる神戸ＹＭＣＡの講演会では、ＹＭＣＡ同盟本部のゲーレン・フィッシャー名誉主事と京都のフェルプス主事が来ており、悦蔵が通訳として使えることを知る。[1]

そのころ、偉人とまで言われた救世軍のブース大佐が講演会を開いており、大人気であった。大阪と神戸では駅に出迎える群衆がホームからあふれ返ったと伝えられており、神戸での講演会にメレルと悦蔵も特別に聴講する機会が与えられたので、柳子と金之介を誘って出席した。その講演で山室軍平（日本人初の救世軍の日本軍司令官となる）の名通訳を通してブースの言葉を聞いた柳子は感動し、キリスト教も浄土宗も人の真理については似通った考え方だが、キリスト教のほうが社会を改善する実践が伴っているように思うと悦蔵に言ったので、ようやく母が悦蔵の信仰を認めてくれはじめた気がしてうれしかった。[1]

六月七日にはフェルプスの案内で、パリＹＭＣＡ主事のポータレス伯爵と国際ＹＭＣＡフランス代表のサウター博士が八幡ＹＭＣＡ会館を表敬訪問した。ポータレス伯爵は一八五五年のＹＭＣＡ世界大会パリ大会の議長をした人物で、WCSFの来賓であった。メレルはこのような大都市のYMCA主事が訪問してくれたことで大そう喜んだ。[13]

解職されたメレルがYMCA同盟とつながりを保っていたことは大変重要なことだった。ちょうど同じ時期に、関西に有能なYMCA同盟の外国人名誉主事が揃《そろ》ったので、相談相手に困らなかった。YMCA同盟は日露戦争の軍人慰労事業を収束させて、関西の「市YMCA」を充実させるため、京都にフェルプス、大阪にグリーソン、神戸にヘルムと優秀な人材を配置して現地の活性化を図っていたときだった。三人とも当時三一歳だった。同盟本部のリーダー、フィッシャーも頻繁に三都市を訪れていたので、メレルは彼らとの交流を重視していた。大阪YMCAはすでに立派な会館を持っており、京都YMCA会館は設計図を待つ段階にあり、神戸YMCA会館は土地が確保されてウッドワードらの寄付で建設の目途がたったときであった。フィッシャーの心にはメレルに京都、神戸の建築に関わらせようという考えがすでに生まれていたと考えられる。

軽井沢で収入の道をみつける

メレルは二年ぶりに軽井沢で夏を過ごすため、七月一一日に一人で近江八幡を出発した。自給自足伝道の計画をしようとする彼にとって、軽井沢は最も適した場所だった。二カ月の滞在は、ある宣教師の別荘に世話になったと考えられる。明治四〇年の夏、軽井沢の清涼な環境に惹かれて集まる外国人は七〇〇人を超え、その大半はアメリカ人とイギリス人の宣教師とその家族であった。軽井沢での宣教師たちは教派間で競い合うことをやめて、心を休めるコミュニティを作ろうという関係が出来上がっていて、プロテスタントは教派別の教会を建てずに合同教会（ユニオンチャーチ）で共に礼拝をした。まさにメレルが望むクリスチャンの小社会がつくられていた。当時の軽井沢に建つ別荘は一二〇軒、うち外国人別荘は九〇軒ほどだったようだ。[66]

軽井沢の報告を『マスタードシード』一〇月号に掲げているが、建築を収入源とする宣言が見てとれる。

「この夏は利益を生みました。我々の費用を自らまかなう機会が得られたからです。一つは、ある

1907年に設計した教会兼牧師館の立面図。本図面が建設に至ったかどうかは不明 ††

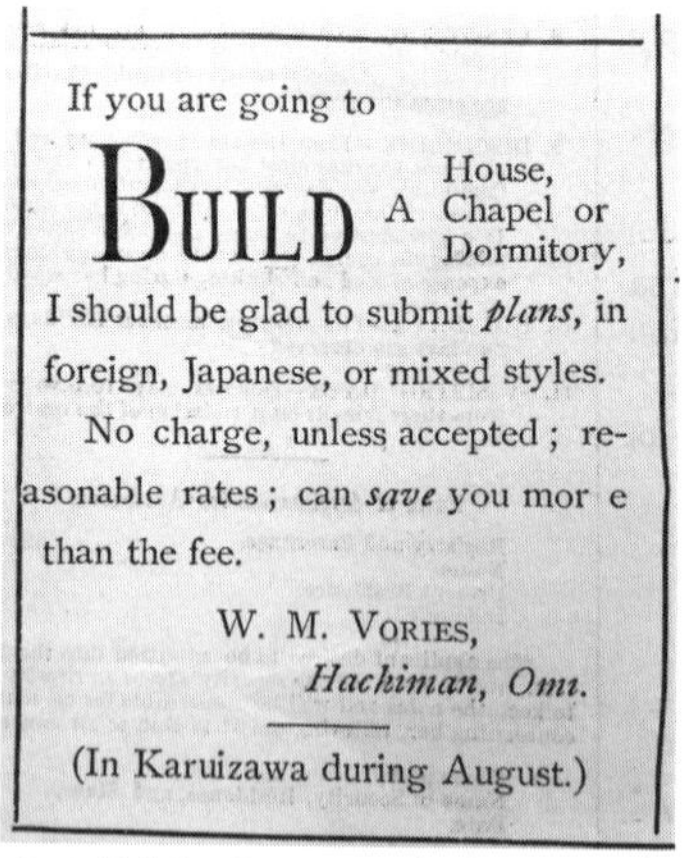

If you are going to
BUILD A House, Chapel or Dormitory,
I should be glad to submit *plans*, in foreign, Japanese, or mixed styles.
No charge, unless accepted ; reasonable rates ; can *save* you more than the fee.
W. M. VORIES,
Hachiman, Omi.
(In Karuizawa during August.)

メレルが『ジャパン・エバンジェリスト』1907年8月号に出した初めての建築設計広告（同志社大学図書館所蔵）

日本人教授の書いた本の英語を校正すること、もう一つは複数の建物の設計をしたことです。パウロは外国で伝道するために自分でテントを作ったそうですから、宣教師は建築設計を副業にしてもよいということではないでしょうか。建築設計はずっと私の趣味であるし職業としたかったものですから、ミッションの収入源として適した副業です。設計を低い費用でやれば、この国のミッション建築に効率と経済性をもたらすと思います。友人の皆さんが親切にいろいろな雑誌を送ってくださいますが、建築と設計に関する刊行物も送ってくだされば、私の余暇の読みものになるだけでなく、収入のためのテント作りに貢献してもらえることになります。[11]

この中で述べている有償で行った複数の建物の設計のうち教会の概略図が残っているが、すでにミッショナリーアーキテクトとして自給自足のミッションの収入源となり、リーズナブルな費用で他のミッションも利する仕事をすると宣言していることは興味深い。そして『ジャパン・エバンジェリスト』八月号に初めて建築設計の広告を出した。それには「住宅／チャペル／寄宿舎を建てる予定なら、喜んで西洋風、和風、あるいは折衷のいずれを問わず設計案をつくります。不採用の場合は無料、手頃な料金、料金以上の節約が可能」とある。再び一一月号に広告を出したときは、自らをアメリカ人建築家と名乗り、「有名なアンドリュース家具代理店」とも宣伝している。しかも、家具や建材の注文量がまとまると輸送費を下げられると記していることから、家具と建材の輸入も始めていたことがわかる。[69]

ポール・ウォーターハウス登場

メレルは八月初旬に軽井沢から御殿場駅に近い巣走《すばしり》に向かい、寺院で開かれた在日外国人のYMCA修養会に出席した。現職の教師ではなくともYMCA派遣英語教師と同じように参加が認められていた。この修養会に、来日して間もない五人のアメリカ青年が参加していたが、その一人

ポール・B・ウォーターハウス

にポール・B・ウォーターハウスという筋骨たくましく快活な青年がいて、メレルと意気投合する。彼はプリンストン大学文学部を卒業し、クリスチャンの両親と兄弟の支援を得てYMCA派遣英語教師に応募して来日したのである。学生時代は野球とレスリングで活躍したという頑丈な体で、父親は当時のカリフォルニア州パサデナの現職市長ウィリアム・ウォーターハウスであった。メレルはポールこそ伝道活動のパートナーになれると直感した。たまたま五人に対して四人分の配属学校しかなかったので、ポールに英語教師を断って近江で伝道を一緒にやらないかともちかけたが、あいにくポールには早稲田大学の仕事が決まっていた。

それでもメレルはポールに近江八幡の活動を一目見せたくて、九月初旬、軽井沢からの帰路ポールを連れて近江八幡に帰ってきた。プラットフォームに降りるや、悦蔵や数人の寮生たちが二人を取り囲んだ。出迎えた生徒たちは待ちきれなかったように、メレルに矢継ぎ早に夏休みの出来事を報告した。こ

の日本人生徒と外国人教師の関係はポールに思いもよらないものだった。その夜、町のほぼ中央である為心町《いしんちょう》にできた、新築の八幡教会で祈禱会が開かれ、大橋牧師をはじめ寮生と信者一〇名ばかりが集まってメレルの帰館とポールの来訪を祝福してくれた。建って間もないその教会はＹＭＣＡ会館の隣にあり、建築費用は信者らとメレルの寄付によるものである。説教台は悦蔵が寄付をしたものだった。内部の壁はベンガラの真紅で窓枠は緑色という変わった趣向であったが、それはメレルが推薦した色であった。この西洋式の教会とＹＭＣＡ会館の間を行き来する生徒とメレルの落ち着いたコミュニティをみて、ポールは信仰を深めるのに相応しい一画だと感じた。[11]

新しい八幡基督教会。献堂式の看板が見える。背後に八幡YMCA会館がある　††

ポールはメレルに連れられて近くの八幡山に登った。メレルが数キロメートル先に見える安土のほうを見せて、今や海外から宣教師がたくさん来ているが、大半が都市部に集まって教派ごとに教会を建てている。この地域では見渡す限り一人の宣教師もいない。若者が大都市に出て誘惑に負けてしまう前に福音を伝えるべきだというのが僕の考えだと語った。数百年前に織田信長という武将が安土山に城を築き、近くにカソリックのセミナリオという修道所を建てさせ、比叡山《ひえいざん》の僧侶と対峙《たいじ》したことがあった。しかし、信長が暗殺されたのち安土にいたクリスチャンたちは立ち退かされたという歴史物語をし、自分は再び安土山のふもとに教会を建てる、そして近江の各地に教会を増やし、近江を神の国にするという壮大な夢を語った。ポールはメレルにいささか妄想癖があるのかと思ったが、メレルは真剣であった。このポールの体験談は『マスタードシード』一九〇八年（明治四一）四月号に寄稿したもので、すでにその文章の中で「近江ミッション」という呼び名を用いている。

ポールが見た新しい八幡教会の献堂式が行われたのは、彼が東京に戻ったあと、九月一七日のことである。この献堂式では招待をされた熊本バンド出身で大阪教会の宮川経輝《つねてる》が熱弁をふるったという。[24] しかし、喜びもつかぬ間、大橋牧師が東京の霊南坂教会の小崎弘道牧師の招きを受け入れて一一月に東京に行くことになったのである。この結果、一年近く八幡教会の牧師不在が続くことになる。

長浜農学校のバイブルクラス開設

彦根からさらに北にある長浜は、当時県内で大津に次いで人口の多い町で、そこには日本人牧師がいる小さな教会が一つあった。その教会に通う滋賀県立長浜農学校の生徒から、ＹＭＣＡを発足させようという声があがり、同校の生徒に参加を呼び掛けた。一一月末にその発会式が行われることになり、ゲストスピーカーとしてメレルが招待された。メレルが悦蔵を通訳として現地に赴くと、会場は立ち見が出るほどの若者で超満員だった。この発会式の後に熱心な生徒が八幡ＹＭＣＡ会館に話を聞きにやってくるので、メレルは長浜に四つ目のバイブルクラスをつくる必要を感じた。早速年が明けてからバイブルクラスの開催場所を定め、募集案内をしたところ七〇名ほどの応募があり、急遽《きゅうきょ》二クラスで一月に始めることが決まった。その人数は長浜農学校生全体の三分の一であったという。このクラス運営の費用をどうしようかと考えていたところに、コロラドスプリングスのメソヂスト青年団から相当額の寄付の申し出があり、それを振り当てることにした。この四つ目にできたバイブルクラスにも熱気があり、そこから教会の出席者も出始めたので、毎週一、二回の訪問をするべきであった。しかし手が回らないので、メレルはポールの協力が必要だといっそう強く感じるようになった[11]。

このころ、ＹＭＣＡ同盟が実施した興味深い調査がある。全国で五三のバイブルクラスがＹＭＣＡ派遣英語教師によって開かれており、一一七九名の会員がいた。そのうち五三名が洗礼を受けた者であった。メレルは一人で四〇〇名以上の会員をつくり、三〇名近くが洗礼をうけているので、メレルが興した信仰の運動がいかに並はずれていたかがわかる。メレルはそれに留まらず、近江に福音を拡げるためには一人では限界があり、真に聖書を理解し伝道ができる協働者を加える必要をさらに強く感じるようになった[9]。

シドニー・ギュリック牧師

一二月二一日から六日間、八幡ＹＭＣＡ会館において、県内のバイブルクラスの生徒、あるいはその卒業生をオープンハウス形式で招待してクリスマス週間を行った。随時来訪者を迎え入れたのでかなり大勢が訪問をしたと記している。二二日の日曜日のクリスマス記念礼拝では二人が洗礼を受け、そのあとで講演会を開いた。『マスタードシード』の購読料から得た資金で、この年締めくくりに招いた講演者は、同志社神学校教授のシドニー・ギュリック牧師であった。ギュリック牧師は過去に熊本英学校と松山高等女学校で教えた経験があり、後年米国で日本人排斥運動が激しくなった時期に、アメリカ人形を日本各地の学校に親善大使として贈る運動を行った人物である。[11]

もう一つ、ギュリック牧師は同志社のグリークラブからカレッジソングを作ってほしいという要望を受けて、一九〇八年（明治四一）秋に作詞が得意なメレルに依頼をした人物としても知られる。現在も同志社で歌い継がれる「ワンパーパス、ドウシシャ」という歌詞が作られた経緯について『同志社九十年小史』には次のように書かれている。

ときどき米国の雑誌に自作の詩を投稿しているのを知っていたギュリッキはヴォーリズ氏に同志社校歌歌詞を勧め、ロムバードをはじめ当時在勤の宣教師ダニング、カーブ両氏も激励したのでヴォーリズもついに作詞の決心をした。ヴォーリズは言う「同志社の性格はその名のワンパーパスです。そこに構想の根拠を置いて書き続けました。そして三節までは神のため、ドウシシャのため祖国のためとうたいましたが、最後の第四節において世界同胞のためとうたいました。広い世界的なものの見方が同志社には欲しい、との念願からです……曲は最も青年らしく元気に満ちたカール・ウィルヘルム作の「ラインの守り」を用いました。カーブさんに相談したらそれがよい、とのことで、この曲に合うように作詞しました。[45・46]

悦蔵、神戸に戻る決心をする

悦蔵は生涯平信徒として伝道をしてゆく考えを持っていたが、このまま八幡ＹＭＣＡ会館に留まっていては発展性がないように感じ、メレルと何度か議論をしていた。当時は平信徒伝道活動が欧米のムーブメントとなっており、その頂点にいるのは百貨店で成功したアメリカ人ワナメーカー、ウッドワードのような一流実業家で、その影響力と資金力でキリスト教伝道を後押しする人たちが尊敬を集めていた。悦蔵も聖職者ではなく、商売で身を立てて、地域で信仰を広めたいが、まずは神戸に帰って商売をして一人前になろうと考えていた。メレルは困ることになるが、その主張にも理があるので、メレルも折れざるを得なかった。そして、当初柳子と約束をしたとおり、一月に神戸に戻って吉金商店の仕事を手伝うことから再出発することになった。

悦蔵が近江八幡でやっていた仕事をどうするかという問題は、思わぬ助け船が現れて解決された。二年前に悦蔵と同居していたが、八幡商業学校を中退し、兄の函館の事業を手伝うといって出て行った小山吉三郎が、近江八幡に戻ってきて八幡ＹＭＣＡ会館に住み始めたのである。メレルも少々の給料を出せるというので、悦蔵は小山に仕事を引き継ぐことになった。[1]

5　一九〇八年（明治四一）　建築工事監督と鉄道ＹＭＣＡ

悦蔵が神戸で始めたこと

悦蔵は近江八幡を去る前にメレルや仲間たちと八幡ＹＭＣＡ会館で元旦を祝い、新年記念礼拝に出席した。メレルは神戸の実家まで同行して吉田家の人たちに年始の挨拶をし、これまで悦蔵の手伝いを得られたことに礼を述べた。そのあと、メレルだけ神戸高等商業学校で英語教師をする友人フランク・ミュラーの住まいに向かった。悦蔵の実家とミュラーの住まいは近く、当日夕方になってミュラーがわざわざ悦蔵のところにやって来て、夕食をメレルと一緒にうちで食べようと誘ってくれた。こうして、その後メレルが神戸に来るたびにミュラーの家で一緒に会食をするようになる。

悦蔵は金之介が用意してくれていた神戸市兵庫区鍛治屋町のこじんまりした家で一人暮らしを始めた。ここから吉金商店の事務所に通って帳簿係の仕事をし、時には海岸に建つ魚油精製工場の様子も見に行くが、そこでは母柳子が仕事をしていた。教会は家から近い兵庫教会に通うことにした。

悦蔵の日課を日記から拾うと、毎朝起床後一時間を聖書の勉強にあてることにしていた。仕事が終わって帰ると、英語の書籍や雑誌、新聞を読んで西洋事情を仕入れた。神戸居留地が自宅から近く、西洋の情報が入りやすかったのだ。日曜日は兵庫教会の礼拝に出ていた。ほどなく日曜学校を手伝ってほしいと頼まれたので受け入れた。同じころ、フィッシャー名誉主事から直接依頼されて、神戸YMCA夜間学校の英語教師を週に二晩引き受けることにした。

二日間の休みがとれたときには近江八幡に応援に行くことを楽しみにしていた。当時の勤め人は盆暮れ以外に決まった休みはなかったが、日曜の午後を休むことが一般化しつつあり、仕事が少ない平日にも半日あるいは全日の休みを随時もらっていたようである。一方で、現代のような残業はほとんどなくて、たいていの商家は夕方に店じまいをして勤め人を帰らせた。

そんな中で、悦蔵が思い切って五日間の休みをとったことがある。福井市に駐在する宣教師三人とYMCA主事からの招待を受け、メレル、悦蔵、小山吉三郎の三人が二月一四日から五日間、福井市にいる学生たちを集めて講演を行ったのである。この講演会は現地の青年たちの関心を呼び、会場の都合で二〇〜三〇人のグループに分けて合計七回行われた。出席者の関心は西洋的生活であった。精神的な話題も入れて、悦蔵や小山は同世代としての体験を語った[1]。

能登川バイブルクラス開設

メレルはこの年の新年にミュラーの家を訪問したあと、東京にしばらく滞在している。ミュラーが東京銀座の教文館（メソヂスト出版所）で開かれる在日本協同ミッションに出席するので、同行してその会議を傍聴し、宣教団体の代表者やYMCA主事らと意見交換をする機会を得たと思われる。この協同ミッションはメレルが賛同する超教派的な会合で、のちには委員として積極的に関わることで全国各地の宣教団体の代表たちとネットワークをつくり、国内宣教の状況を把握して近江伝道のビジョンを描き始めたのである。

一月半ばには八幡YMCA会館に戻り、近江八幡、膳所、彦根のバイブルクラスを再開し、時折水口、長浜農学校へも足を延ばしていた。講話をする場合はいつも通訳に小山吉三郎を伴った。『マスタードシード』の編集と郵送も大切な仕事だった。購読者を増やすために読者アンケートをとって内容を充実させ、誌上で水彩画の絵葉書やランチョンマットなど日本の小物の通信販売も試みた。[11]

四月から新しい試みとして、近江八幡駅と彦根駅の中間にある能登川駅近くで、小学校教師のバイブルクラスを始めた。その発端は一一カ月前のこと、メレルのもとに能登川に住む平田という小学校教師から、能登川でバイブルクラスを開いてほしいという要望の手紙が届いた。平田を近江八幡のバイブルクラスに誘ってみると、彼は毎週土日に自費で滞在して勉強を始め、教会にも出席するようになった。研究熱心な彼の願望は強くなる一方なので、能登川駅からほど近い民家の広間を集会場所に決めて開講の準備をした。こうして四月一一日に一回目の能登川バイブルクラスが開かれ、二〇代前半の男性小学校教師が二〇名

能登川バイブルクラス　11

集まった。この日の反応が良かったのか、早速英文新約聖書と同じ数の和文の聖書を注文している。小学校教師との交流を通じて、違った目で町の人たちの生活を見ることができたのもメレルには勉強となった。小学校教師の給料が一二円と極めて少額で、自己研鑽をする小遣いすら残らないことを知って、学校システムの問題を指摘している。[11]

五月二〇日の午後とその翌朝、宗教雑誌『霊潮』を主幹する高橋卯三郎という自立伝道者がやって来て八幡教会で説教会を行った。高橋卯三郎はその後たびたび近江ミッションに応援にやって来ているが、一九一九年（大正八）に八幡教会牧師となり、近江ミッションに加わって聖書研究の質を高め、その翌年『霊潮』を『湖畔の声』に合併させることになる。[1]

「韓国野球の父」ジレットと会う

五月になって、メレルは三週間にわたって朝鮮半島を旅行し、ソウルYMCAとピョンヤン在住の牧師を訪ねている。重要な目的は、メレルが京都YMCA会館の建設工事監督になることが決まっていたので、完成が近いソウルYMCA会館を見学し、情報交換をすることだったらしい。ソウルと京都のYMCA会館はどちらもアメリカの百貨店王ワナメーカーの寄付金で建設されるので、京都の会館をソウルと遜色《そんしょく》のないものにするために、京都YMCAか日本YMCA同盟から旅費が提供されたと考えられる。メレルにとって喜ばしかったのは、ソウルYMCAの主事をしていたのがコロラドカレッジの先輩であるフィリップ・ジレットであったことだった。

ソウルYMCA会館（開館記念絵葉書）

フィリップ・ジレット（国民日報）

三年前の一九〇五年（明治三八）に日本が朝鮮を併合しており、渡航は比較的容易であった。同行者はなかったが、船上で知り合った日本で学ぶ朝鮮人留学生の案内で、入港した釜山《プサン》周辺を見学し、そのあと鉄道でソウルに向かった。ソウル市内に入って完成間近のYMCA会館を見学することになった。ジレットはメレルの四年先輩で、SVMバンドのメンバーでもあった。卒業してソウル名誉主事の任務を与えられて赴任し、着任するとリーダーシップを発揮して朝鮮YMCAを活性化させた。地域に溶け込みGil Ye-taeと名乗って活動し、とくに野球好きであったので、ソウルYMCA野球チームを結成し、野球ブームを巻き起こしていた。こんにち韓国ではジレットの名は「韓国野球の父」として知られており、彼がソウルで指導を始めた一九〇五年を韓国野球起源の年としている。メレルは彼の案内でYMCAの活動を見学したり、野球の試合を観戦しているが、このときジレットは、ソウルYMCAチームについてはコロラド州最強チームと戦ってもひけをとらないと自信たっぷりに語っている。[11]

ジレットは一年後無事開館にこぎつけたが、一九一一年にソウルで発生した重大事件、寺内正毅《まさたけ》朝鮮総督暗殺未遂事件に関わったかどで一九一三年（大正二）に国外退去をさせられている。もともとソウルYMCAは反日の巣窟《そうくつ》と考えられ、日本官憲に目をつけられていたところに、この事件でソウルYMCAの職員から逮捕者が出ていた。その顚末をジレットが本国のYMCAへの報告書に記したところ、官憲が検閲の中で発見し、ジレットを強制退去させたのである。ジレットはその後南京や上海でYMCA主事となり、メレルとは一九一四年に上海で再会している。

三週間の朝鮮半島旅行で、メレルが次に長く滞在したのは平壌《ピョンヤン》であった。この地では、ある牧師を頼って現地のキリスト教活動を見学した。平壌はアメリカの宣教がソウル以上に成功しており、中央長老教会が建設され、二五〇〇人の信者を抱えていた。長老派はそれ以外に三つの教会を持ち、どの教会堂も礼拝は満席になるという。またメソヂスト教会も基盤を築いており、そこには神学校もあるしミッション系小学校もあった。この地はソウルよりインフラ整備が遅れているが仏教の勢力はほとんどなく、宣教の成功例をみたと感じている。

京都YMCA会館の建築工事監督

ここでソウルと京都のYMCA会館建設が時期を同じくしている背景を説明しておきたい。ジレットはソウルに着任したばかりのころ、YMCA会館が貧弱であったので、会館再建計画に向けて奔走する。アメリカに一時帰国した機会に、フィラデルフィアの百貨店王ジョン・ワナメーカーに協力してもらいたいと申し出た。ワナメーカーは定価販売・返品可能という、当時として画期的な紳士用品店を成功させて百貨店王となり、合衆国郵政長官を兼務した立志伝中の人で、ＹＭＣＡや伝道事業に寄付を行っていた。ワナメーカーはジレットの要望に即答を避けたが、パリに滞在した折に偶然ジョン・Ｒ・モット博士が近くのホテルに滞在していると知って相談に行った。モットに、ソウルＹＭＣＡ主事の言うとおり会館を建てることが一番良いのだろうかと尋ねた。するとモットは、ソウルに建てるだけでなく、京都と北京にも建てることがもっと良いことだと返答をした。二人はいったん別れたが、ワナメーカーはその午後にモットを自分のパリ事務所に呼び出して、部屋のドアを閉めて、二人で祈ろうと言って祈った。そして名刺を取り出し、その上に三つの会館を与える、という誓約を書き込んだ。そして彼は声をあげて祈った、「神よ、何度も好機を逃したことを許したまえ」と。[50]

先に述べたとおり、京都では地元で集めた寄付金で三条柳馬場（現在の京都ＹＭＣＡの場所）の土地が確保されて、一九〇七年（明治四〇）四月に起工式が行われた。建設工事は、京都に配分されたワナメーカーの寄付金二万五〇〇〇ドル、つまり五万円で建てる計画であった。設計は東京に事務所を置くドイツ人建築家ゲオルグ・デ・ラランデに委嘱された。しかし予算に収まるまで何度か修正され、ワナメーカーの承認も必要であったので、結局建設工事の着工は一九〇八年秋になった。建築請負人は山口吉次郎、日本人代理監督に神戸の関工務店、そしてデ・ラランデ事務所から代理の建築工事監督としてメレルが指名された。もちろんフェルプスの仲介によるものであろう。メレルはデ・ラランデ事務所と契約を交わし、週に三日建築現場で働いて月給一〇〇円を得るようになった。後の記録によると、メレルは月給一〇〇円のうち八〇円を別の外国人に払っていたので月二〇円の仕事であったと語っているが、その外国人が誰だったのかは不明である。[50・54] メレルは三日間続けて京都に滞在することが多かった様子で、八幡

ＹＭＣＡ会館は小山吉三郎が守っていた。

アドバンス・キャンペーン――米原鉄道ＹＭＣＡ

工事監督の仕事を請け負い、自らの伝道の時間が制約されるという矛盾を抱えながらも、近江伝道を広げたいと考えていた。夏の軽井沢では宣教師やＹＭＣＡ同盟の人たちと再会して、新しい伝道のビジョンを練っていた。『マスタードシード』一〇月号に軽井沢の報告が述べられているが、それによれば、前半に一人の協働者が加わる前提で、伝道の拡大計画を練り上げていた。しかし、期待した人が重病で来れなくなったので、夏の後半はその方針を修正するために時間を使ったという。これを受けて、一緒に働いてほしいと願っていた早稲田大学のポール・ウォーターハウスに対し、再び強い勧誘を始めている。その勧誘が『マスタードシード』一〇月号に暗号のような詩として掲載されている。その題は「〝（人は外見を見るが）主は心を見る〟――サムエル記第一六章七節 TO P. B. W.」となっており、その詩の意味は、すでに審判は下され多くの高潔な魂が待っているいま、知識の道を究める以上に愛の奉仕が望まれている、というものである。[11]

こうした事情で、一〇月号に新しいビジョンを掲載できなくなったため、修正したものを一一月号に発表すると記した。しかし、実際には一二月号になって「アドバンス・キャンペーン」と題して発表している。それは、現在まで近江の伝道は北から長浜農学校、彦根中学、能登川の小学校教師、近江八幡、膳所中学、県立師範学校など官立学校を中心にバイブルクラスを開いてきたが、新たに鉄道青年へ福音を拡げるという宣言であった。鉄道員に目を向けた理由は、彼が鉄道を頻繁に利用するなかで鉄道員の様子を目にしていたことと、東京のＹＭＣＡ同盟本部でアメリカに倣って鉄道ＹＭＣＡ開設の動きが始まったからだと考えられる。アメリカ本土では、「学生ＹＭＣＡ」、「市ＹＭＣＡ」の次に規模が大きい事業が「鉄道ＹＭＣＡ」で、大陸の鉄道の要所二三〇カ所に会館が建設され、鉄道青年が健全に余暇を過ごす場所と、駅によっては旅行者のために安全で安価な宿を提供していた。アメリカ以外でもインド、イギリス、フランス、ロシア、メキシコなどに広まっていた。

日本では、一九〇七年（明治四〇）に私鉄五社が国有化されて鉄道院（のち国鉄）が統括を始めたばかりで、鉄道員に対する福利厚生や安全衛生は手が回っていない状況だった。そのころ、東京飯田町駅長、鈴木才次郎が東京ＹＭＣＡの宗教主事である益富政助の講演を聴いて感動し、駅員に精神訓話をしてほしいと依頼したことで鉄道とＹＭＣＡが結びついた。そして一九〇七年一二月一六日、鉄道院設置と鉄道員管制発令がなされた翌日、東京ＹＭＣＡ会館で「鉄道青年会」の発会式が行われた。この団体がキリスト教を名前に含めなかったのは、鉄道院の協力と国からの補助金なしには運営が不可能であったためである。キリスト教精神は維持しつつも宗教色を抑えたＹＭＣＡ同盟外の組織となったので、ＹＭＣＡ同盟はプログラムの提供に終始して修養講話会、巡回活動写真、人事相談、巡回文庫、鉄道事故被害者救済事業などを鉄道院の施設で行い、独自の建物を持つことはなかった。のちに鉄道員のための雑誌『鉄道青年』が発行されるが、初期は修養雑誌であったものが、鉄道院の昇格試験のための受験雑誌へと変容していった。[74・84]

滋賀県内には大小合わせて三つの機関庫を兼ねた駅があったが、メレルが目をつけたのは米原駅であった。機関庫には多数の鉄道員が寮に住み込んで働いていた。米原駅は東海道線と北陸線の乗り換えポイントだが、農業地帯にあり機関庫の周りには住民が少なく、下車する人も少なかったので娯楽の場所がなかった。この機関庫では貨物の盗難が時々発生し、暗いイメージを与えていた。

メレルは方針を決めるや、鉄道ＹＭＣＡを設置するにふさわしいロケーションを小山吉三郎と二人で探し回った。ＹＭＣＡ同盟本部は、メレルに手助けをするが資金協力はしないという原則がある。機関庫に近い貸家を探したところ、駅近くに二階建ての空き家がみつかった。その家賃や経費は利用者から会費を集めることで運営できると考えた。会館には常勤で働く主事となる人物が必要になるが、メレルは京都のある教会で事務をしていた中岡馬太郎という青年に目をつけた。

中岡馬太郎　[11]

中岡馬太郎は、高知県の天津《あまつ》神社の神主を代々務める家系の出で、彼も神主となるべく神官奉祭会高知本部で半年間勉強したのち、一九〇二年から一九〇四年まで潮江《うしおえ》天満宮で神道の実地訓練を受けていたが、その時期に聖書研究の本を読んでキリスト教に興味をもち、土佐教会の牧師の説教を熱心に聴くようになる。そしてついに改宗を決意し、一九〇五年五月に京都で洗礼を受けて、京都と大阪の教会の牧師館で事務をしていた。メレルの仕事に共鳴し、いつでも協力すると言っていたところ、米原鉄道ＹＭＣＡ主事の仕事があると聞いて喜んで米原に移ってくれた。[11]

メレルは小山、中岡と三人で米原の貸家を掃除して整

米原YMCA会館　11

米原YMCA会館の内部　11

え、書物、新聞、雑誌を置き、かるた、将棋盤、ドミノ、フリンチ、クロキノール（闘球盤）などの室内ゲームをそろえて慰労の場所づくりをした。開館式は一九〇八年一二月一六日と一七日の二度挙行することになった。二度行う理由は、鉄道員の多くが二四時間勤務で、丸一日働いて翌日は非番という勤務体系であったので、二日間で全員に出席をしてもらおうとしたからであった。当時、米原駅の駅長がたまたまクリスチャンであったので、駅にポスターを貼ったり、駅員に出席をうながしたり、開館式用に椅子を貸しだしたりして協力してくれた。一六日だけで約一〇〇名の出席者があり、会館は大変な混雑となった。最初に鉄道YMCAの意味を東京の鉄道青年会主事が説明したのち、中岡馬太郎主事の言葉があった。次に七通の祝電が披露された。この中には鉄道院交通部長のものもあった。そして米原駅長が祝辞を述べ、最後に日本YMCA同盟からの祝辞が述べられた。翌日の一七日に行われた二回目の開館式は、急遽、町内の劇場を借りて行い、そこには約九〇名が集まった。式が終わってから入会受付を始めると、出席者の大半の者が入会して帰っていった。このように滑り出しは順調であった。[11・13]

翌月発行の『マスタードシード』にはその娯楽室の写真が掲載されており、畳の部屋に書机とちゃぶ台のようなゲーム盤が写されている。クロキノールというゲーム盤[11]で、長野県上田の聖公会神父R・H・マギネスがカナダから持ち込んで当時商品化されていたものである。[56]そのマギネス神父は、偶然にも一九一〇年に大津に移り、メレルに次いで二人目の滋賀県の外国人伝道者となっている。

ここまでの米原鉄道YMCAの立案から運営開始までの流れをみると、メレルはアドバンス・キャンペーンと題して『マスタードシード』の一〇月号紙上で鉄道青年に福音を拡大する計画を打ち出し、一一月に米原で物件探しをして一軒家を借りて会館の準備をし、一二月に開館式を行っている。平日の昼間は週二日ほど自由に活動する時間があったものの、自らを追い込むような計画を発表し、目的に向かって突破する傾向があることがみてとれる。これは、自分が神によってこの地に遣わされたこと、そして『マスタードシード』を通して数百名の支援者と共に活動をしているという意識がベースにあり、近江を神の国とするビジョンのために、実現するべきことを宣言し、実行し、自ら評価をして報告するというサイクルを貫いたのである。その後も何度かこうしたサイクルを実行しており、その行動原則は現代の経営者に望まれるものと変わりはない。[11]

悦蔵、三井物産に就職

悦蔵は実家の商売を手伝いながら神戸ＹＭＣＡ夜間学校や兵庫教会の日曜学校で教えてきたが、英語力を生かして海外貿易の経験を積みたいと思っていた。そこで母に相談したところ、知り合いの三井物産の遠藤大三郎穀肥部部長夫人に問い合わせてくれ、九月初旬に三井物産株式会社の面接があることがわかった。悦蔵の英語力は強くアピールできたようで、採用が決まり、海外事務所で働いてもらいたいが、その前に神戸港の一画、網浜の倉庫で一年間研鑽を積むということになった。

一〇月一〇日、三井物産株式会社の社員となり仕事を始めた。当時、神戸港では国産米がアジア、ハワイ方面に輸出されていた一方、台湾米や中国産の豆類が大量に神戸港に陸上げされ、通関後に網浜の倉庫を経由して各地の卸に販売されていた。悦蔵は八時前に出社し、事務や貨物船上で荷の検査と運搬の監督をすることが多い。午後五時半に退社できるので夜は十分な読書時間を確保できた。ときおりミュラーの家にメレルがやってくると一緒に食事をとることが楽しみだった。公休は日曜日午後だけだったので教会の日曜礼拝には出席できず、夜の祈禱会に積極的に出るようにしていた。月に一、二回は日曜日の朝から休み、近江八幡に向かった。メレルとは毎週のように手紙を交換していた。[1]

二年目の建築設計

メレルは京都の工事監督をやりながら八幡ＹＭＣＡ会館で建築事務所を開いた。この時期の事情は記録が乏しいが、当時の設計図面が残るものとして、神戸の友人フランク・ミュラーの住宅がある。[61]当時毎月二、三回はミュラーの旧宅を訪問していたので、訪問中に設計が進められたことが考えられる。ミュラーは一九一二年（大正元）に在日本協同ミッションが力を入れている日本語学校の校長に指名されて東京に移ったため、この洋館に住んだのは三年ほどで、一九一五年に東京中野に再びメレルの設計で自宅を建てている。

その他の記録としては、一九〇八年（明治四一）一〇月二七日、神戸で広島女学校の設計をし、またその後東京に行き東京ＹＷＣＡの寄宿舎を設計したというメモがある。前者は、アメリカの南メソヂスト監督教会宣教師で広島女学校の前身広島英和女学校の初代校長、ナニー・Ｅ・ゲインズが依頼主であったろう。その後に南メソヂスト監督教会が展開する関西学院やランバス女学院（大阪）の設計をする人的つながりがここに始まっていると考えられる。ＹＷＣＡは津田梅子が会長を務めていた時代で、この年、小石川区水道町の安藤坂に敷地二〇〇坪を購入して寄宿舎建設を決定したと記録がある。それをメレルが設計したという可能性が高い。

6　一九〇九年（明治四二）　差し伸べられる手

ウォーターハウスと村田幸一郎の参加

一九〇九年（明治四二）一月三日は日曜日で新年礼拝があるので、八幡ＹＭＣＡ会館には神戸から悦蔵が、米原から中岡馬太郎も来て賑やかになった。その中にポール・ウォーターハウスの姿もあった。彼は前年秋にメレルの招きで一年ぶりに近江八幡を再訪問し、行動をともにすることを決めていた。そして一二月末に早稲田大学を辞め、近江八幡に引っ越してきた。メレルの喜びようは想像に難くない。メレルはその興奮をすべての宣教師に知ってもらいたかったのか、前年『マスタードシード』に載せた十六行詩「To P. B. W.」を『ジャパン・エバンジェリスト』の一九〇九年二月号の表紙にも載せ、さらに六月と八月に続編を載せてもらっている。[69] ポールは「バイブルクラスの生徒と教会員が一年前に比べて減って引き潮の感があるが、近江八幡の生徒たちは自分が住んだ東京茗荷谷《みょうがだに》のＹＭＣＡ寮の学生たちよりはるかに信仰に篤く、私の心を揺さぶった。自分が目指す伝道の姿は『近江ミッション』にあると感じた」と、教職を辞めてメレルと行動をともにする決心を『マスタードシード』に書いている。

ポールは手始めに鉄道ＹＭＣＡの応援をしつつ、それまで手薄になっていた長浜と彦根のバイブルク

1月3日の会合。軍服の村田幸一郎を囲んで、左右にポールとメレル。村田の背後が商人姿の吉田悦蔵、メレルの背後が千貫久次郎　††

ラスから立て直しを始めることにした。彼はメレル以上に体からエネルギーがほとばしるような快活なアメリカ青年で、生徒たちの人気を集めた。近江八幡と米原では職業人に向けて、バイブルクラスと英語学校を組み合わせた夜間学校を始めた。ただちに近江八幡で二五名、米原で五〇名の生徒が集まったと記録されている。

同じ日の午後、八幡ＹＭＣＡ会館に村田幸一郎もひさしぶりに顔を出した。ひげをたくわえ、凛々《りり》しい軍服姿だった。村田は商業学校（一九〇八年四月に県立商業学校は県立八幡商業学校と改称された）を卒業してから八カ月間メレルの家で学生ＹＭＣＡの書記をし、その後一年間志願して陸軍大津連隊にいた。一九〇七年秋からは大阪警察本部の細菌検査助手を始めたが、性に合わなかったのか心斎橋の合名会社橋本清商店で働くようになった。一九〇八年一〇月になって三カ月間、陸軍大津連隊に再入隊して演習経験を積んだことで陸軍歩兵少尉に昇進をしていた。再び大阪に戻って働くつもりであったが、メレルから建築事務所の仕事を一緒にやろうと持ちかけられたので、それに惹かれて八幡ＹＭＣＡ会館に居を移すことにした。村田の最初の役割は製図補助や業者との折衝だったと考えられる。メレルと一緒に京都ＹＭＣＡの工事現場にも入った。メレルは建築作業者と一緒に動き回り、事務所で日本人と同じものを食べ、雑魚寝をすることも日常で、完全な現場主義の工事監督であった。建物の設計について、時折メレルはデ・ラランデ事務所に意見を伝えたようで、最も強く主張したのは、出入り口を三条通り側にするべきだという意見だったという。しかしこの位置変更は通らなかった。[84]

メレルが指揮する現場は、日曜日を安息日と決めて作業者に一切仕事をさせなかった。京都の工事現場にいる日を利用して、京都商業学校のバイブルクラスで教えることもあった。

アドバンス・キャンペーン・次の段階——馬場鉄道ＹＭＣＡ

『マスタードシード』一九〇九年（明治四二）一月号の読者は、「アドバンス・キャンペーン・次の段階」という挑戦的なタイトルに驚くことになる。一カ月前に米原鉄道ＹＭＣＡを開設したばかりだというのに、次のステップとして馬場機関庫（現在のＪＲ膳所駅）で働く約四〇〇名の鉄道青年のために馬場鉄道ＹＭＣＡを開設するという宣言であった。その予算も担当者も確保できていたわけではなかったが、メレルの宣言に対して次第に人の手が差し伸べられ、問題が解決されてゆくことになる。

馬場駅に鉄道ＹＭＣＡを設置してほしいという要望は馬場駅長から出ていたが、さほど急ぐ予定ではなかった。一方、米原鉄道ＹＭＣＡの成功をみた仏教界が、米原駅に鉄道ＹＭＢＡ（仏教青年会）を開設しようと計画を始めた。そして米原駅長に説明をしたが、あまり関心をよばなかったので、再検討をした結果、馬場駅の機関庫に鉄道ＹＭＢＡを設ける計画に変更された。その情報を偶然に知った中岡馬太郎が、メレルに一刻も早く馬場駅にも鉄道ＹＭＣＡを開設するべきと進言したので、急遽開設することになったのである。

馬場駅（膳所）の機関庫（『新修大津市史』より）

馬場駅は現在のＪＲ膳所駅の場所にある重要な乗り換え駅であった。当時は京都と膳所の間に東山トンネルと逢坂山《おうさかやま》トンネルがなく、京都駅から登攀《とうはん》力のある機関車で稲荷駅に南下して、そこから急な勾配《こうばい》を登り、旧山科駅と大谷駅を経て馬場駅に上

借家時代の馬場鉄道YMCA会館　11

がった。馬場駅に着くと、通常の機関車につなぎ換えて米原方向に行く、もしくは琵琶湖の浜に汽船乗り場行きの汽車もあった。そのため、四〇〇名近くの鉄道員が働く機関庫があり、独身寮が駅周辺にあったのだ。

米原での経験から、馬場鉄道ＹＭＣＡの場合、毎月一五ドルから二五ドルの費用があれば運営できると見積もったが、会費だけでは赤字経営となることは明らかであった。それでもメレルらは素早く開設することを決断し、駅前に見つかった二階建ての貸家を借り、開設準備を始めた。

差し伸べられる手

日本ＹＭＣＡ同盟の名誉主事ゲーレン・フィッシャーと京都の主事フェルプスは、メレルの鉄道ＹＭＣＡに経済的な支援はできなかったが、人的な援助を差し伸べた。まず二月二日、江田島海軍兵学校のＹＭＣＡ派遣英語教師で、かつてアメリカの鉄道ＹＭＣＡにいたＴ・Ｇ・ヒッチをメレルのもとに七週間派遣した。さらに、ヒッチの通訳として京都ＹＭＣＡ副主事の高畠為次郎という青年を差し向けてくれた。応援の二人は忙しいメレルに代わって、夜間学校やバイブルクラスを手伝いながら、鉄道ＹＭＣＡ運営の準備をした。二月七日にはフィッシャーが東京から来て、米原市内の劇場で応援講演会を開いている。フィッシャー自らが肩入れを続けたのは、メレルが自給自足で伝道の難所といわれた土地に取り組み、さらに、まだ同盟本部も本腰を入れていない鉄道ＹＭＣＡに一石を投じたからだろう。

馬場鉄道ＹＭＣＡに常駐できる主事が必要となったが、米原にいた中岡馬太郎を馬場鉄道ＹＭＣＡの主事に異動させて、通訳で来た高畠為次郎に米原の主事になってもらうことで収まった。そして早くも三月八日と九日、米原のときと同じように二四時間交代の鉄道青年のために、二回に分けて開館式を執り行った。この式典には鉄道院の鉄道部長や、滋賀県庁代表者と西川大津市長が出席しており、地域の期待が相当なものであったことがわかる。[11]

鉄道YMCAの支援に来たT・G・ヒッチ（前列左2人目）と高畠為次郎（前列中央）††

新しく米原の主事となった高畠為次郎は京都の醤油商の息子で、一九〇三年（明治三六）の新生京都YMCA設立メンバーであった。日露戦争の最中は京都七条駅で軍隊慰労天幕事業の一員として活躍し、一九〇五年に同盟本部のC・V・ヒバートや京都YMCA副会長の福田令寿《れいじゅ》と満州に行き、大連と遼陽で軍隊慰労会場を設営して運営に従事したつわものである。日露戦争終結後は英語力を買われてフェルプスのもとで京都YMCA会館の建設準備を任され、その働きにより副主事に昇格していた。[1:54・84]

中岡と高畠という二人の有能な主事を得られたことで、米原と馬場の鉄道YMCAは順調な滑り出しとなった。交代勤務明けの鉄道員が広間で室内ゲームをしたり、雑誌・新聞を読んだり、雑談をしたりして過ごし、学習会、講演会、サークル活動といった修養の場として使われた。暇を持て余していた鉄道員が健全な余暇を過ごす場として定着し、結局、仏教の鉄道YM

彦根バイブルクラスのメンバー。ポールと着物姿の高畠[11]

BAが参入してくることはなかった。
馬場鉄道YMCAのオープンと時期を同じくして、膳所中学校門前で開かれていたバイブルクラスでポールの通訳をしていた南石福二郎が呼びかけて、膳所中学YMCAが立ち上げられた。この膳所中学YMCAと馬場鉄道YMCAはその後さまざまな催しで交流をしている。[11]
フィッシャーはこの年の日本の鉄道YMCAについて次のように報告をしている。

〔鉄道YMCAについては〕朝鮮半島の日本人鉄道員の自給自足の活動が行政から高く評価されている。日本本土ではヴォーリズ氏により滋賀県の米原駅と馬場駅の二か所に鉄道YMCAが設置され、二人の常勤の主事とウォーターハウス氏が管理に当たっている。現地の仏教徒の反発にもかかわらず、熱烈な支持を受けて四〇〇〜五〇〇名の鉄道員全員が会員となっている。同じような動きとしては、独立団体である東京の市電と鉄道網の青年に対しての活動が始まっている。公には伝道活動はされないが、リーダーたちはクリスチャンである。実践的な活動が評価されて東京市街鉄道会社から毎月一〇〇円以上の補助金が出されている。[9]

その後も全国の大きな駅には鉄道青年会が設けられ、キリスト教者による修養会などが開かれており一定の浸透はあったが、専用の会館が建てられるようなところまでは進展しなかった。今や鉄道YMCAの記録はほとんど見あたらないが、作家三浦綾子が書いた『塩狩峠』は旭川鉄道YMCAに属していた長野政雄という実在の鉄道青年をモデル（作中の主人公の名前は永野信夫）にした小説である。一九〇九年二月二八日に宗谷線塩狩駅手前で客車が逆走したとき、長野は身を呈して停車させ殉職したという。いまも塩狩駅近くの現場に彼の碑が残り、塩狩峠記念館（三浦綾子旧宅）に資料展示がされている。

ウォルター・ロブ登場

メレルはポールがずっと一緒に近江伝道をしてくれると期待をしていたが、ポール自身はアメリカの神学校できちんと聖書を学びたいと考えていた。敬虔《けいけん》なクリスチャン一家の両親や兄弟たちも、ポールが聖職者になることを期待していたようである。ポールはその意思を通して神学校入学を決め、再び近江八幡に戻ってくることを約束して、夏に帰国をすることになった。

ポールがいなくなると大きな穴が開くので、メレルはゲーレン・フィッシャーに、ポールに代わる人物を紹介してほしいと要望を出した。その結果、ミネソタ大学を卒業して英語教師として来日する予定のウォルター・ロブという青年が候補にあがった。

ウォルターが出発する直前の地元紙によれば、彼は東京帝国大学でYMCA派遣英語教師となるため七月二七日にサンフランシスコから出航する予定と報じられている。彼の父親がミネソタ州ミネアポリスの石鹸メーカーの社長であったので、このような消息が記事になったのである。八月半ばに横浜港に着いたウォルターは軽井沢に向かい、在日外国人のYMCA修養会に出席した。スタッフを含め三七名が集まっていた。その中でメレルと対面して二人の合意がなされたと考えられる。ウォルターは『マスタードシード』誌上で、軽井沢で会った宣教師たちから、近江での特別な伝道に出ることを大変祝福されたと書いており、メレルの活動には宣教師たちも敬意を払っていたことがうかがえる。

ウォルター・ロブ　11

ウォルターは九月初旬に近江八幡に移動して、さっそく八幡YMCA会館で仕事を始めることになった。寮母がやめた直後だったので右も左もわからないウォルターが会館の雑事をすることになって、メレルはあわてて寮母を募集したところ、幸い藤川というクリスチャンの未亡人が引き受けてくれることになった。

ポール・ウォーターハウスはウォルターと会う機会があったかどうかはわからないが、夏に近江八幡を出発し、朝鮮半島、満州、中国の各地で宣教活動の見聞をしてからカリフォルニア州パサデナの実家に戻った。その後、コネチカット州にあるハードフォード神学校に入学している。ポールが日本にいる間に担当したバイブルクラスは大変な人気だったので、それがウォルターに務まるかメレルには心配であった。運動を好むポールとまったく違って、ウォルターは瞑想《めいそう》を好む青年であった。しかし、高畠のサポートも得て次第にバイブルクラスをうまく運営するようになったばかりか、『マスタードシード』の編集も担当するようになった[11]。

このころ、メレルに思いがけない仕事の依頼が飛び込んできた。元の職場である県立八幡商業学校（以下、八幡商業学校）でメレルの解任を言い渡した伊香賀校長から、最上級生に「モラル」についての授業をしてほしいという依頼があったのである。メレルは喜んで受け、九月二〇日から何回か教壇に立った。最上級生はメレルが解任される直前まで一年生だった生徒たちだったので、打ち解けるのに時間はかからなかった。また、学校の運動会にも顔を出している。伊香賀がいかにメレルを評価していたかを伝えるエピソードである。

社会問題に目を向ける

一九〇九年（明治四二）は大きな出来事が目立った年であった。七月末に大阪の大火で天満宮北から曽根崎、堂島を焼き尽くした。八月一四日には滋賀県東部でマグニチュード6・8の姉川地震が発生し、伊吹山頂が倒崩したといわれる。また、日本政府は韓国併合を決めて動き出し、秋に伊藤博文が暗殺された。そして、この年は最初のプロテスタント宣教師のジョン・リギンズやチャニング・ウィリアムズが来日して五〇年目にあたる。一〇月五日から一〇日の間、神田美土代町の東京YMCA会館で「プロテスタント宣教五〇周年記念大会」が開催され、全国にいる外国人宣教師や牧師、キリスト教関係者が集まったが、その中にメレルもいた。この会議は一〇コマに分けて講演会が開かれ、総勢七二名がスピーチに登壇した大イベントであるが、メレルはこれだけの陣容で立派な講演がなされたものの、示された数々の課題に対して何ら具体的な行動計画が決議されていないことに失望したと記している。これ以後も、彼が書く『マスタードシード』の編集後記では、宣教団体の縦割りや都市部への集中について辛口の論調が目立つようになる。[11]

明治中期に宣教師を派遣する団体は、大まかにいえばカソリック教会、聖公会、それとプロテスタント全教派の海外宣教をまとめるアメリカンボードがあった。その後、北アメリカの経済拡大によって資金力をつけたプロテスタント各教派が個別に宣教師を派遣するようになり、明治末期には二〇を超えるプロテスタントのミッション団体が日本に宣教師を派遣する状況になった。都市部では、それによる重複と混乱がみられたので、外国人宣教師が教派の相互理解を計り、協力し合うために、一九〇一年に「在日本協同ミッション（Co-operating Christian Missions in Japan）」という会議体を作り、毎年一回常任委員会を開いてきた。そしてこの年、宣教五〇周年となったのを機会に、いっそうミッション団体間で相互協力するために「在日本ミッション同盟（the Conference of Federated Missions in Japan）」と名称を変え、総会を一月に東京で、八月に軽井沢で開催する形になった。

この同盟の常任委員会には伝道手法や社会問題に関する委員会があり、メレルはこれらを傍聴することで自らの位置を確かめ学んでいた。八幡商業学校の解任から丸二年間、派遣英語教師の予備軍のような立場でいたが、この年からは「自立伝道者」として伝道者名簿に掲載されるようになった。この事実はメレルの意識にも大きな変化をもたらしたと考えられる。自ら立ち上げた三つのYMCAは、日本YMCA同盟傘下にありながら経済的に自立していた。メレルはその後もフィッシャーの擁護のもとで、Y

MCAの運営者としてYMCA同盟との関係を続けた。

六つのバイブルクラス（うち三つは英語夜間学校を併設）はメレルとウォルター・ロブ、三つのYMCAは小山、中岡、高畠の主事で安定し始めたようであったが、早くも一九〇九年一〇月の『マスタードシード』で、「新しい計画と必要なもの」と題した記事を掲載して協力を要請した。その必要なものとは、農村と鉄道駅で伝道をする働き手であり、YMCAとしてテニスコートの用地、蓄音機、立体鏡用の写真が望まれる備品だとしている[11]。

悦蔵、再参加の決意

悦蔵の日常は三井物産に就職してからも大きく変化していない。毎朝、聖書の一節を読み祈る静かな時間を持ってから、八時前に網浜の事務所に出社し、帳簿事務をしたり、船に積む米穀類の荷造りを確認したり、現場作業を監督したり、入港した船に乗り込んで荷降ろし前の検品をすることを日課としていた。毎週一回は当直で事務所に泊まって夜遅くまで同僚と語り合い、将棋を指すなどして過ごした。週二回は神戸YMCA夜間学校で英語を指導した。日曜日に会社が休みであれば兵庫教会の礼拝に出て、日曜学校でリーダーを務めた。幸い、母と叔父、親戚、友人が近くにいるので、何の心配もない生活であった。

メレルは筆まめで、葉書をよく送ってくるし、急用があれば電報や電話で連絡をしてくる。会うたびにメレルは悦蔵に、信仰のある生活をしているかと確認した。悦蔵は平信徒伝道活動をしているつもりでいるが、現実にはなかなか思うようにゆかないと感じていた。この年には、メレルは具体的にボートを使って湖西や湖北を目指すとか、幼稚園や病院を建てると言い始めており、建築事務所を開くのでまた近江八幡で一緒にやらないかと誘うようになった。

このころのメレルの発言を清水安三が次のように記している。

膳所中の生徒の折、私は京都へ歩いて行ってヴォーリズ先生を今の三条柳馬場の青年会の向かい側のむさい家に訪れた。当時先生は青年会の現場で働いて居られた。先生はもう私の名を忘れて居られたが、それでも顔はよく覚えていて四時間程話したり祈ったりして下さった。そして「同志社の神学校へ行け」といって聞かれなかった。「私に商売人になれと皆が言います」「商売をする人は沢山ある。牧師は少ない」といって口を極めて勧めたものである。今なおその時の言葉が私の耳朶《みみたぶ》に響く如く聞こえる。その時ヴォーリズさんはボートを琵琶湖に浮かべてあちこち伝道するだの、大学を建てるだの、病院を建てるだの、口から出まかせを言って居られた。読者諸君よ、思うてもみるがよい、八商を追われ、食い扶持に離れ、ついこの間までルンペンしてからに村田幸一郎君が、宣教師ダンニングの日本語教師をしてる所へ食客していた先生ではないか。やっと三条のＹＭＣＡ会館の工事監督をやらせてもらって若干の生活費を得たばかりの先生ではないか。この人が大学、病院、ボート伝道をやるというのであるから驚いた。（『湖畔の声』一九三三年〔昭和八〕七月号「一支那伝道者手記」の一部）

悦蔵が会社の遠足で愛宕山《あたごやま》に登山をした帰り道、京都ＹＭＣＡ会館の現場事務所に立ち寄ると村田幸一郎がおり、建築事務所で一緒にやらないかと言われて心が揺らぎはじめた。その後、メレルから新しい計画を聞き、来年にアメリカに戻って募金のキャンペーン活動をするから一緒に行って手伝ってほしいと言われ、心は大きく揺らいだ。悦蔵は母や叔父ばかりでなく、先輩と仰ぐ人たちに自分の身の振り方について相談して考えた。元八幡教会牧師の大橋五男にも長い手紙を出して相談をしている。大橋は、霊南坂教会から出て郷里の兵庫県豊岡で病気療養をしているときに返事を出し、「君が一実業人として社会的地位を築いて行かれる上において三井財閥は不足のない相手であり、君の才能と活躍次第では、相当の地位にまでよじ上ることはさして難事ではあるまいと思うが、八幡に行ってヴォーリズ先生と協力して働かれるということになれば、そこには誰でもが成し得ることではないところの、神の国建設という聖い仕事にたずさわれることになるのであって、それが実現の暁には、君は神よりの栄光に預かられることになるのです」という内容のことを書いた。（大橋五男「吉田悦蔵氏を憶ふ」『図書館雑誌』一九四三年）

民家を利用した馬場鉄道YMCA寮　††

悦蔵は意を決めて母と叔父金之介を説得した。二人はこれまでの悦蔵の強い信仰心やメレルが示してきた誠実で実行力に富んだ行いを考えれば、始めようとする建築事務所もきっと成し遂げるだろうと、三井物産の退職を認めることにした。

一二月一八日、悦蔵は近江八幡に戻ってきて再び八幡ＹＭＣＡ会館に移り住んだ。最初の仕事は、馬場鉄道ＹＭＣＡの会員から要望が強い男子寮の確保であった。もちろん借家の畳敷きの部屋であるが、それでも鉄道院の独身寮よりは住み心地がよかったのであろうか、「馬場鉄道ＹＭＣＡ寮」はすぐに満室となり、二人が空き室を待って馬場ＹＭＣＡ会館の一室で寝泊まりをしていたという。この寮は八幡ＹＭＣＡ会館と同じくメレルの伝道の実験場であった。同居をする者には禁酒禁煙を求め、バイブルクラスに出席させることで、互いに助け合って健全な精神と健康な体を育もうとするだけでなく、キリストの信仰を互いに深め合う効果が期待できるとみていた。

留日中華ＹＭＣＡ寄宿舎の設計

メレルはこの年三月に仙台と福島を訪れ、東北学院院長Ｄ・Ｂ・シュネーダーが建設委員をしている改革長老派の福島教会（現日本基督教団福島教会）の協議をしたことが記されている。[61] さらにその仙台訪問のとき仙台クリスチャン教会（別名仙台二十人町教会、移転新築され仙台東教会となる）の設計にも関わった。[88] そのほかにわかっているものに東京早稲田の留日中華（留日中華を中華留日と記す資料もある）ＹＭＣＡ寄宿舎がある。これに関わったことが近江ミッションの成長にもつながるので、背景を記しておく。

日清戦争以後、戦勝国日本に学ぼうと清朝上流階級の子弟がこぞって留学をしていたころ、東京には一万人の清国の学生が集中していて、劣悪な生活環境にあった。それを心配したジョン・Ｒ・モットと北京の宣教師ジョージ・Ｄ・ワイルダーが、一九〇八年（明治四一）に留日中華ＹＭＣＡ設立を宣言し、

Ｊ・Ｍ・クリントンを名誉主事に任命した。クリントンはさっそく会館兼寄宿舎の建設準備に動き、土地は一九〇九年（明治四二）五月に大隈重信、江原素六、元田作之進らの支援で早稲田大学の傍に九九九年の借地をした。建物の設計はメレルに依頼された。この建築資金はＹＭＣＡ国際本部を通じて「アーシントン基金」から拠出されたので、アーシントン記念館とも呼ばれた。

アーシントン基金は一九〇〇年にイギリス中部のリードという町で亡くなった大富豪のロバート・アーシントンという人物の遺産をもとにつくられた。醸造所で財をなした父親の莫大《ばくだい》な遺産を鉄道会社に投資してさらに増やし、本人は生涯独身で清貧な生活をつづけたクリスチャンだった。死後に遺産の一〇分の九で基金を設立し、六名の管財人をたてて

留日中華YMCA寄宿舎（1909年）

「ジャパン・エバンジェリスト」1909年7月号の広告。アメリカ建築連盟所属としている（同志社大学図書館所蔵）

キリスト教伝道のために二〇年で使いきるよう計画的に支出せよという遺書があり、それに従って管財委員会はＹＭＣＡの海外展開などに積極的に寄付を行っていたのだ。

一九一〇年一月初旬に留日中華ＹＭＣＡ寄宿舎の開所式が行われた。メレルは関係者との雑談中に、自分は近くヨーロッパとアメリカに行くという話をした。すると関係者から、ぜひアーシントン基金を訪問して完成した寄宿舎の写真を見せ、様子を報告してもらいたいと言われたので、メレルはこれを了解した。

後日、クリントンはＹＭＣＡ国際本部への報告書にフィッシャーや大隈重信の祝辞と合わせて、次のような建築家ヴォーリズの祝辞を掲載している。

一九一〇年一月二八日　近江八幡
クリントン様、
早稲田大学の留日中華ＹＭＣＡ寄宿舎の完成に祝意を申し上げます。費用にくらべて素晴らしい規模、利便性、外観を有する建物を実現なさいました。最初の設計図で私が出した見積りから比べ、竣工《しゅんこう》時の検査でこれほど良い結果を見るとは私の予想を超えておりました。
私が興味を持って見た一二件のＹＭＣＡ寄宿舎の建物の中でも特に優れた設備をもち、特に一階の交流室の素晴らしさは他に肩を並べるものはないと思います。
この建築は東京の清国学生の力を証明するものです。そして比類なき魅力のある建物は、留日中華ＹＭＣＡ主事と彼を支えた中国人の方々のキリスト信仰の力が限りなく大きかった成果であると

当時のクリスマス会の様子（撮影場所不明）†

信じております。
ＹＭＣＡの成功を祈りつつ、
ウィリアム・メレル・ヴォーリズ、建築家[77・85]

現在もこの場所に早稲田大学ＹＭＣＡ信愛学舎という学生寮がある。日中戦争勃発《ぼっぱつ》により中国人留学生が帰国したあと、建物は早稲田大学ＹＭＣＡが引き継いだが、戦時中に建物は取り壊され、建て替えられている。

一九〇九年（明治四二）のクリスマス

この年の八幡ＹＭＣＡ会館で行われたクリスマス会を活写する文章を、ウォルター・ロブが『マスタードシード』に掲載している。当時の八幡ＹＭＣＡと教会、日曜学校の関係がよく理解できる。

一二月二三日、私〔ウォルター・ロブ〕が大津のバイブルクラスを終えて帰ってくると、八幡ＹＭＣＡ会館で八幡だけでなく彦根、米原、馬場、大津の仲間がクリスマス会の招待を受けて集まっていた。広間でストーブを囲んで集まり、夕食の前に二、三のゲームをやった。他の部屋ではその日洗礼を受ける者が同志社神学校のオーティス・ケーリ博士から説明を受けていた。博士は今日のイベントを知り喜んで自ら協力してくださった。（中略）夕食をすませると再び全員で教会に向かった。宮森武次郎牧師夫人らががんばって準備した会場が用意されていた。すでに教会は教会員や訪問者でいっぱいになっていて、特別なイベントである雰囲気が漂っていた。

宮森牧師の短いお話のあと、ヴォーリズ氏のオルガン伴奏のもと、全員で讃美歌を歌った。そしてケーリ博士による四人の青年への洗礼式があった。母親の病気で来れない受洗者が一人いたのは残念だった。このあと、ケーリ博士がクリスマスにふさわしい説教をなさった。

それが終わると余興である。教会員の琴や三味線。日曜学校の少年少女の合唱。見渡すと八〇名ほどがいて、長浜以外の拠点から銀行員、大工、鉄道員、牛乳配達、生徒、教師などさまざまな人が分け隔てなく楽しんでいる。中岡君も元気な姿で仲間に加わって楽しんでいたし、高畠君も米原から来てくれた。小山君は洗礼を受けたばかりの小梶君のオルガン伴奏で英語の歌を披露したうえで、その夜一番受けたスピーチをしてくれた。（中略）あとは馬場のバイブルクラスの大塚君が曲芸を披露してくれ、最後に二人の女性の歌とオルガンがあった。お開きとなると、遠方の者はＹＭＣＡの広間に布団を持ち込んで雑魚寝ということになった。[11]

7 一九一〇年（明治四三）　二〇年先をみよ

二〇年先のための帰国

自他ともに認める建築設計を業とする自立伝道者になったメレルは、社会問題にも目を向けるようになった。その動機の一つは、一九一〇年（明治四三）一月に東京で開かれた在日本ミッション同盟の総会で、産業福祉委員会の委員に指名されたことである。この委員会は、全国各地の産業に従事する労働者たちの実態報告や、彼らに福音を拡げた実例が報告されて議論をしている。当時の日本の労働環境と安全衛生の問題、安息日の欠如などをテーマとして、その改善策について意見が交わされるのだが、主に飢饉と農家の貧困、社会的弱者としての女性、鉄道員の労働災害などが課題として取り上げられた。

メレルはこのころ周囲に対してしきりに「二〇年先をみよ」と言うようになる。二〇年先の計画として幼稚園、伝道船、聖書学校、農園、病院などを描いていたが、『マスタードシード』にはその手始めともいえる「戦略的キャンペーン」と題する計画を示して、読者に鉄道ＹＭＣＡの専用会館を建てることができるように協力を求めた。開設からわずか一年ほどの鉄道ＹＭＣＡで、三名の若者が洗礼を受け、さらに七名が心に決めつつあるという事実から、鉄道員に修養と信仰の場となる会館と寄宿舎が与えられれば伝道に勝利し、共同生活で一段と深い信仰へ導くことができると説いた。

メレルはこの計画ばかりではなく、近江を神の国として建設するためには『マスタードシード』で訴えているだけでは不十分で、ヨーロッパとアメリカに渡り、支援者をもっと増やす必要があると考えた。もう一つ、建築事務所の看板をあげた以上は、最新の建築事情を学ぶとともに、技術をもつ建築士の協働者をみつけることも必要であった。

この欧米への旅では、当時開通していたシベリア鉄道に乗って、ヨーロッパ周りで大西洋航路を船で渡ってアメリカ東海岸に至るルートを計画した。一方で期間的な制約があった。ウォルター・ロブが、かねてより希望を出していた米国の大学院から入学許可を得たので、ウォルターが帰国する夏ごろには帰ってこなければならなかった。

悦蔵はメレルから同行するように誘われていたので、自費で同行する準備を始めていたが、パスポートの申請を出そうと役所に問い合わせると、二〇歳のこの五月に徴兵検査を受ける必要があるため渡航は許可されないということがわかった。失望は大きかったが、メレルから来年以降に留学する方法を考えてくれると言われて少しは気持ちが安らいだ。こうして悦蔵はロブ、小山と三人で近江八幡に残ることになったのである。

建築事務所の一時閉鎖

京都YMCA会館の新築工事はこのころほぼ終わり、地上四階地下一階の外壁レンガ造りの威容は京

京都YMCA会館（当時発行された会員手帳より）†

都三条通りの新しいランドマークとなった。献堂式はアメリカに一時帰国しているフェルプスが戻るのを待ち、六月に行われることになった。[53]

メレル不在中は建築事務所を休業し、村田幸一郎は生活のためと実務を学ぶために、取引のあった関工務店に雇ってもらい、近江八幡を一時離れることになった。三重県津市の聖公会の教会堂など建築物四棟の設計補助や現場監督をしたりしていたという。[1]

建築事務所を一時閉所すればその先の仕事がなくなるリスクはあったが、ちょうどこのころを境としてバプテスト派、メソヂスト派、ＹＭＣＡの建築案件が非常に多くなる。メレルは、ミッション系の建設がラッシュになり、日本にミショナリー・アーキテクト（キリスト教関連の建物を専門とする建築家）がいれば仕事はいくらでもある、と周囲から助言されていたと考えられる。メレルは悦蔵を建築事務所の共同経営者にするつもりで、フランク・キダーが著した有名な建築設計の教科書『建築と監理』を与え、勉強をするように促した。

メレルの出発は一月二九日朝であった。悦蔵は敦賀港のロシア船ペンサ号の中まで入って見送った。ペンサ号はウラジオストク港までの航路であったが、大変な嵐で到着が二九時間遅れ、鉄道駅まで走ったという。そのため、ウラジオスト

再び主事となった悦蔵　†

クで出会う予定であった、悦蔵が紹介した三井物産の人たちと面会ができなかった。シベリア鉄道の旅は順調で、モスクワ、ペテルブルグ、ドイツ、オランダ、ベルギー、フランス、イギリスにわたってサザンプトンから大西洋航路でニューヨークに入国する旅を続けた。

メレルの出発後しばらくして、八幡ＹＭＣＡ会館ではちょっとした事件がおこる。メレルを助けてきた小山が何を思ったのか再び酒を飲み始め、八幡ＹＭＣＡ会館主事の仕事を悦蔵に任せていずこかへ旅立ってしまったのである。

ヨーロッパのメレル

メレルはドイツに着くとベルリンのＹＭＣＡに宿泊し、主事の計らいで時のカイゼル皇帝の宮殿を見学する。その後ドレスデン、マイセン、ケルン、アムステルダムと進んだ。そこではＹＭＣＡで出会った建築家に市内の建築物の案内をしてもらい、ヴォーリズ家のルーツであるオランダで職業が近い者同士の交流を楽しんだ。その後アントワープを経由してパリに入った。ここでは一九〇七年（明治四〇）に近江八幡を訪れたボータレ伯爵と面会をして、鉄道ＹＭＣＡ会館の建設のために寄付をしてもらった。ロンドンでは、ヨーロッパで最初の『マスタードシード』購読者で、寄付をしてくれたこともあるコロンビア蓄音機会社の法律顧問ジェームズ・ヴァンアレン・シールズに初めて面会した。シールズの紹介でロンドンの実業家のグループに即興のスピーチをしたところ、終了後に出席者から寄付をもらっている。

大西洋航路の客船に乗る前に、メレルはロンドンから北のリーズという街にやってきた。この町には、アーシントン基金の管財委員会があり、約束どおり留日中華YMCA寄宿舎の完成写真を委員に見せながら、日本の関係者の感謝の意を伝える役目を果たした。また、メレル自身の近江ミッションの説明をして、二つの鉄道YMCAが借家であるのでアーシントン基金にも援助をしてもらいたい旨を伝えておいた。この要望に対してアメリカに渡ってから素晴らしい回答を得ることになる。このあと、当時の国際港、リバプールから客船モウレタニア号で出航し、ニューヨークに向けて一週間の航海に出た。[13]

親愛なるベビーさん〔悦蔵の当時の愛称〕

一九一〇年三月一五日　客船モウレタニア号

この旅行に君が一緒に来れなくて本当に寂しい思いをしています。ここのところ独りぼっちだけど、目にするものすべてが興味深い。本当に君にも見せたかったが、今回の旅はかなり詰め込みで、十分に見ることができません。どちらかというと偵察のための遠征だから、二年ほどしたら一緒にゆっくりと見て回る場所を探しておきます。

君が日々どうしているか、何が起こっているかとても気になっています。もし君が八幡に残っていてくれなければもっと心配していたと思います。君がこの時期に八幡に戻ってくれたのは、まさに神のご意思としか思えません。ちょうどこの一番大事なときに戻れるように君の心中に神がおい

でであったのではないでしょうか。（中略）

我々の家族全員と教会員と夜間学校の皆によろしく伝えてください。小山君、村田君、高畠君、中岡君などに会えたときは私のことを伝えてください。

そして君とロブに愛を込めて、W.M.Vories

ニューヨークに上陸したメレルは、一〇日間でボルチモア、ワシントン、フィラデルフィア、ニューヨークを巡ってYMCAや教会で近江ミッションの物語を一〇回以上講演した。その話に感動した者はその場で寄付をし、『マスタードシード』を購読する手続きをしてくれた。当時の新聞をみると、海外伝道者のチャリティー講演会や昼食会が頻繁にあったことがわかる。メレルのような若者が、どこの宣教団体にも属さず、日本の田舎で奮闘する話は冒険談のようであったろう。五月末には生まれ故郷のレブンワースの青年会の集まりで講演をしている。この仕事が一巡すると、ようやく両親がいるグレンウッドスプリングスで骨休めをした。近隣でもいくつかの講演を行い、中でもコロラドカレッジでの講演は熱心な聴衆を集めることができた。[13]

シカゴでは、北米YMCA同盟で紹介されたシャトック・アンド・ハッセー建築事務所でしばらくのあいだ建築設計の実習を受けている。ここはYMCA会館など大きな公共施設に強いことで有名な事務所で、神戸YMCA会館の設計も委嘱されていたので、その図面にメレルが関わり始めていたと考えられる。

メレル不在中の八幡ＹＭＣＡ会館

悦蔵の日記に記されている当時の日課をみると、寮生とともに早天祈禱会（朝の聖句朗読と祈り）をしてから朝食をとり、午前中は建築のテキストで自習をしている。材料強度、建築図面法、建築史といった内容を計画的に勉強した。京都帝国大学の建築材料研究室を見学することもあった。午後は『マスタードシード』の編集、印刷手配、郵送の作業、暗室で写真のプリント、来館者応対、寮生や夜間学校生の相談対応をするなど、仕事は多彩である。悦蔵自身の生活費はほとんど自分で賄っていたようである。ウォルターは米原と馬場の鉄道ＹＭＣＡを主に担当し、悦蔵が八幡ＹＭＣＡと八幡日曜学校を分担していた。『マスタードシード』購読料や寄付で得た利益は約束されたとおり、主に高名な講演者を招くことに使われていた。

同志社のジェローム・D・デイヴィス（Davis Soldier Missionary, 1916より）

三月五日から二泊三日で、同志社英学校を新島襄と共に始めたジェローム・Ｄ・デイヴィスが応援演説にやってきた。悦蔵は講演会のパネルをたくさん作って準備し、送迎や接待をして期間中奔走した。アメリカンボード宣教師で一八七一年（明治四）に来日したデイヴィスは、近江八幡に一八九三年、一八九八年、一九〇三年と三回説教にやって来ているが、メレルとは京都で会っていて、一九〇八年には『マスタードシード』に寄稿している。[24] デイヴィスはこのとき七三歳で、そうとう無理を押して近江八幡にやって来た様子である。ほどなくデイヴィスは療養のため帰国し、一一月に永眠した。五月には仙台のJ・H・デフォレストをはじめ数名の宣教師も招いている。

YMCAの運営費は、近江八幡、米原、馬場の三カ所とも利用者の会費や寮費で賄われることになっている。悦蔵の日記によると、毎月三つのYMCAの金銭出納記録をフィッシャー名誉主事に直接提出していたが、ほどなく悦蔵はフィッシャーから帳簿責任者に任命される。三月末には東京のフィッシャーからメレルの建築設計費として一五五円が振り込まれているが、留日中華YMCA寄宿舎の設計費だったのかもしれない。もう一つ興味深いのは、メレルを宛先にした寄付金の郵便為替用紙の束をフィッシャーに送っていることで、フィッシャーもメレルの募金活動に協力していたことがわかる。

悦蔵は設計の勉強をしながら、初めての実務としてバプテストミッションのJ・F・グレセットの家と一棟の「銀行」の設計図を製図したと記している。グレセットの名前は一九〇九年一〇月に寄付者として『マスタードシード』にみられることから、メレルが渡米する前に平面図をつくり、製図を悦蔵に託したものと思われる。この家はグレセットの京都の家として、一九一一年にメレルが帰国してから実際に建設される。

異色の商業学校教師――伊庭愼吉とバーナード・トムソン

ロンドンのシールズがグラフォフォン蓄音機を八幡学生YMCAに寄贈してくれたので、会館で宝物のように大切に使われていた。もちろん近隣では初めてのものだったので、これを聴くために会館に人が集まるようになった。悦蔵はたびたび蓄音機音楽会を催して町内の人たちを喜ばせていた。会館に遊びに来る人もいろいろあったが、とりわけ八幡商業学校の二人の教師は異色であったので紹介しておこう。

その一人は伊庭慎吉《いばしんきち》である。彼は近江八幡武佐《むさ》の生まれで、住友財閥の第二代総理事であった伊庭貞剛の四男だった。パリで絵画を学んで帰国して、下賀茂神社の神官の娘と結婚したばかりだった。彼は夫人を伴って会館にたびたび遊びに来ており、フランス留学の話などの体験談をＹＭＣＡ会館でしていた。悦蔵と仲がよくなり、一緒に写生に出かけたり、家庭に招いて仏蘭西《フランス》料理をごちそうすることもあった。一九一一年（明治四四）に自らが神官の資格を得て安土の沙沙貴《ささき》神社の神主となり、同年に八幡商業学校の美術嘱託講師となる。その時期に父の名前でアトリエ付き自宅の設計をメレルに発注するのだが、その話は後述する。

もう一人は、バーナード・トムソンという、近江八幡に住んだ西洋人で、メレルの三代あとの英語教師である。バーナードはイギリス生まれの元航海士であった。中国でアヘン密輸船の仕事を受けてしまい、海賊に遭遇して逃げる際に遭難し、琉球《りゅうきゅう》の小島に流れ着いて助けられた。その後、神戸に移って英字新聞社で職を得たが二年ほどで倒産したため、大阪の学校の英語教員となった。その学校の生徒で佐藤ケイという娘と知り合い結婚する。結婚後ケイの故郷京都に住み、都ホテルの外国人旅行者案内係となった。その時期にバーナードはフォーラーという近江八幡に住むイギリス人と知り合った。フォーラーはメレルが解任されたあと一年間教師をした英国人エルキントンから引き継いだ英語教師である。彼は病気がちで、横浜の病院に入院することになったとき、バーナードに商業学校の代講を頼んでいった。フォーラーは入院の甲斐《かい》なく、ほどなくして横浜で亡くなってしまった。学校側の要請により、バーナードは一九〇九年正式に滋賀県立八幡商業学校の英語教師となった。学校では「佐藤英雄」と名乗っていた。しばらく京都から通勤していたが、後に妻のケイと子ども二人とともに近江八幡の観音山のふもとに転居した。一家はフォーラーと違い八幡教会の活動に熱心で、日曜学校を活性化させるなどしてメレルらとも親交があった。[83]

さらに、メレル不在中の他の出来事を二、三追加しておく。三月にメレルのサポーターで、京都の牛乳店を経営する西幸次郎が腸の疾患で亡くなった。教会を建てるために確保してあった土地を八幡ＹＭＣＡ会館に一部分けてくれるなど、メレルの理解者の一人だっただけに、その知らせはメレルを悲しませた。同じ月に、馬場鉄道ＹＭＣＡの主事をしていた中岡馬太郎が、メレルの方針にはどうしても賛成できかねると言って悦蔵の説得も空しく去ってしまい、やむなく高畠と馬場の寮生が手伝って会館の世話をすることになった。

さらに、ウォルター・ロブは大学院の新学期が始まるため七月一七日に近江八幡を出発して、欧州周りで故郷のミネソタに帰っていった。その後、ロブは学業を終えてから保険会社に勤務し、三年後に結婚して三男一女をもうけた。晩年はミネアポリスの市会議員となって活躍した。彼は生涯にわたって近江ミッションのミネソタの連絡代表として名を連ね、寄付による支援も続けた。

「恩寵の嵐」――野田伝道はじまる

高畠為次郎は六月一四日、以前から交際をしていた令嬢と八幡教会でクリスチャン結婚式を挙げた。これは八幡教会での結婚式第一号であった。その翌日に、式に出席した男衆と新郎の一二人が船遊びをして祝おうと、町内の堀端で船を借りて寮の管理人の浦谷貞吉を船頭にして、長命寺港沖に漕《こ》ぎ出し、遊覧を楽しんでいた。しばらくすると雲行きが怪しくなり、さらに雨風が激しくなって、引き返すことさえ危険となった。そこで、野田内湖という入江から運河を遡《さかのぼ》って浦谷の実家がある野洲《やす》郡野田村近くの堀（新川の堤）で船を停留させて嵐が止むのを待つことにした。野田は野洲市にある兵主《ひょうず》大社の北側に隣接する村である。

だんだんと日が暮れてきて、翌日用事がある彦根と長浜の牧師は徒歩で帰って行ったが、残る一〇名は浦谷貞吉の叔父、浦谷泰治郎の大きな家で休ませてもらうことにした。貞吉が若いときの放蕩ぶりは村で評判であったので、本来なら叔父の泰治郎に合わせる顔がないのだが、最近立派に改心しているのは今日来た耶蘇教の人たちのお陰だと言って、泊めてもらえることになった。その貞吉が耶蘇教の人たちと集まっているという話が瞬く間に村内に広がり、好奇心の強い村人が集まってきた。浦谷貞吉は、ありがたい話を聴かせてもらえるからと、集まった人たちを広間に上らせた。そして夜の八時から即興の講話会が始まった。

八幡教会の宮森牧師が一席の精神講話を繰り出し、悦蔵と高畠も話をすると、一一時まで誰も飽きさせないで集会を終えた。ずいぶんと受けの良い話であったようで、一行は再会を約束して翌日八幡に戻った。これが近江ミッションにとって最初の「農村伝道」となった。

あれが忌むべき耶蘇教の話かといぶかりながら聞いた人も、一行が去って後、ぜひまた聞きたいという声が強かった。記録によれば一〇日後の六月二五日、野田の浦谷家で約一〇〇名を集めて、宮森牧師、帰国直前のウォルター・ロブ、悦蔵が講師となって講演と蓄音器を聴く集会が行われた。実際には全員が家に入れず、外から耳を傾けた人もいたという。

その集会ののち、特に熱心な三人の村民が毎週日曜日に礼拝に出るため八幡教会まで歩いて通った。それにこたえるべく、近江ミッションから定期的に伝道に行くことになり、三人の家で集会が何度も開かれた。八月一三日から五日間、宮森・大橋牧師、高畠、悦蔵が交代で訪れた連続講演会では、のべ約四〇〇名の聴衆が集まった。その後熱心になった一四人のグループは同志会を開催、野田の青年会のはじまりとなった。こうして一七年後には野田教会が建設されることになる[1・3・25]。

篤志家A・A・ハイドと会う

メレルの旅の続きに話をもどそう。彼はニューヨークに滞在した折、YMCA国際本部を訪問したところ、ちょうど賜暇《しか》帰国中のフェルプスと会うことができた。二人は再会を喜び合ったあと、フェルプスから、五月三日から四日間、シカゴで開催される平信徒伝道運動主催の北米伝道者大会に出席するよう強く勧められた。これに出ると旅程に制約ができるのでメレルは消極的であったが、フェルプスから、平信徒伝道活動が中心テーマの大会だからこれに出ないのはもったいないと何度も勧められたのでルートを変えた。後年、メレルは近江ミッションの発展を述懐したときに、このフェルプスの勧めに従っていなかったら近江ミッションはまったく異なる小規模なものになっただろうと考えられ、思い出すたびに肝を冷やすのであった[13]。

五月三日、シカゴ公会堂で開かれた大会に出席してみると、確かに世に知られた平信徒のリーダーや牧師が登壇し、良い経験談を聴くことができた。最も大きな会場で主要テーマが進み、分科会にも出た。大会出席者の多くは一般市民やビジネスマンで、伝道活動を直接あるいは間接的に行う人たちであった。最終日の終盤に、総合会場で六人のパネリストが登壇して大会の成果をいかに広めるかを語るコーナーとなった。カンザス州知事の話のあとにA・A・ハイドという口ひげをたたえた紳士が登場し、ゆっくりと話を始めた。彼はカンザス州ウィチタ市にあるメンソレータム社の創業者で社長であった。

私は一言の言葉がいかに大切かという自分自身の体験をお話ししたいと思います。（中略）ある土曜の午後、会社が終わっており、私は何通かの文書に署名を書き入れてから帰ろうとしているところでした。事務員も帰り、事務所はがらんとしているところに、少し埃《ほこり》っぽい旅装の青年がはいってきて神経質そうに挨拶するので、私は挨拶だけして帰ってもらおうとしたのですが、何故か口から出た言葉は「何かお役に立てることでも？」でした。彼はポケットから私の友人の紹介状を出して見せてから、「ハイドさん、ＹＭＣＡ国際委員会はソウルに一万ドルで立派な会館を建設してくれたのですが、備品を買う費用が足りないので、アメリカで一万ドルの寄付を募ることを勧

メンソレータム社社長A・A・ハイド

められたのです。早速ニューヨークの篤志家が、もし私の故郷のコロラドで五〇〇〇ドルを調達できたら、自分も五〇〇〇ドルを寄付しようと申し出てくれました。こちらを訪ねるまでに残り一〇〇〇ドルというところまで集まりましたが、今日が最終日で、どなたにお願いすればよいか途方にくれていたのです。できればあなたからご支援をいただきたいのですが、無理であれば他の方をご紹介いただきたいのです」。

私は、「コロラドのハワード・ジョンストンを知っているかね？」と問いかけました。すると彼はジョンストンの紹介状も持っており、「この手紙を持参するジレット氏は、私が最近世界各地の宣教拠点を周遊したときに韓国ソウルで出会った人物であり、彼は資金の支出を的確に判断できる者として保証いたします」とありました。私は、「さてジレット君、君は残りの一〇〇〇ドルを手に入れたようだよ」と言いますと、彼の眼から涙があふれ出し、唇を震わせて、「ハイドさん、感謝の祈りをここで捧げてよろしいですか？」（会場拍手）そしてもちろん私の目からも涙が込み上げてきて、喜んで彼と一緒に祈ったのです。彼は帰りがけに振り返って、「ウィチタのことと今日受けたお気持ちは生涯忘れません」と言いました。（拍手）

皆さん、これが準備をしておいたお金を、必要とするものに寄付できるときの喜びです。大切にしているものを投資することは一瞬ですが、それが一生のセンセーションになるのです。このようなことが人の人生に価値を生み、人生の記念碑となり、自分が海外に出られなくても神の言葉を実行し、神の言葉を世界に広めることができるのです。（拍手）（『同大会記録』一九一〇年〔明治四三〕六月六日刊より）

ハイドのスピーチが終わり、聴衆が引けたあと、メレルは自分が取った行動を次のように記している。

私はこの話を聴いて、そのままではすまされなく感じたので、会合が終わるや、すぐに講壇の前まで進み、ハイド氏に向かって、二年前に朝鮮でジレット氏から聞いた話を直接ご本人の口からうかがえたことは何たる驚きであり喜びであるかを伝えました。するとハイド氏は私の手を握って、「それならなぜあなたは立ち上ってそれを言ってくださらなかったのです。そうすればいっそう良かったでしょうに」と言われ、続けて「君はどうしてこれに参加したのですか」と尋ねられました。私はごく簡単に今までのことを話すと、同氏は近江ミッションの仕事に非常に興味を持たれ、ぜひこんど自宅に立ち寄って詳しく話してほしいと望まれました。この大会に出席するようすすめてくれたYMCAの友人に対して無限の感謝の念をいだきながら、私はニューヨークへ帰ってきました。

（以下略）（『湖略の声』一九五九年一月）

何週間かのち、メレルはその約束どおり、デンバーに行く途中にウィチタのハイド邸を訪問した。汽車で駅に着くとハイド自らが駅頭で出迎え、黒人運転手がドアを開けて待つ立派な車に乗り込んだ。そ

ウィチタのハイド邸（Wichita-Sedgwick County歴史博物館所蔵）

のとき、この運転手にもていねいにメレルを紹介するのを見て、改めてハイドの飾らぬクリスチャンぶりをみた。ハイドは近江ミッションについてさまざまな質問をし、メレルの二〇年先のビジョンにも耳を傾けた。メレルにいろいろなことを一度にしようとすると失敗をするので、慎重に選ぶように、と忠告を与えた。そしていくつかの計画の中で、鉄道がない地域にモーターボートで伝道する計画に協力を考えようと言った。別れ際にハイドは缶入りのメンソレータムを見本として与え、これを日本で販売してみてはどうかと提案した。そして募金活動がすんだら手紙で今回のキャンペーンの結果を教えてほしいとメレルに伝えた。それから三カ月して、メレルが日本への帰路、停泊地のホノルルから、目標額に六四〇ドル不足する結果に終わった旨の手紙を出しておいたところ、一〇月になって七〇〇ドルの小切手が近江八幡に届けられた。[13]

この夏、アメリカ滞在中のメレルに、アーシントン基金からもすばらしい手紙が届いた。それは二つの鉄道ＹＭＣＡ会館の建設費を寄付するというすばらしい内容であった。思いがけない大口の寄付だったが、ちょうど日本から届いた情報では、米原駅の機関庫は移転の可能性があるというので、その寄付金は馬場鉄道ＹＭＣＡの会館建設と八幡ＹＭＣＡ会館の増強に使うことにしようと考えた。実は八幡の会館には建築事務所が同居していて生徒が使う談話室を半分占領していたので、寮生から事務所の仕事場を分けてほしいと要望されていたからだ。

悦蔵の「必成社」北海道開拓農場見学

悦蔵は、メレルが帰国して仕事が忙しくなる前に、北海道開拓農場を見学することにした。メレルのビジョンにある農村伝道を拡大するため、進んだ農場を参考にしようとしたようである。この旅行には元同級生で八幡ＹＭＣＡメンバーだった河路寅三が同行している。河路の父親重平らが始めた「必成社」開拓農場を見学することが一つの目的だった。河路寅三の実家は長浜にあり、醤油製造卸売で繁栄した豪商である。その邸宅跡は現在長浜黒壁美術館となっている。重平は醤油製造だけでなく長浜町長と貴族院議員も務め、後に帝国製麻の役員となる人物であるが、当時の重平は西田天香《てんこう》（のち一燈園を率いた宗教家。元の名は市太郎）と一八九三年（明治二六）に合資会社「必成社」を創設して二〇戸の農家を率い、北海道空知《そらち》郡栗沢村（現在の岩見沢市必成・幸穂・栗沢本町）に入植し、農地開拓に乗り出していた。[22・27・52]

九月一七日、寮生や教会員八人に見送られて、二人は近江八幡駅を出発、愛知県に至ると碧海《へきかい》郡（安城市周辺）の耕地整理や灌漑《かんがい》施設の状況を見学する。その後、東京、宇都宮、日光を見学したあと、鉄道を乗り継いで青森に行き、高速の青函《せいかん》連絡船梅香丸で四時間かけて函館に渡った。札幌では一八七一年にエド・ウィンダンの指導によってできた真駒内《まこまない》牧場を見学した。そして岩見沢に至り、河路家が関わっている必成社農場をつぶさに見学した。

この旅行の帰路、悦蔵は旭川におけるプロテスタント伝道も見聞している。G・P・ピアソン牧師を訪ね、独立伝道をしているエイダ・チャンドラーの聖書研究会に出席をした。

チェーピンとソーンを連れて日本に戻る

メレルはニューヨークのYMCA国際本部ビルに行き、そこに入居しているSVM本部で、建築学士号をもつレスター・グローバー・チェーピンという青年と面会をした。チェーピンはニューヨークに住み、技術系名門校プラット・インスティテュートからコーネル大学工学部に進んだ建築学士であった。学生時代はグリークラブ、陸上競技とクロスカントリーの選手をし、学生YMCAや学生伝道委員会長もしていた。三人兄弟の長男で、父親は地元の製紙会社の管理職であった。ミッショナリーアーキテクトとして海外に出る意思があるので、うってつけの人材であった。YMCA派遣英語教師と同一条件で、二年単位の契約をした。都合よく、メレルが日本に戻る船で一緒に来れることになった。チェーピンには建築事務所の技術担当として腕を奮ってもらうだけでなく、近江ミッションの伝道活動にも参加してもらうことが条件だった。

メレルは最後の訪問地カリフォルニアに滞在していたとき、海外宣教を熱心に支援しているソーンという未亡人の自宅に宿泊させてもらった。その女性から、高校を卒業したばかりの長男フレデリックを同行させ、一年間メレルの手伝いをさせたいと提案があった。メレルは喜んで受け入れて、同じ船で日本に戻ることを決めた。一歳年下の弟ジョージも、翌年高校を卒業したら夏休みを利用して日本で過ご

建築士レスター・チェーピン（左）と学生フレデリック・ソーン

す約束をした。チェーピンとフレデリックの二人の同行はすでに九月八日付のメレルの手紙に書かれており、早くから決めてあったことがわかる。

一一月五日、メレル、レスター・チェーピン、フレデリック・ソーンの三人はシアトル港から鎌倉丸に乗船して日本に向けて出港し、一一月二三日に横浜港に着いた。港で出迎えたのは悦蔵だった。四人はそのあと東京に行き、ある宣教師館の世話になって都内見物し、日本YMCA同盟本部がある東京YMCA会館を訪問した。そして東海道線で帰ってくると、乗換駅の米原駅で、米原YMCAの鉄道員と長浜バイブルクラスの生徒たちが万歳を三唱して賑やかに出迎えをしてくれた。新しく来た二人のアメリカ人青年は、八幡YMCA会館でメレルや悦蔵と同居することになった。

メレルの八カ月間のキャンペーンがどれほど効果的であったかは、『マスタードシード』に公表された寄付協力者の名前リストと人数累計の変遷でよくわかる。一九一〇年（明治四三）二月から一九一一年一月の一〇カ月間の人数の推移は、一〇五、一〇六、一〇七、一一二、一一三

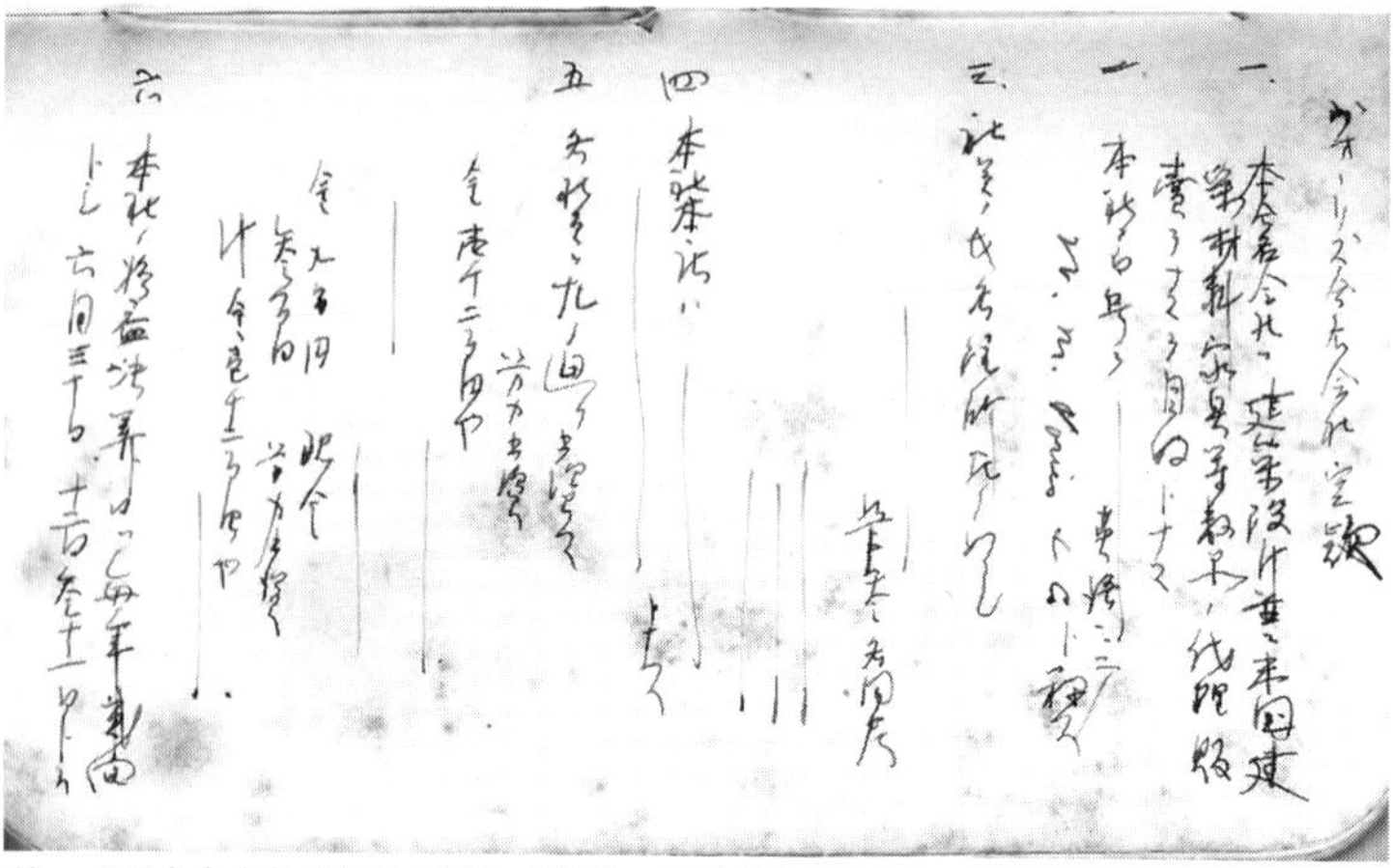

ヴォーリズ合名会社定款の下書き（悦蔵の手帳より）†

八、一八一、一九八、二九七、三七八、三九一という伸びをみせた。

ヴォーリズ合名会社設立

悦蔵はメレルの不在中に会社設立に必要な手続きを調べておいた。伝道資金のための建築設計業務であっても、社会的信用のため会社を設立しなければならなかった。このころメレルもチェーピンも手持ち資金というものがなかったので、資本金はほぼゼロで出発しなければならないが、商法の合名会社には労務を資本金にできる特色があった。

悦蔵は若干でも現金の資本金を用意する必要に迫られ、母から設立資金として現金九〇〇円を貸してもらった。それに自らの労務出資三〇〇円を加え、合計一二〇〇円を出資し、メレルとチェーピンからは各々一二〇〇円の労務出資をしてもらい、合計三六〇〇円の資本で始めることになった。

この会社組織ではメレルが社長（President）、チェーピンが副社長（Vice-president）、悦蔵は総務兼財務担当重役（Secretary-Treasury）とした。設立日は一二月二七日と決まった。悦蔵が書いた定款の下書きが残っている。

定款

一、本合名会社は建築設計並びに米国建築材料、家具等物品の代理販売をおこなうことを目的となす
二、本社の商号はヴォーリズ合名会社とし、英語にてW.M.Vories & Co.と称す
三、社員の氏名、住所は「　　」〔括弧は下書きのため省略されている〕
四、本社本店は「　　」とす
五、各社員は左の通り出資をす
　金一千二百円　労務出資
　　ウィリアム・メレル・ヴォーリズ
　　レスター・グローバー・チェーピン
　金九百円　現金、金三百円　労務出資
　　吉田悦蔵
六、本社の損益決算は毎年二回とし六月三十日、十二月三十一日とす
七、当会社は明治四十三年十二月二十六日設立す
八、本定款は定めたるものの外は商法の規定に従うものとす

明治四十三年十二月二十六日此《こ》の定款を作り各社員各々署名捺印《なついん》をするもの也

（署名・捺印箇所）

明治四十四年一月六日届

本社は八幡ＹＭＣＡ会館内で、談話室の半分を占有して製図用テーブルが置かれており、来客応対も談話室を使った。二階の寮は二人のアメリカ人が入寮したため満室となった。

八幡ＹＭＣＡ会館が手狭になったので、予想以上に集まった寄付金で会館の増築を急ぐことにした。そのために隣接する東側の土地を買おうとしたが、そこは思いどおりに買えず、別の土地を探さねばならなかった。

8 一九一一年（明治四四） 近江ミッションとヴォーリズ合名会社

在日本ミッション同盟の産業福祉委員

一九一一年（明治四四）一月四日から二日間、東京の数寄屋橋教会で第一〇回在日本ミッション同盟の総会が開催され、二二の宣教団体代表者と一四名の傍聴人が集まって、活動報告や課題解決の議論が行われた。メレルは産業福祉委員会の委員として出席をしていた。[9] このころの同盟には、ほとんどのプロテスタント教派とYMCAが加盟しており、YMCAのように教派に偏らない信条（エキュメニカルと訳される）をもつメレルにとって有意義な会議だった。また、日本の現況を学ぶ機会が与えられたり、プロテスタント各教派の代表的たちと交流することができた。彼らは日本での活動歴が長く、模範とすべき優れた人物が多かったので良き相談相手でもあり、教派が目指す新しい事業や施設の責任者でもあったため、ヴォーリズ合名会社のビジネスにとって理想のつながりであった。

来日したばかりのチェーピンとフレデリック（フレッド）・ソーンは各地のバイブルクラスに顔を出してリーダー役を始めていた。フレッドは長浜、米原、彦根のバイブルクラスを担当した。長浜のバイブルクラスの場合、長浜教会の日曜学校も手助けするため毎週土曜日の夜に入って教え、月曜の朝まで宿泊して近江八幡に戻るという生活をした。後年、宣教師となったフレッドは、この時期の経験と聖書の学びが生涯を決定づけたと語ったという。

フレッドの弟ジョージは高校の卒業を早めて三月に日本にやってきた。この若者が加わって近江ミッションはアメリカ人青年の集団のような様相を呈していた。二九歳のメレルを最年長のリーダーとして、近江に神の福音を広めようという意気に溢《あふ》れる集団となった。悦蔵の日記や『マスタードシード』をみると、多忙な状況ではあるものの、日々が楽しくて仕方がないという様子がうかがわれる。彼らの食欲を満たすのは八幡ＹＭＣＡの食事であったが、寮の管理人だった浦谷夫妻だけではまかないきれず、三月に西洋料理ができる料理人でクリスチャンの青木英治が採用された[13]。

ヴォーリズ合名会社の初期の仕事

ヴォーリズ合名会社が建築設計の会社として歩みだしたので、伝道をする組織を「近江ミッション」と称して会計を分けることになった。実業と伝道の分離は、財産の登記や課税の問題をクリアするためにも必要であった。近江ミッションの名は、メレルが一九〇六年（明治三九）の病床のときに思いつき、以来通称として使っているが、日本人には八幡基督教青年会が引き続いて用いられた。

メレルらは建築の仕事を増やすため、月刊誌『ジャパン・エバンジェリスト』に広告を出していたが、それをしなくてもＹＭＣＡや宣教師から手に余るほどの仕事が入っていた様子である。当初はメレルへの支援という意図もあったと思われるが、リーズナブルな費用で正直な仕事をするという評判と、国内

W. M. VORIES & COMPANY
ARCHITECTS
HACHIMAN, OMI, JAPAN.

Branch Office :—Y.M.C.A. Building, Kobe.
Agents :—American Building Materials,
American Manufactures.

WM. MERRELL VORIES, President.
LESTER G. CHAPIN, Vice-President.
E. V. YOSHIDA Secretary-Treasurer

「ヴォーリズ合名会社」最初のレターヘッド　†

にミッショナリーアーキテクトがいなかったことが有利にはたらいた。東京や横浜に事務所を出している西洋人建築家は費用が高かったし、本国のミッショナリーアーキテクトに依頼することは不便が多かった。

メレルが在日本ミッション同盟総会で出会った面々の家を後に設計したケースは実に多い。のちに設計したＡ・Ｄ・ヘイル、アーレン・ファウスト、Ｗ・Ｅ・ホフサマー、ポール・メイヤー、ジョージ・ピアソンなどはみな委員だった。ＹＭＣＡ関係者の場合、ジョージ・グリーソン（大阪ＹＭＣＡ主事）、Ｇ・Ｅ・トルーマン（長崎の英語教師）、アーサー・ジョージェンセン（東京の英語教師）などが依頼をしている。[9]

合名会社設立当初は、アーシントン基金の寄付六〇〇円で建設する馬場鉄道ＹＭＣＡ会館と、八幡ＹＭＣＡ会館分館（のちヴォーリズ合名会社建築事務所）の設計もしなければならなかった。前者はチェーピンがもっぱら設計に関わり、後者はメレルが担当した。

八幡ＹＭＣＡ会館分館の土地を探すとき、普通に土地仲買人を通すと、西洋人が買うとわかれば複数の仲買人が間に入ってたちまち価格が上がることがわかっていた。地主から直接買う方法はないものかと考えていたところ、悦蔵が面白い案を思いついた。街頭で宣伝口上を叫ぶ東西屋を雇って、近江八幡の主な四つ辻で土地を募集しようというのである。その東西屋は町内では知らぬ者がいない、赤

魚屋町に建築中の八幡YMCA会館分館
（のちに建築事務所となる）　11

ら顔の海老平《えびへい》という屋号の男であった。とおりのよいダミ声で太鼓を鳴らしながら芝居の宣伝文句などを叫んでいた。海老平は最初この仕事をためらっていたが、強引に引き受けさせて、主だった四つ辻で土地の広さと希望の値段を口上で言わせた。すると、二、三日で一八件もの話が舞い込み、安い価格で土地を買うことができた。隣接地ではなかったが、八幡YMCA会館から西に一筋下った徒歩二分ほどの魚屋町の土地であった。[1・3・13]

馬場鉄道YMCA会館のほうは、駅の北側に適当な土地がみつかった（現在の馬場中町児童遊園地とその周辺）。馬場と八幡YMCA会館分館の設計図はほぼ同時期に並行的に作られ、どちらも関工務店に工事を請け負わせることに決まった。工事が始まったのは三月のころである。[13]

合名会社設立を待っていたかのように入ってきた仕事もあった。チェーピンは二月にソウルYMCA会館の追加建設のため朝鮮半島に出張をしている。メレルは米国北部バプテストミッションの計画で出張が多かった。同ミッションは、関東学院の源流といわれる横浜バプテスト神学校などをもっていたが、関西への布教のために資金を投下し始めた時期にあたる。一九一一年（明治四四）六月四日から五日間、有馬温泉で開催された全バプテストミッション総会の記録に次の報告がある。

京都教会〔京都バプテスト教会〕：三月に一〇三坪を六三円で購入したとトムソン氏から報告があった。この土地は間口一二メートル、奥行三〇メートルで牧師館として使える日本家屋が建っている。ヴォーリズ氏が概要設計図を作っており、間もなく契約に至る予定である。

大阪女子神学校：一九一〇年一二月に大阪の北側に土地が購入された。設計図と概略見積もりがヴォーリズ氏より提示されており、それによれば、寮、校舎、伝道所の三つの建物を合わせて二万円で建設できるとのこと。この資金は世界バプテストミッションソサエティから一括して受け取れることを期待している。[70]

この記述と相前後して、J・F・グレセットの京都の家、兵庫バプテスト教会、グレセットの軽井沢山荘などの依頼を受けている。グレセットは一九〇九年秋に支援者として名前が登場しており、以来近江ミッションと親しく交流した。夫人が近江八幡に来て柳子に着物を仕立ててもらったという記録もある。北米バプテストミッションとの縁で、一九一一年の夏は同ミッションのタッピング夫妻の軽井沢山荘にメレルと悦蔵が滞在することとなる。

そのほか、この年に設計をしたものは、関西学院の原田の森キャンパスでの神学校校舎、三重県伊勢の建物（阿漕《あこぎ》教会と付属の建物と考えられる）、天満教会（二月一八日の悦蔵日記にゴシック様式をチェーピンと検討したと書かれている）、YMCA同盟からは、神戸YMCA会館と寄宿舎、長崎YMCA寄宿舎、米国カンバーランド長老教会のA・D・ヘイル牧師からは本人と息子の別荘及び大阪のウィルミナ女学校（のちの

大阪女学院）と仕事が舞い込んでいた。メレルはこの年の前半に神戸と近江八幡を往復することが非常に多かった。[11・61]

合名会社としての業務は建築設計にとどまらず、アメリカからの建築部材、台所用オーブン、ストーブ、タイプライターに至るまでの輸入を始めている。建築部材は階段室、ドア、窓などがアメリカから輸入された。当時のアメリカでは、建築部材メーカーが部材のカタログ販売をしており、現代の通信販売に引けをとらないビジュアル性豊かなカタログが見いだせる。

悦蔵の日記に記された当時の日常は、会計帳簿をみるほかに、製図、トレーシング、青焼き、日英両語の仕様書作り、行政申請書類作り、契約書の翻訳（関西学院のものが多い）、工務店との交渉などを行っていた。またキダーの建築テキストによる自習も続けており、タイプライターの練習もしている。請負師と現場での交渉があるときはメレルあるいはチェーピンの国内出張に同行している。こうした会社の業務以外に、平日は八幡の夜間学校で英語とバイブルクラスがあり、他の拠点の夜間学校を応援し、日曜日は礼拝に出たあと日曜学校を手伝っている。さらに『マスタードシード』の編集・印刷・発送がある。また、このころ農家の林喜平という器用な男を採用して北之庄農園を整備してもらっていたが、その進行状況を見にゆき作業を手伝うなど、八面六臂《はちめんろっぴ》の働きをしていた。

軽井沢の別荘設計開始

悦蔵は二月初旬にメレルと軽井沢に出向いて、地元の業者である後藤という人物の仲介で適当な土地を案内させている。後藤は軽井沢で洋風建築を建てていた後藤工務所の者と考えられ、のちにヴォーリズ合名会社の別荘建築の建築工事や修繕を手掛けている。当時の軽井沢出張の様子が悦蔵の日記に書かれているので紹介しておこう。

二月一日　水曜　軽井沢
昨夜の雨が立派に晴れ渡り、今日は日光のキラキラするよい天気。上野の停車場から八時何分の汽車で軽井沢に向け出発した。〔中略〕
磯部の煎餅を食っていると、碓氷峠《うすい》に汽車がさしかかった。アプト式の処を初めて旅するので、窓から首を出したり、停車場で機関車の下を眺めたりしたが、何も変わったものが見えぬ。唯レールの真中にギザギザのがある位である。
妙義を見た。不折〔洋画家の中村不折〕の画で見た通り険しい山である。浅間も見えた。盛んに黒煙を挙げて居る。はじめヴォーリズ先生は間違いだと言っていた。雲か煙か解らなかったためである。
軽井沢に着いた。去年の大洪水。大分荒らして実にひどい。天気はよし、寒くない、夏とあまり変わらぬとの事である。後藤という人を連れて土地を買い入れるため所々を歩いた。夜はグレシット氏〔グレセットのこと〕の家の仕様書を書いた。佐藤と云う人の持畑一反を一二〇円で買った。よい処である。就寝一一時。鶴屋で一泊。

この翌日は伊香保温泉で後藤氏と佐藤氏から接待を受けている。グレセットの別荘は、軽井沢のヴォーリズの別荘建築の第一号と言われているが、悦蔵はその仕事のうち、製図、トレーシング、仕様書の翻訳を担当したことがわかる。この夜宿泊した鶴屋旅館は現在も旧軽井沢の名宿として健在である。

メンソレータム販売の検討

さて、A・A・ハイドから勧められたメンソレータムの販売はどうなったのだろうか。悦蔵の日記には、薬品販売の関係者らしき人物がやって来て打ち合わせをした下りが記されている。また、神戸の吉金商店で雇っている薬剤師がハッカの塗り薬のことを知っていて、日本には同じような膏薬《こうやく》が前からあるがそんなに数がでるものではありませんと語ったという[1]。また悦蔵の手帳には府庁長官宛ての「売薬検査願」なる文書の下書きが残っているので、販売の検討がなされたのは間違いないが、相当広告を打たないとあまり期待が持てないという判断に傾いたようである。ハイドからは、一九一三年（大正二）になって再び日本での販売の話が持ち出されるが、それまでは動きがほとんどなかったと考えられる。悦蔵が書いた『近江の兄弟』では、一九一三年になって初めてメンソレータムのサンプルを手渡されたのが起源と書いていたが、その後この誤りに気付いて『湖畔の声』誌上で訂正をしている。

北之庄農園の始まり

八幡YMCA別館の土地探しを通じて、農園にできる安い土地も見つかった。町中から西国三十三番札所の長命寺と、琵琶湖畔の長命寺港に向かう街道沿いに北之庄という地区があり、山すその傾斜地六反（現在のヴォーリズ記念病院の敷地の一部）が安く購入できることがわかった。悦蔵の日記によれば、一月九日に現地を調査して農園として購入を決め、一三日に手付金一〇〇円を支払い、二月九日に八七〇円で買い受ける契約をした。

農園を持つことの意図は少なくとも三つあった。先を見据えた計画は、西洋作物の実験農園にして、近江で最も就業者が多いといわれる農家の人々と連携し、農村に福音をもたらす伝道をしたかったのだ。二つ目は、日本にいる西洋人が欲しがる西洋野菜、特にトマトを栽培し販売し利益を上げたいと考えていた。当時の西洋人には、人肥で育てた日本の野菜が不衛生であることがつとに知られており、安全な作物を作るか、野菜は徹底して煮炊きするしかなかったからである。三つ目は、近江ミッションのメンバー自らが自給自足するためであった。

ちょうどトマトの種がオハイオ州の読者から寄贈されていたので、それを林喜平に栽培してもらうことにした。さらに、その場所でニワトリと七面鳥を飼おうということになり、鳥小屋と資材小屋を建てた。小屋はオハイオ州ペインズヴィルの組合教会日曜学校の寄付金が充てられた。この農園はよく整備され、立派な鳥小屋が目立ったので、興味をもって立ち寄る通行人がひっきりなしであった。メレルは資材小屋が気に入り、そこで書き物をしたり、断食をすることもあった。[13]

カリフォルニア州のR・C・ロウという未亡人から寄付金が届いたときは、農園の前を通る街道沿いに、通行人への奉仕として休憩所を建てることにした。三畳ほどの小屋にガラス戸が付いた程度のものだが、看板に「休み処・どなたでもお休みください」と書いた。中に入ると、飲料水が用意され、

街道沿いに建てた「休み処」(ロウ・レストハウス)　11

「キリスト教についてお知りになりたければ、八幡基督教青年会館をご訪問ください」と書いたビラが置かれた。この街道は数キロメートルにわたって日陰も少なかったので大変喜ばれた。寄付者を記念してロウ・レストハウスとも呼んだ。

このように、少しでもまとまった寄付が届くと『マスタードシード』にどのように使ったかを掲載して寄付者に敬意を表していたが、団員の給料や経費は寄付に手をつけず、合名会社の利益でまかなう方針だった。しかし、合名会社が軌道に乗るまでの三年間は利益が少なく、柳子を通じて吉金商店とその親族から短期の借り入れをしながら運営されていた。

街道をゆく——湖西のみち

メレルは、近江の七〇万人に福音を届けるというビジョンのため、交通の便が悪い琵琶湖の西部や北部もカバーする方法を考えていた。当時はこの方面に鉄道がなく、三つの琵琶湖汽船会社が四カ所の港へ運航しているだけであった。船を持って現地を伝道して回る方法が一番よいと思われたが、それには先駆者がいた。瀬戸内海の島々を巡って伝道をしたバプテストミッションのルーク・ビッケル船長で、当時の宣教師の中でも彼の冒険的な伝道は有名であった。メレルもビッケルの方法をイメージしてハイドに夢を語ったところ、モーターボートの寄付をしてもらえることになり、大きく実現に近づいた。ほどなくモーターボートの制作会社から図面が送られてきたので、エンジンと主要部材をアメリカから送ってもらい、日本で組み立てる方針で検討を始めた。悦蔵の日記によれば、この年の三月に大阪の造船所を何度か訪問しており、モーターボート建造の様子を調べている。

三月一四日、大阪で開催された関西地域宣教師連盟の集会でビッケルが講演するというので、メレルは聴講した。ビッケルは、都会から隔絶した離島の人たちが警戒心を解くまで何度も根気よく訪問したことや、仏教徒にどのようにキリストの福音を伝えたかを詳しく語った。講演が終わって、メレルは集会を開くときの方法、どのように行政に了解を取っておくべきか、仏教界の反発にどう対応したかなどを質問したという。メレルだけが本気で船を使った僻地伝道をやろうとしていることをビッケルは感じたであろう。[13]

西近江路を歩く一行　[11]

湖西伝道のイメージを膨らませたメレルは、居ても立っても居られなくなり、自らの目で湖西から湖北の地域はどんなところかを現地踏破して調査することに決めた。近江ミッションのアメリカ人と悦蔵の五人のチームは、平均年齢が二二歳の若者たちである。冒険心も半分で徒歩調査を楽しみにし、ビッケルの講演からわずか二週間後の三月二八日、火曜日から金曜日までの四日間で踏破する計画を組んだ。コーネル大学でクロスカントリーをしていたチェーピンのアドバイスで、ナップサックを教会員の裁縫で五個作ってもらい、歩きやすい靴を用意した。ナップサックには衣類、ノート、コダックカメラ、地図、ガイドブックなど必要なものを詰めた。五人のうち悦蔵だけが日本人であったので、地図を読み通訳をする任務を負った。

基本的なルートは大津市坂本から長浜市木之本までで、西近江路、若狭街道、塩津街道を通る道のりである。単に街道を歩くだけでなく、途中の村々で土地柄や村の生業を調べ、寺院と神社の実態も探ろうというので三泊四日という期間が必要だった。ちょうど六〇年後に司馬遼太郎が『街道をゆく』第一巻「湖西のみち」を発表しているが、司馬のルートはメレルらの行程の前半とまさに重なっている。

『マスタードシード』にはこのチームが収集した情報が整理されているので、それを要約しておく。この全行程は五六の町村を通過し、各町村の平均人口は六五〇名、街道沿いの町村の人口合計は三万六三七〇名であった。街道からはずれた地域の住人を加えると、これに数千名が加わるだろうと計算している。街道沿いに寺院は一一六あり、平均三一四人に一つの寺があることになるが、人口集中地に三つの宗派が計一二の寺をもっている所もあれば、村民二五〇人に寺が一つもない地域もあると指摘している。湖西の南部は、比叡山の影響によって天台宗の寺院が多い。中央部になると、日本で勢力の強い真宗が、そして北部になると禅宗が優勢であるという発見があった。

訪問した村の寺の数は、天台宗一四、真宗六二、禅宗二二という内訳であった。真宗の源にあたる浄土宗は少数派であるが、北部の禅宗の区域に残っており、これは禅宗が民衆にはストイックすぎるので、硬軟両方に別れたのではないかと推察している。

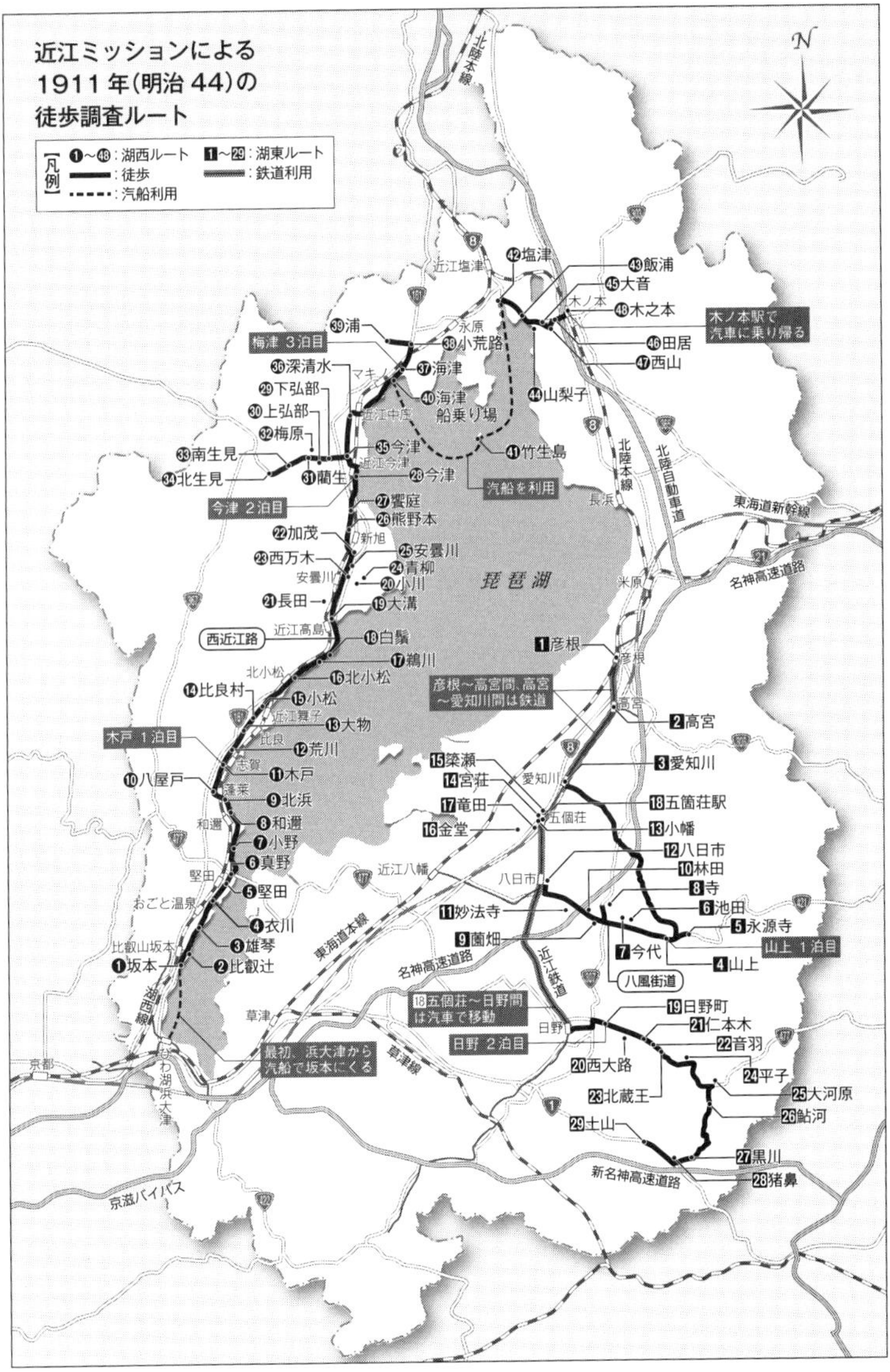
近江ミッションによる
1911年(明治44)の
徒歩調査ルート
【凡例】
1～48：湖西ルート
1～29：湖東ルート
徒歩
鉄道利用
汽船利用
N
北陸本線
近江塩津
1 坂本
2 比叡辻
3 雄琴
4 衣川
5 堅田
6 真野
7 小野
8 和邇
9 北浜
10 八屋戸
11 木戸
12 荒川
13 大物
14 比良村
15 小松
16 北小松
17 鵜川
18 白鬚
19 大溝
20 小川
21 長田
22 加茂
23 西万木
24 青柳
25 安曇川
26 熊野本
27 饗庭
28 今津
29 下弘部
30 上弘部
31 藺生
32 梅原
33 南生見
34 北生見
35 今津
36 深清水
37 海津
38 小荒路
39 浦
40 海津船乗り場
41 竹生島
42 塩津
43 飯浦
44 山梨子
45 大音
46 田居
47 西山
48 木之本
木ノ本駅で汽車に乗り帰る
梅津 3泊目
今津 2泊目
木戸 1泊目
汽船を利用
最初、浜大津から汽船で坂本にくる
琵琶湖
西近江路
永原
マキノ
近江中庄
近江今津
新旭
安曇川
近江高島
北小松
近江舞子
比良
志賀
蓬莱
和邇
堅田
おごと温泉
比叡山坂本
湖西線
びわ湖浜大津
京都
京滋バイパス
草津
草津線
東海道本線
近江八幡
長浜
米原
彦根
高宮
愛知川
五個荘
八日市
日野
木ノ本
北陸本線
北陸自動車道
東海道新幹線
名神高速道路
新名神高速道路
近江鉄道
八風街道
1 彦根
2 高宮
3 愛知川
4 山上
5 永源寺
6 池田
7 今代
8 寺
9 薗畑
10 林田
11 妙法寺
12 八日市
13 小幡
14 宮荘
15 簗瀬
16 金堂
17 竜田
18 五箇荘駅
19 日野町
20 西大路
21 仁本木
22 音羽
23 北蔵王
24 平子
25 大河原
26 鮎河
27 黒川
28 猪鼻
29 土山
彦根～高宮間、高宮～愛知川間は鉄道
18 五個荘～日野間は汽車で移動
山上 1泊目
日野 2泊目

一方で、神道については神社の数が湖東より少なめではあるが、仏教の六〇〇年の布教の歴史をもってしても、神道が根強いことは興味深いこととみた。寺と神社が両立しているのは、民衆が未来に対する心配を鎮めることと、神職や僧は信者が安心に対してお金を出すことをひたすら待っていることから来ているように感じたという。

この調査から、定住型の伝道所を、湖西の人口密度が高い滋賀郡に一つ、そしてもう一つを湖北部に設置するべきと見当をつけ、その両拠点に定住できる伝道員を配置し、自転車、ボートを持たせるべきだろうと述べている。伝道所二軒を設置するのに一〇〇〇ドル、伝道員二名の月額費用に七五ドル、伝道船の維持費に月一〇ドルが見積もられるので、『マスタードシード』誌上でさらなる寄付を求めている。この計画は彼の「二〇年後を見よ」というスローガンにも再び宣言されているが、驚くべきことに、すべてこのとおり二〇年以内に堅田と今津に簡易の伝道所を設け、そしてのちに立派な会館を建てているのである。

話を湖西探索に戻そう。行程の記録は次のとおりで、前頁の行程地図も参照いただきたい。

第一日目（三月二八日）近江八幡駅で乗車→馬場駅下車→大津港（現浜大津港）で乗船→坂本港（下船）＝坂本→比叡辻→雄琴《おごと》→衣川《きぬがわ》→堅田→真野《まの》→小野→和邇《わに》→北浜→八屋戸《はちやど》（現在の蓬莱《ほうらい》の西側）→木戸（旅館竹庄で宿泊）

三月二八日の朝、洋服姿に鳥打帽、白ズック、ナップサックを背負い、木綿の蝙蝠傘《こうもりがさ》を持ったアメリカ青年四人と日本人一人が近江八幡駅から汽車に乗り、馬場駅で降り、大津港で汽船に乗って坂本港で下船した。その五人の姿は人々の目を集めたという。坂本港から徒歩の行程が始まり、西近江路を通って大津市木戸（現在のJR湖西線滋賀駅付近）で一泊した。この日の移動距離は一八キロメートルである。

この日、衣川という所を通ったとき、レンガ工場を見つける。そこは近江八幡のレンガ工場の支所であった。メレルとチェーピンは建築家としての目でよく見ると、そこの製品は近江八幡のものより一段と高温で焼かれた強度の高いレンガであり、焼き過ぎの結果不合格品となったものが裏に大量に捨てられていた。この不良品を今後の建築に利用できると考えたと記している。のちの池田町五丁目の吉田邸とウォーターハウス邸の基礎とレンガ塀に用いられたのは、この廃棄された焼き過ぎレンガを使った可能性が高いと考えられる。

堅田では、近江八景の浮御堂《うきみどう》で長時間休憩を取った。その日は木戸で宿泊することにしたが、その集落には宿が二軒あり、外観をみて竹庄という宿を選んだ。寝るときに持参したシーツと蚤取粉とメンソレータムが活躍したと『マスタードシード』に書いているが、「いただいたサンプルは無駄にしていませんよ」というA・A・ハイドへのメッセージのようである。アメリカ青年には、疲れた体に畳敷きと日本式風呂の良さが本当によくわかったという。部屋の窓の外には琵琶湖のパノラマが広がっていた。

第二日目（三月二九日）　木戸→荒川→大物《だいもつ》→比良《ひら》→小松→北小松→鵜川《うかわ》→白鬚《しらひげ》→大溝《おおみぞ》→小川（中江藤樹の里）→長田→加茂→西万木《にしゆるぎ》→青柳《あおやぎ》→安曇川《あどがわ》→熊野本→饗庭《あいば》（高島市の饗庭野演習場の近く）→今津にて宿泊

二日目も西近江路を進み、木戸から今津まで二八キロメートルを北上した。途中、神社仏閣に立ち寄っているので、それ以上の距離であった。比良山脈を西に抱く自然豊かな村が続き、河川の水が生活用水として使われている地域である。北小松からは、好奇心の強い郵便配達夫にずっとついて回られる。加茂村では、老婦人と少年に食べ物を恵んでほしいと言われて驚く。身なりの良い老婦人は、京都本願寺の仏事に参加し宿で法外な宿代を取られて無一文になり、徒歩で敦賀まで帰る道中だという。少年のほうは、父親に反発して今津に仕事を探しに行く途中、持ち物を盗まれたという。二人を食堂に連れて行き、食べさせてから、婦人には帰宅費用を与えて近江ミッションの住所を知らせておいた。少年は行く当てがないというので、そのまま同行させ、近江八幡に戻ってから北之庄農園で仕事を与えて、自立できるまで滞在させている。

夕方、今津に着いて、旅館の前で地引網が行われるのを見物していると、警察が職務質問にやってきた。近くに陸軍駐屯地（現在の陸上自衛隊饗庭野駐屯地）があり、外国人を警戒したためであった。警察は翌朝までに近江八幡に身元確認をして、その結果おとがめなしとなった。

第三日目（三月三〇日）　今津の西部地区：今津→下弘部《しもひろべ》→上弘部→藺生《ゆう》→梅原→南生見《みなみうみ》→北生見→今津に戻る。

西近江路：今津→弘川→福岡→川上→桂→深清水《ふかしみず》→大沼→中庄→新保→沢→知内→海津《かいづ》→西浜→秋田屋旅館泊

この日は西近江路をいったんはずれて、午前中往復一二キロメートルを歩いて、今津の西にある山間部を通る「若狭街道」の村々を訪ね、北生見という所で引き返し、今津に戻った。いくつかの村に小学校があり、南生見を除いて禅寺が多いことに気づかされる。

午後から今津を再出発して高島市マキノ町西浜の西近江路を歩いた。これは真っすぐ北上する、湖岸から少し離れた一一キロメートルのルートである。ちょうど中間の深清水は、後年この地区に伝道所が開かれ、農繁期託児所や幼稚園が開かれる伝道拠点となる。この日の宿泊先秋田屋はこの地で七代続く宿屋で、地域で最も古い建物の一つだった。

第四日目（三月三一日）　海津→小荒路《こあらじ》→浦《うら》→海津港で乗船～竹生島《ちくぶしま》～塩津港で下船→木之本町飯浦《はんのうら》→山梨子《やまなし》→大音《おおと》→田居《たい》→西山→木ノ本駅（汽車に乗る）→米原駅（乗り換え）→近江八幡

西近江路は、マキノ町海津からは琵琶湖岸から北方向に離れてゆく。（桜が湖岸に連なる観光名所の海津大崎のルートができるのは二五年も後のことである。）宿を出て、そこを三キロメートルほど進んだ所にある小荒路は息をのむほど美しい山あいの村だった。その後、小荒路の西側にある浦という小さな村を見てから、海津に戻った。海津港から正午の定期汽船に乗って、大浦や菅浦《すがうら》などの湖岸が複雑な地域を観察しながら、近江八景の一つ竹生島に立ち寄った。そして、琵琶湖最北端の港、塩津港で下船し、そこから飯浦までは「塩津街道」と呼ばれる湖岸の道があるが遠回りであるため、一気に直線で山を上がって降りたという。現在その山には国道八号線のトンネルがあるが、その上を歩いたことになる。飯浦に降りると、塩津街道を通り四つの小さな村を観察しながら木ノ本駅にたどり着いた。塩津港から木ノ本駅までは七キロメートルのルートである。[11]

イースター音楽会を開く

四月四日にメレルは京都YMCA会館の開館式に出席しスピーチをした。前年の渡米中に献堂式があったが、それとは別に関係者一同が開館を祝う華やかなものだった。

四月一六日の日曜日は、この年のイースター（復活祭）である。この行事を通じてキリスト教会に親しんでもらおうと、再び東西屋の海老平に依頼して、街中の四つ辻でイースター音楽会があると宣伝をさせた。物珍しさに一般市民も教会にやって来たという。この数週間前に、メレルの両親が住むコロラド州グレンウッドスプリングスの長老教会の婦人会からエスターオルガンが寄贈された。それがタイミングよく八幡教会に設置されたところだったので、この音楽会がお披露目となった。オープニングでメレルが弾いたオルガンは、その音量と音色の美しさで出席者の度肝を抜いたという。聖書が朗読されたあと、メレルがオルガンを使って長調と短調のコードの違いを説明して聴衆の興味を引いた。つづいて悦蔵が讃美歌を独唱して、長音階の歌と短音階の歌の違いを聴かせ、キリスト教音楽に長音階が多い理由を説明した。続いてソーン兄弟の兄フレッドがヴァイオリンを独奏、弟のジョージはコルネットを独奏した。そしてチェーピンが得意のバンジョーを取り出し、四人で二曲合奏を披露して喝采をあびた。[11]

ソーン兄弟の帰国とYMCA主事の往来

このイースターから一カ月後、ソーン兄弟は学業を続けるために、惜しまれつつアメリカに帰って行った。兄のフレッドは七カ月、弟のジョージは七週間の滞在であったが、一九歳と一八歳の若さでありながら、大人びた態度や行動力は、バイブルクラスとＹＭＣＡの同年代の日本の若者に少なからぬ影響を与えた。また逆に、近江ミッションの経験が二人の人生に影響を与え、後にフレッドは大学を卒業して牧師になり外国伝道団の名誉会員となった。また、ジョージは医師になってアフリカの医療伝道に尽くしたという。[13]

ソーン兄弟と同じ汽船に、もう一人近江ミッション関係者が乗ることになった。高畠為次郎である。彼は京都ＹＭＣＡと米原鉄道ＹＭＣＡでの業績が評価され、ＹＭＣＡ国際委員会の招きで特別研修の機会が与えられたのだ。高畠の不在で大きな穴があくことになったので、馬場鉄道ＹＭＣＡの主事に後藤鉦《しん》三郎《ざぶろう》が抜擢《ばってき》され、また同じく膳所中学から同志社神学部に進学準備中の清水安三が特別伝道員として米原鉄道ＹＭＣＡを手伝うことになった。

後藤鉦三郎は彦根のバイブルクラスで信仰を深めた彦根中学卒業生である。身の丈一八五センチの巨漢で運動能力に優れ、かつてウォルター・ロブからアメリカンフットボールのどのポジションでもやれると言われるほどだった。主事としても優秀であったらしく、メレルは彼がアメリカ留学を希望していることを知ってＹＭＣＡ国際委員会に推薦をした。その結果、翌年五月に高畠に続いてＹＭＣＡ特別研修生としてカリフォルニア州に渡ることができた。特別研修を受けたあと、再び近江の活動に戻ってくることが期待されたが、両名とも近江ミッションに戻ってくることはなかった。[11]

清水安三は、のちに同志社神学校に入学をしたときに学費の工面に苦労をしていたので、メレルはロンドンの協力者シールズから毎月届く寄付を清水への奨学金にすることにした。ただし条件として、学校の休みや長期休暇のときには近江ミッションの伝道の手助けを続けるように、ということにした。メレルは近江ミッションの働き手を育成することに惜しみなく動いたが、時として近江ミッションで実を結ぶことにはならなかった。このシールズの寄付は清水が卒業したあとも続けられたので、近江ミッションの若手が神学校に通うために奨学金として使われた。

武田猪平牧師登場

まだ湖西地域を調査したばかりで、ボートの造船中だというのに、メレルは湖西・湖北伝道のために有能な日本人伝道師を招こうと決めた。悦蔵が神戸で働いていたころの兵庫教会の牧師で、同志社の宗教主任に転じた武田猪平《いへい》に白羽の矢をたてた。武田はこの年の一月二二日に牧師不在の八幡教会に招かれて野田村の最初のクリスチャン、浦谷泰治郎と木村重吉に洗礼式を行い、メレルともじっくりと話をしていた。武田はメレルより一〇歳年上の四〇歳。働き盛りで、幼い子どもが二人いた。同志社の原田助《たすく》社長の右腕として信頼されており、その講話は七〇〇名の学生に大変人気があったので、近江ミッションのような貧弱な組織に移ってもらえるかどうかわからなかった。武田は少し前に清水安三から将来の道を相談されたとき、近江ミッションよりもっと大きな志をもてと諭していたくらいであった。しかしその武田自身が予想に反してメレルのビジョンに関心をもち、意気投合したのである。問題は彼に相応の月給を払わねばならないことであった。近江ミッションに金はないが、彦根教会も牧師不在で困っていたので、両方に属してもらい、彦根教会で二五円、近江ミッションで三五円の月給を分担することが決まった。彦根教会は武田牧師の登場によって消沈していた教会が一気に活気づいたといわれる。[1・3・13]

街道をゆく——湖東のみち

湖西と湖北地域の調査をしたばかりであるが、湖東の東海道線よりも東側の農村部はまだ伝道活動をしていなかったので、調査をして伝道の道筋を検討しようということになった。これを担当したのは悦蔵と武田猪平の二人である。八月七日から四日間で五つの郡、四〇の村を徒歩で調査することにした。しかし、実際には三日間で断念せざるを得なくなる。

武田猪平　†

再び『マスタードシード』掲載の要約によると、今回のルート上に寺と神社は九七あり、その内訳は真宗四一、禅宗二三、浄土宗二一、天台宗二、法華宗三、無宗派四、神社三を確認したが、ルート外には当然ながらもっと多数の神社仏閣がある。町や村ごとにそこで一番大きな寺の僧侶と面会し、檀家《だんか》の数や集会と行事などの活動状況を聞いて回った。髭を蓄えた武田の雰囲気は役人そのものであったので、多くの寺では役所の調査だと思い込んで回答をしたようである。

第一日目（八月七日）彦根→高宮（汽車）→（下車）愛知川《えちがわ》→一一村を通過→山上（東近江市山上町に宿泊）

初日は彦根の高宮という駅を起点に調査を始めている。この高宮にある大きな寺院を訪問しているが、檀家が三〇〇もある歴史ある寺でも生活が非常に苦しいところもあれば、檀家がないにもかかわらず立派な暮らしぶりの浄土宗の寺があり、成り立ちに大きな違いがあることに驚いている。高宮から愛知川まで汽車で行き、そこから永源寺に近い現在の東近江市山上町まで一七キロメートルほどの距離を歩いた。

第二日目（八月八日）山上→永源寺→池田→今代→寺→薗畑《そのはた》（御園《みその》）→林田→妙法寺→八日市《ようかいち》（昼食）→北に向かい五個荘《ごかしょう》に入る／小幡→宮荘→簗瀬《やなせ》→金堂→竜田→小幡の五箇荘駅（近江鉄道に乗り南下）→日野泊

二日目は、永源寺町山上の宿を出て永源寺を訪れて数々ある建物を見て回った。永源寺は県下最大の禅寺で、高僧と長時間話をする機会を得た。多数の僧が朝から修行をして哲学的な学びをしているが、なぜ近隣の村々に何ら布教活動や慈善活動をしないのかと質問をして相手を困らせた。永源寺を出ると、伊勢から続く武佐宿に向かう古来の道「八風街道《はっぷうかいどう》」に沿って小さな村々を見たが、永源寺の禅宗の影響は見られなかった。そして人口五〇〇〇人ほどの商業の町八日市に至った。三つの仏教寺院と天理教の教会があり、二〇年前に新島襄らのキリスト教伝道が行われた場所であるが、見る影もなかった。そして北方向に向かって近江商人発祥の地、五個荘の中を歩き、近江鉄道の五箇荘駅から汽車で南下して日野駅で下車した。日野（蒲生郡日野）は約六〇〇〇人が住む町で、かつて商人で繁栄したので寺が二四カ寺、神社が七社もあるものの、町が寂れていると悦蔵らは感じた。そしてキリスト教はまれに水口組合教会から説教師が来る程度で、ほとんど信者らしき人がいないと聞いた。二人はその夜は日野に宿を見つけた。

第三日目（八月九日）　日野→西大路→仁本木《にほんぎ》→音羽→北蔵王→平子→（二山越え後）大河原（昼食）→鮎河→黒川→猪鼻→海老沢→土山（悦蔵泊、武田は水口へ）

三日目の朝、日野を出発して五つの村を通り、最後の平子村からは八キロメートルであるが、標高差三〇〇メートルの山道を登って大河原（甲賀市土山町大河原）に着いた。大河原は林業と狩猟が主な生業の村で、僧侶不在の寺が一つあるだけであった。立ち寄った食堂の主は八幡教会の元教会員だったので、ぜひ村人に説教をしてもらいたいと頼まれ、再訪を約束した。

この日の午後から悦蔵は非常な寒気に襲われた。日射病になったようだったので先を急ぐことにして、土山を目指して南に降りながら四つの小さな村を見た。大河原から土山まで、下りとはいえ一八キロメートルの道のりを歩き、悦蔵は土山で宿を求めるしかなかったが、元気な武田猪平はそのまま水口教会で説教をすると言って移動していった。四日目の計画もあったが体力的に無理があり、中止して汽車で近江八幡に戻った。悦蔵らは一二月になって大河原での約束を果たし、二日間にわたって村民のための修養会を開き、小学校では武田が得意のお話会を開いて好評を博した。[1-11]

夏の軽井沢の出会い

この夏は建築業務がたて込み、軽井沢への移動が例年より遅くなった。悦蔵の日記からヴォーリズ合名会社設立後最初の夏の多忙な様子がよくわかるので、少々細かくなるが、その四週間のことを記してみる。

七月二七日にチェーピンだけが先に軽井沢に向けて出発した。メレルも数日おくれて軽井沢に向かい、八月四日から九日にかけて開催された在日本ミッション同盟の総会に出席した。一二日にメレルは近江八幡に引き返し、悦蔵と関西の仕事を片付けている。一四日、二人は朝から神戸に行き、神戸YMCA会館設計の契約書をまとめ、午後から馬場鉄道YMCA会館の工事現場を確認した。一五日は二人で魚屋町の新事務所の現場を確認すると、メレルは富山に向かった。富山幼稚園の設計のためであったと考えられる。

一六日、一日休んだ悦蔵は新聞記事を見ていて、三重県津の阿漕《あこぎ》教会のA・D・ヘイル牧師の長男、ジョン・ヘイル牧師が浅間山登山中に噴火に遭遇し、同行の剛力《ごうりき》（登山の案内兼荷物運び人）とともに死亡したのを知り驚く。ちょうどA・D・ヘイルが建てた阿漕教会、そして併設の牧師館とミラー幼稚園の設計に関わっていたので、なおさらであった。

悦蔵は一八日から関西学院に赴くが、現地にいるはずの村田と会えず神戸の家に帰った。その翌日から二晩、悦蔵はメレルとともに関西学院のヘーデン神学部教授の家で世話になって、関西学院神学部校舎と寄宿舎の建築現場（原田の森キャンパス）を確認した。[32]

二一日朝早く出発して、二人は京都のグレセットの家をみてから再び馬場鉄道ＹＭＣＡ会館と魚屋町の建築事務所の現場検査をした。その午後、関工務店の関氏と会い、魚屋町の工事の遅れについて注文をつけている。

二二日朝、近江八幡を出発して夜の九時に新橋に到着し、その夜は今庄ホテルで宿泊。翌朝ＹＭＣＡの新築設計を請け負う土地を検分している。そして上野駅に移動し、六時間汽車に揺られて軽井沢に着いた。メレルと悦蔵は、バプテストミッションのヘンリー・タッピング夫妻の別荘で泊めてもらうことになった。グレセットも加わって、その別荘でバプテストミッションの施設建設について議論をしただろうと思われる。チェーピンは別の宣教師の別荘に宿泊をしていた。合名会社のメンバーは仕事をしながらも夏の軽井沢生活を満喫している。二日間、テニスをしたり、宣教師に昼食や夕食に呼ばれてホームコンサートを聴いたり、教会で催される牧師や教育者の講演を聴いたり、オークションに参加したりしている。二六日には、近江ミッション夏の家を建てる予定の土地を検分した。

二七日からは一泊二日で妙義山麓でのＹＭＣＡ修養会である。日本にいる外国人のＹＭＣＡ関係者が一堂に会する年に一度のイベントであり、同時に派遣英語教師の研修も行われる。この修養会にチェーピンと日本人の悦蔵も参加していることは、主宰するフィッシャーが近江ミッションを特別扱いし、自給自足できるまで積極的に支援しようとしていた事実として注目すべきことである。

二八日夜、悦蔵は再びタッピングの別荘に戻ると、夫妻から令嬢ヘレン（のち賀川豊彦の秘書となる人物）と若い女性宣教師ポスト嬢、そして石原キクというシンシナティ大学で幼児教育を学んだ若い女性を紹

1911年の在日外国人のYMCA修養会（前列左から2人目がメレル、6人目がチェーピン、7人目が悦蔵）†

介された。この別荘は比較的大きく何人もが同居しており、大勢と夕食をともにし、ドミノを楽しんだとある。悦蔵は英会話に自信を持っていたが、キクも流暢な英語を話した。

三〇日は軽井沢の宣教師家族と妙義山ハイキングを楽しんだが、同行の日本人は石原キクと悦蔵だけだったので、二人の会話が弾んだ。悦蔵は自分がすっかり石原の虜になっていることに気づいた。あと一週間で軽井沢を去ることになるので、メレルにキクのことを話すと、いつの間にかタッピング夫人に相談をするように計らってくれていた。

九月五日、タッピング夫人は悦蔵を教会の一室に連れてゆき、カソリックの告白のような形で悦蔵の話を聴いてくれた。日記には、あなたが彼女に勝たねばならないということをアドバイスされたと書いてあるが、その後しばらく日記が途絶えている。実は二人は夏が終わったあとは文通を続け、関東に悦蔵が出張すれば会って交際を続けていた。そして、この年の暮れに二人は婚約をした。このころ、九州に出張中のメレルに宛てて、東京の仕事をもっとさせてほしいと書いた悦蔵の手紙が残されている。

石原キクは広島の軍医石原鼎《かなえ》の三女で、長府豊浦女子高校を卒業後、バプテストミッションが運営する四谷の彰栄幼稚園に併設された東京保姆《ほぼ》伝習所に入所し、二〇歳のときにタッピング夫妻が賜暇帰国する際に同行して渡米、シンシナティ大学の幼児教育科で幼稚園教員資格を得た。時のウィリアム・タフト大統領候補から直に奨学金を授与されたので、同大学院に上がり修士号を得た。さらにウェスタン大学で学び、教育学士号を得て帰国した才媛であった。当時は、居留地の東京築地明石町にあるバプテストミッションの東京幼稚園保姆養成所とその付属の彰栄幼稚園で教頭をしていた。[44・71]

石原キク。シンシナティ大学卒業のとき（彰栄学園所蔵）

ヴォーリズ合名会社事務所棟完成

ヴォーリズ合名会社の建築事務所（近江八幡）と馬場鉄道ＹＭＣＡ会館（膳所）の新築工事は、関工務店によって春から並行して建設されていた。悦蔵の六月二九日の日記に、「関さんが八幡ＹＭＣＡを訪れたので両館の千八百円を支払った」と書いているので、中間の支払いであろう。新事務所は六月の予定が遅れて九月初旬に入居

手前がメレルの最初の家。後方に新しい事務所が見える　11

できるようになった。この建物は業容の拡大によって一九一八年（大正七）と一九二七年（昭和二）に増築され、その後一部増築部分が削られ、一九八六年に惜しまれつつ取り壊されるまで使われた（「株式会社近江兄弟社西館」大阪芸術大学山形政昭教授報告資料）。

新しい建築事務所は、前の通りから見れば高さ一〇メートルもあり、周囲を圧倒する高さの西洋建築二階建てで、室内の天井高は三メートル、窓は多く明るいが、造り付けのものが少なく、がらんとした雰囲気であった。仕事があまりに忙しいので、日々の雑務をする者を雇いたかったが、ともかく費用を抑えたかった。それで悦蔵は、神戸にいる母柳子に、事務所の裏に二間だけの従業員用住居を作ったので、そこに住み込んで仕事を手伝ってほしいと相談してみた。柳子は娘のまつを六年前に亡くし、次男の徳蔵は同志社で寮生活をしているので、神戸にいても寂しいと感じていたらしく、女中と一緒に行ってもよいという。しかし、亡くなった夫と娘のために毎日の読経は欠かせないので仏壇がいるし、煙草もやめられないということだった。メレルも悦蔵も、無理をしないでかまわないと言うので、九月に若い女中のお春を連れて、二間の家に仏壇を持ち込んで住み始めた。それ以来、毎朝七時になると柳子の読経が通りに聞こえ、八時に事務所から始業時の讃美歌が聞こえるようになった。近所の人は仏教のほうが早起きだとささやき合った。[1]

柳子がつけていた当時の帳簿をみると、建築事務所の庶務と会計のような仕事をお春と一緒にやっていたようである。図面を郵送するため郵便局にいったり、皆の交通費を用意したり、食事の材料を買ったり、電気代を払うというようなことである。二人の女性の働き手ができたので新しい事務所も職場らしい雰囲気ができてきた。メレルは建築設計の仕事を堅実に始め、毎朝祈りの会をして讃美歌を歌ってから仕事に取り組んでいた。柳子は悦蔵の仕事が近江八幡に定まり、婚約者もできたので、悦蔵に家を買ってやり、家督を引き継がせるつもりだった。悦蔵はメレルと相談して合名会社の作品らしく西洋式の宣教師館のような家を建てることを決めていたので、柳子がイメージしていた住宅とは違っていたようである。メレルは近江ミッションに吉田夫妻とウォーターハウス夫妻の二組のワーカー家族ができ、それぞれ自費で家を建てるので、広い敷地を用意したいと考えていたが、その費用を捻出できるかに頭を悩ませていた。

馬場鉄道ＹＭＣＡアーシントン記念館

馬場鉄道ＹＭＣＡ会館は、資金の寄贈主を尊重してアーシントン記念館と名付けられた。その土地は馬場駅（現在のＪＲ膳所駅）の北東二五〇メートルの好位置であった。設計にはチェーピンが腕を振るったと言われる。一階に読書室、ビリヤード室、食堂と厨房《ちゅうぼう》を有し、二階は教室が四部屋あるが、ふすまを外せば講堂として使えるようにした。三階は寄宿舎で四畳半の部屋が一三室ある。献堂式に配られた会

アーシントン記念の馬場鉄道YMCA会館（開館記念絵葉書）

館の絵葉書には「本会館は鉄道従業員に活発なる頭脳、健全なる身体、強固なる人格を養成するスイートホームなり」というフレーズがある。

献堂式は、一〇月二四日に二交代の鉄道員の都合を考えて二回開かれた。司式は武田猪平で、悦蔵のコルネットソロを合図にはじまり、聖書朗読、祈禱、讃美歌、メレルと悦蔵と武田が馬場鉄道YMCAの過去、現在、未来を話した。そして、京都のグローバー夫人が独唱、その後来賓の祝辞が述べられた。来賓は、県教育部の添田氏が県知事メッセージを代読、田村大津市長、周布《すふ》馬場駅長、関野馬場駅技師長、そして近くに隠居している元住友財閥総理事の伊庭貞剛がいた。その後、館内の案内とささやかなパーティが催された。

このパーティの最中に、フェルプスは悦蔵が見当たらないので探していると、悦蔵は事務室で手帳をみつめながら泣いているようだった。会計係の悦蔵は、アーシントン基金から寄付された以上に費用が嵩《かさ》んでいることと、運営が寮費とビリヤード使用料だけでは立ち行かないので、どうしたらよいかと悩んで途方にくれていたのである。フェルプスはメレルを呼んできて、三人ともに手を取って祈った。「神よ、どうぞ我々の冒険を許してください。これからも決して神を失望させるようなことをいたしません」1・3・13と。

「祈りの応答」——富豪メアリー・ツッカーの来訪

この年の一一月、近江ミッションにとってA・A・ハイドと並ぶ重要なサポーターとなるメアリー・ツッカーが八幡YMCA会館にやってきた（『近江の兄弟』には梅雨のころとあるが単純な誤りであろう）。

メアリー・ツッカーはニュージャージー州オレンジ郡出身で、製糖業で莫大な財を成したナザニエル・ツッカーの長女で、現代風にいえばフィナンソロピストとしてさまざまな慈善活動をしていた。弟のフレデリックは医師になり、中国長沙市に父が建てたツッカー記念病院に留まって医療伝道をしていた。前年にメアリーと妹は、父とアジアを旅行し中国にいるフレデリックを訪問する予定であった。しかし、その旅行はナザニエルがニューヨークの埠頭《ふとう》で乗船直前に脳梗塞《のうこうそく》で急死したため中止となり、一年経ってからメアリーらは父の弔いのためにこの世界一周旅行をしているのだった。同行者は、同居する妹のガートルード、異母弟ノーマンの妻の姉でデンバーYWCAのアンナ・マクリントック、同じデンバーの長老教会員で未亡人のミセス・ホップスであった。サンフランシスコから日本に渡り、その後、香港や上

メアリー・ツッカー。富豪ナザニエル・ツッカーの長女　†

海を周遊して、長沙市に長期滞在し、シベリア鉄道でモスクワに行き、ヨーロッパを周ってニューヨークに帰る、一年間の旅程であった。

一行は単なる観光をするだけでなく、各地のキリスト教伝道、特に長老派教会海外ミッションの現場をみることを喜びとしていた。そして京都を訪れたとき、フェルプスに会った。デンバー中央長老派教会に所属するホッブス夫人が、ヴォーリズ一家の長男のことを知っているかと尋ねたのは当然のことであった。フェルプスは、ヴォーリズならよく知っているし、比較的近くにいるので是非明日訪問しましょうということになった。

翌日の一一月六日は朝から雨だった。フェルプスが四人の婦人を連れて近江八幡駅まで来ると、前日に電報で知らされていたメレルが出迎えに来ていた。全員が人力車に分乗して為心町の八幡ＹＭＣＡ会館まで来ると、館内はふだん西洋人女性など訪れたことがなかったので、にわかに活気づいた。一行は館内を一通り見てまわったあと、メレルが来日した経緯やこんにちまでの活動を詳しく説明した。その場にはレスター・チェーピンと吉田悦蔵もいた。メアリーにとって一〇歳も若いメレルとチェーピン、二〇歳も若い悦蔵が主なメンバーだというのをみて、このような田舎にいて伝道の将来性はあるのかと質問をしたという。メレルは自らのビジョンを語り、建築設計の利益で自給自足をしたいが寄付がないと成長が難しいことを語った。

昼食の時間になり、近所で借りた古びた食器を使って鶏肉料理とパンでもてなした。メレルは食後に八幡町内を案内する予定であったが、雨は一向に止む気配がないので、一行は昼過ぎに京都に帰って行った[3・5・13]。

メレルは、ツッカー家が中国大陸でいくつかの病院を寄贈するほどの大富豪と聞いたので、この一族の援助が与えられることを悦蔵と二人で祈った。それは同日の一五時五〇分のことであったという。それからちょうど二時間後、ＹＭＣＡ会館に電報が届いた。メアリーが乗り換えをする馬場駅（膳所）で打った英文電報だった。そこには「必要と聞いた土地のために一〇〇〇ドルを寄付します」と書かれていた。メレルらは大喜びをした。悦蔵とポール・ウォーターハウスが家庭を持ち、家を建てる土地の確保に今まで悩んでいたのが、一気に現実に近づいたのである。メアリーの訪問と寄付は「祈りの応答」であった、とメレルは『マスタードシード』にその日の感動を綴《つづ》っている。

建築装飾の才人、佐藤久勝登場

建築事務所のメンバーは忙しい中でも、ＹＭＣＡの応援も欠かさなかった。チェーピンは毎週水曜日の午後、滋賀県庁で職員と警察署員に英会話を教えており、それが終わると夜に馬場鉄道ＹＭＣＡでも英語を教えた。また毎週、彦根のバイブルクラスも担当していた。仕事の量が多いため、製図アシスタントを採用したかったが、なかなかよい成り手が見つからなかった。役員の三名のほかに製図アシスタントのリーダー役である村田幸一郎と五月に加入した小野という者がいたが、小野は夏に辞めてしまった。小野の補充として大橋という経験者が見つかって採用したが、一〇月に陸軍に入隊してしまう。資金不足で補充するのを我慢していたところ、一一月のある日、村田と同級生だった佐藤久勝《ひさかつ》という者が、義理の伯父で八幡教会員の増井庄蔵に連れられてやってきた。製図の仕事をやらせてほしいということだった。

佐藤は大津に生まれ、滋賀県立商業学校に入学したが、三年間学んで中退し、鉄道省に入り、電信課に配属されて金沢と敦賀で働いていた。しかし、絵を描く趣味を生かせる仕事をしたくて、ヴォーリズ合名会社の仕事を希望したのである。彼が鉄道省で得ていた給料を聞くと、一一円という。その額では雇う余裕がないというと、最初は少なくてもよいというので、八円という安い月給で来てもらうことになった。メレルとチェーピンは当初それほど期待をしていなかったが、間もなく彼は普通の製図士の域を超えて美術的にも素晴らしい才能を見せたので、思わぬ人材を採用できたことを大変喜んだ。その後、ヴォーリズ合名会社は佐藤の装飾意匠センスの良さも加わって高く評価されるようになってゆく[1・5・13]。

9 一九一二年（明治四五／大正元）軽井沢夏事務所と『湖畔の声』

近江ミッションの前進

一九一二年（明治四五）一月三日と四日に、東京の数寄屋橋教会で在日本ミッション同盟の第一一回総会が開かれた。新年早々だったにもかかわらず、メレルは産業福祉委員として出席した。この年の委員長は横浜のデーリングで、メレル来日の最初の夜に家に泊めてくれた人物である。この同盟の重要性は増してきており、在日ミッション団体の代表はほぼ欠席者がなく、四一名が出席した。メレルは日本の宣教師の偏在、特に都市部への集中に反対意見をもっていたが、今回の集会でそれが課題として取り上げられたので、今後の展開に期待を抱いて帰ってきた。[9]

一月六日土曜日、近江ミッションのメンバー一同が八幡ＹＭＣＡ会館に集まった。一九一二年の目標として湖西と湖東への伝道拡大をあげ、各々は聖書研究を深めようと誓い合った。昼食のあと、近所の写真館に行き記念撮影をした。前列中央に柳子を座らせて、メレル、チェーピン、悦蔵、武田猪平、軍服姿の村田幸一郎のほかに、彦根中学を卒業し馬場鉄道ＹＭＣＡ主事になった後藤鉦三郎、膳所中学から同志社神学部在学中の伝道特別スタッフ清水安三、同じく京都帝国大学医学部在学中で近江ミッショ

1月6日の集合写真（左より村田幸一郎、レスター・チェーピン、清水安三、後藤鉦三郎、吉田柳子、吉田悦蔵、武田猪平、富永孟、W. M. ヴォーリズ）†

ン入団を表明した富永孟《たけし》が並んだ。[11]

二月二日はメレルが近江八幡に来て七周年であったので、八幡学生ＹＭＣＡの関係者全員が集まって記念会を開いた。出席者は会員のほか武田猪平牧師、ゲストとして学生ＹＭＣＡの代表主事加藤勝治、ＹＭＣＡ同盟を代表し京都からフェルプス、そして森八幡町長が挨拶をした。ＹＭＣＡ国際委員会から東京に派遣されたばかりのアーサー・ジョージェンセン夫妻とフェルプス夫人も出席した。

吉田柳子は近江八幡に住み始めてからも毎朝の読経を欠かさなかったが、八幡教会の礼拝や行事に顔を出して宮森牧師やメレルの説教を聴いているうちに、キリスト教は女性の人生をよく考えてくれていると確信をもった。メレルが強調する禁酒禁煙については、夫が酒乱だった経験から禁酒に大賛成だが、喫煙は柳子の数少ない楽しみの一つであった。しかし、あるとき煙草を吸い過ぎた人の肺の標本の話をチェーピンから聞かされてから、きっぱりと煙草を断つようになった。

柳子の入信の意思は、近江ミッションのメンバーと一緒にいたので、ますます固くなってきた。しかし、浄土宗を捨てるのは先祖に対して申し訳ないと思い悩んだので、神戸に戻って自分の気持ちの変化を菩提寺である藤之寺の尊敬する和尚に相談した。すると、あなたが信じて救われると強く思うならキリスト教でもよいのではないか、と言われて気持ちが楽になった。それ以来、柳子は親戚に自分が改宗することを説明して回って、近江八幡に戻ってきた。そして近江八幡に持ってきた仏壇を神戸に送り返した。

兵庫バプテスト教会。ヴォーリズ合名会社設計[11]

柳子は三月一五日に洗礼を受けることになった。その日は恒例の左義長祭りが行われており、外からは賑やかな拍子木が聞こえるため、八幡教会を出てＹＭＣＡ会館の二階で、寮生の加藤貞次郎と共に武田猪平牧師から洗礼を受けた。悦蔵の影響は母だけでなく叔父の金之介にも及んでいて、金之介は兵庫教会の礼拝に出るようになっていた。前年誕生した次男に基督の基の字をとって基二としたほどであった。まもなく、金之介は近江ミッションの初の日本人支援者（Reaper）となり、柳子の受洗記念に祝儀と称して一〇〇円を寄付し、以後毎年一五〇円の寄付を約束した。[1]

悦蔵はこの年の前半、東京や軽井沢に出張しながら、毎週のように野田の聖書集会に出向いて、農村伝道のモデルケースとなるよう努力をしていた。メレルは設計の顧客が宣教師とＹＭＣＡの責任者であるため出張が多くなり、伝道に時間を使えない状況があった。たとえば、五月には長府と長崎で仕事をしてから中国大陸に渡って上海、杭州《こうしゅう》、蘇州《そしゅう》をまわり、上海で中国ＹＭＣＡ主事会議に出席をしている。余談であるが、この会議のときにツッカー家の三人は、父ナザニエルを記念して上海ＹＭＣＡ会館の建築費一五万ドルを寄付している。杭州では、メアリーが杭州育英義塾という男子校のチャペルを寄付する計画をもち、メレルにその設計を任せた。「一九一二年、ツッカー・メモリアル」と刻印された定礎碑をもつチャペルが、いまも浙江《せっこう》大学の敷地内に歴史的建造物として保存されている。

メレルが中国への出張を終えて近江八幡に戻ってくると、アメリカからポール・ウォーターハウスの手紙が届いていた。新婚のウォーターハウス夫婦は、ハワイの親戚の所に滞在したあと、九月下旬に来日して近江ミッションに合流するという具体的なスケジュールが書かれていたので、メレルを大いに喜ばせた。夫妻は日本伝道の資金を両親や兄たちから得ており、近江八幡に自己資金で家を建て、そのための家具を早速船積みしたと連絡してきた。

軽井沢に夏事務所をつくる

合名会社の仕事は前年の夏にいくつも与えられたので、今度の夏は軽井沢のメインストリートに夏事務所を構え、避暑をする宣教師からの依頼を受けやすくしようと決めていた。前年の夏に、設計の仕事をして経験したことだが、社員が宣教師の別荘に分散して寄宿したので、打ち合わせや製図をする場所の確保が難しかった。軽井沢はすでに一〇〇〇〇人ほどの西洋人が夏を過ごす避暑地になっており、とくにミッション団体の責任者が狭い地域に集まっていて、時間もたっぷりあるので、設計を請け負う立場からすれば、打ち合わせをして設計を固めるのに最適の場であった。

ヴォーリズ合名会社の夏事務所の図面は、冬の間に近江八幡で作成された。完成図面には二月一七日の日付がある。建物の正面・側面図はチェーピンが製図、悦蔵がトレースをしている。平面レイアウトは悦蔵が製図、村田幸一郎がトレースをしたものである。悦蔵がメレルに宛てた手紙によれば、五月三日に地元の不動産業兼建設業をする後藤氏と売買契約を五七〇円で結び、ロットプランに従って四隅に杭打ちを行った。その時期チェーピンは神戸に、そしてメレルは九州方面に出張しており、悦蔵一人で進めざるを得なかったようである。大工の後藤はすぐに工事を始め、六月末に完成させると約束している。この事務所は必要最小限の二階建てで、一階にショップ、キッチンがあり、二階は製図室とベッドルームが半分ずつを占めている。五人分のベッドと同数の製図用テーブルが置ける程度であった。この建物は一九三〇年（昭和五）まで使われたのちに建て替えがなされている。

軽井沢の初代夏事務所（1912〜1930）　11

今はその場所にミカド珈琲《コーヒー》の軽井沢旧道店がある。

悦蔵にとって軽井沢の出張は、シーズンオフでもつらいことではなかった。婚約者の石原キクと東京で会えるからである。当時彼女が住み、勤める彰栄幼稚園と東京保姆伝習所は、築地明石町のバプテストミッションの宣教師館だった所にあり、非常に手狭であった。そのため、同ミッションは小石川の土地（現在の学校法人彰栄学園の場所）を確保して女子寮を持っていたので、そこに校舎を移転統合することになっていた。悦蔵とチェーピンはその小石川の仕事に関わり、その出張の帰りに築地に立ち寄っていた。キクは近江ミッションで幼稚園を始めるつもりでいたので、メレルも期待をしていた。メレルらが計画したのは、当時あった被差別地区に保育所と幼稚園を設けて、長い目で差別をなくす計画を考えており、実際に町長と警察署長に相談し、賛同を得ていたのだ。悦蔵をその責任担当者にするとまで『マスタードシード』で宣言をしている。二人は婚礼の時期を一九一三年（大正二）一〇月ごろと考えており、悦蔵はそれを意識して住居兼ミッションハウス兼合名会社モデルハウスとなる自宅の設計を始めた。

先に触れた、悦蔵から長崎のメレルに宛てた五月の手紙によれば、キクと二人で銀座のヤマハ楽器に行き、キクが購入するピアノを選ぶのに付き合ったとき、上手に弾くのに驚いたと書いている。それもそのはずで、キクは築地に住む東京音楽学校のアウグスト・ユンケル教授から指導を受けていた。

吉田邸、ウォーターハウス邸、伊庭邸の設計

メアリーの寄付一〇〇〇ドルで、池田町五丁目の土地一〇〇〇坪を購入したのは三月のことだった。この土地も事務所のときと同様に、東西屋の海老平を使って町の辻で宣伝させ、その結果みつかった物件

である。江戸時代には半分以上が沼池であったが、その後埋め立てられ、二、三の家作があったが、空き地で自転車の練習などがされていた場所だった。

悦蔵の家の図面は、メアリーの寄付の直後、土地購入前に作られており、平面図と二枚の立面図の制作日付は一九一一年（明治四四）一一月三〇日から一二月九日の間である。平面図はメレルとチェーピンのアドバイスを得ながら作成している。後に母へ出した手紙に、この家の間取りはメレルとチェーピンに大変褒められたと書いている。メレルから忠告されたのは、最初から部屋数を欲張らず、後から必要に応じて増築できるようにせよということで、それを受けて一階床面積が小さめの三階建てであった。三階建てにしたのは、費用を抑えるためと、合名会社のモデルハウスとして見栄えを良くし、三階建ての可能性を見せたかったからではないだろうか。様式はダッチコロニアルと呼ばれるもので、家の一階には玄関ホールとキッチン、そして暖炉のあるリビングルーム、小さな燃料庫と裏口ポーチがあるだけである。中二階に洋式バスルームがあり、そこには当初から洋式水洗トイレがあった。二階に客間八畳、四畳ほどのスリーピングポーチ、ドレッシングルームの三室、三階は六畳ほどの客室と女中室がある。母の居室として二階に和室を想定したようだ。

ウォーターハウス邸の平面図はメレルが立案したものだと思われるが、製図は村田の名前と二月一二日の日付が残っている。当初から日本人の住み込みができるよう、平屋の日本家屋が渡り廊下を隔てて後方に作られている。その結果、建物は悦蔵の家より道路側に張り出している。悦蔵邸と同じタイプの階段室、ドア、シングルハング窓（上下二枚の窓枠のうち下半分が開閉できるもの）、金具などの部材が用いられており、アメリカから既成の建具を合名会社で輸入した様子である。ここもモデルハウスとしての意

池田町5丁目の敷地に焼き過ぎレンガが搬入された　†

味があったので、窓が多く開放的な印象で、和室はない。買い付けた土地の形状をみて、四つのミッションハウスと中央にテニスコートを配置したレイアウト図ができた。道路に面してレンガの塀が作られたが、塀の図面は一九一二年（明治四五）六月一一日の日付で悦蔵が制作している。この塀と両家の基礎には焼き過ぎの固く不揃《ふぞろ》いなレンガが用いられており、前年に大津衣川《きぬがわ》付近のレンガ工場（近江八幡の窯元の支所）の裏に廃棄されていた焼き過ぎレンガだったと考えるのが自然である。

　この二棟の建築工事は関西学院の工事で実績のあった請負師で、棟梁の中川辰三郎が落札した。そして年内に基礎工事が始まっていたが、関西学院中等部の工事に遅れが出たため、建物の着工は翌年二月まで延びることになった。

　このころ、武佐村の実家に住んでいた伊庭愼吉が、安土にアトリエ付きの家を新築するので設計してほしいと注文をしてきた。伊庭愼吉はこの年に沙沙貴神社の神主をしながら、八幡商業学校の美術嘱託講師になっていた。発注者は父の貞剛であるが、その家のアトリエはまさに愼吉が使うもので、懇意にしているヴォーリズ合名会社に依頼をしたのである。こうして伊庭愼吉夫妻の新居は池田町の住宅二棟と同時並行で建築されることになった。なお、伊庭の家は日本家屋の部分が大きく、ヴォーリズ合名会社が全体を担当したのか、洋風部分だけだったのかは不明である。完成は翌年一九一三年（大正二）六月であった。

一九一二年の暮れから翌年二月の間と思われる建築事務所内の写真が残されている。製図版に向かうチェーピンら職員の姿と立っているメレルの背後に黒板があり、そこに板書されている内容から、関西

1912年年末ごろの事務所内（下は拡大）。背後の黒板から、近江八幡の2棟や安土の伊庭邸、関西学院の進行が読み取れる †

学院中等部の給水塔と家具、近江八幡の吉田邸とＰＢＷ（ポール・ウォーターハウスのイニシャル）邸階段室、伊庭STUDIO（アトリエ）天井窓、京都メソヂスト修正案と読み取れる。ウォーターハウス邸、吉田邸、伊庭邸が同時進行していたことがよくわかる。

安土YMCAの開設

七年前に、メレルは近江八幡に初めて来たポール・ウォーターハウスを案内して八幡山に登り、目の前に見える安土に、織田信長の時代に途絶えたキリスト教信仰を自分が復活させ、教会を建てると語った。そのメレルの夢として語った安土伝道は思わぬ形で始まることになった。きっかけは近江新聞に定期的に出していたつぎのような広告だった。

基督教研究志望者は何人にても蒲生郡八幡町為心中、基督教青年会へ書面を以て申し込まれたし本会は及ぶ限り御援助の労を執らん又疑問や煩問に答え印刷物を進呈し且有益なる書籍を御覧に供せん。

これに興味をもった数名の安土の若者が、ある日八幡ＹＭＣＡ会館にやって来た。彼らをバイブルクラスに入らせ、八幡教会にも参列させていたところ、岡田金一郎という農家の青年は自ら伝道をしたいと言い出すほど熱心だった。もう一人、深尾という青年は合名会社で設計アシスタントとして働きはじめた。安土にはもっと求道者がいることを予感させたので、安土にＹＭＣＡがあれば福音を届けやすいだろうと適当な貸家を探させた。ほどなく安土の小学校正門の前に適当な物件がみつかり、そこを安土ＹＭＣＡ会館として、バイブルクラスや憩いの場として使えるように整えた。野田村に続いて二つ目の非公式の「村ＹＭＣＡ」である。

七月三日に開館式を行った。そのときは建物の中に五〇名、そして中に入れなかった窓越しの聴衆五〇名ほどが集まったという。安土セミナリオが失われてから三三〇年ぶりにキリスト教の種が蒔かれた時であった。スピーチが行われている最中に、酔った警官が、入り口で受付係をしていた青年に暴行を始めたので、悦蔵と村田は派出所に同行せねばならなかった。翌日、近江八幡署に問題を通報した結果、かの警官は免職となったと知らされたが、意外にも、安土住民から永年の問題を取り去ってくれたと喜ばれた。しかし、その後もキリスト教に偏見をもつ妨害者が出てきて、会館に入ろうとする者を脅すため、出入りに勇気がいるＹＭＣＡ会館となってしまい、隆盛はみられなかった[11]。

通信伝道『湖畔の声』を始める

メレルは、バイブルクラスに在籍した者に一九〇六年（明治三九）からマンスリーレターを郵送してきたが、発行数が膨らみ何か手を打たねばならないと感じていたころ、悦蔵や村田幸一郎から、思ったことを書いて読者と交流したいという希望が出てきた。また、悦蔵が担当したキリスト教図書の貸し出しが、忙しさで管理がゆるみ、手がまわらなくなったので、何とかするべきだということになった。

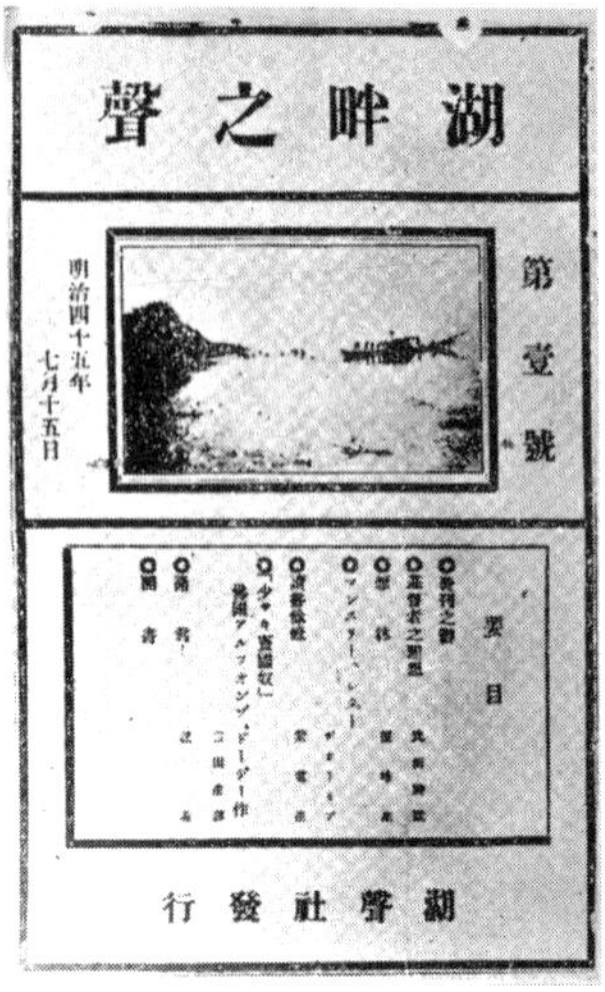

『湖畔之聲』第１号表紙

そこで、近江ミッションの中に湖声社という同人出版社を設け、『湖畔之聲』（以下、『湖畔の声』）と題する月刊誌を刊行することにした。当時全国でキリスト教伝道のために発行されている日本語の機関誌は三〇近くあったが、救世軍が出している有名な『時の声』、ローマ・カソリック教会が出している『声』などから着想を得たのではないだろうか。七月一五日にその第一号を発行した。発刊の辞は悦蔵が文章を練った勢いのあるものである。

発刊之辞

我は声である。湖畔に叫ぶ声である
二千年の昔、イエスが風光明媚のガリラヤ湖辺に立ち雄大荘厳なる御声を天下に揚げ給いしを我は我が琵琶湖の辺に立ちて反響せんとする声である
我は我同胞の不安なる生涯に大いなる福音を宣伝せんとする者であって、愛国の情熱に駆られ愛神愛人の旗幟を立て世のすべての暗黒と戦わんとするものである
神の声を聞きたる諸君よ、来たって我を声援せよ、
勇ましく雄々しく、荘厳なる使命を伝えん事を祈りつつ、第一声かくのごときを出し発刊の辞と

する、

湖声社同人
ウィリアム・メレル・ヴォーリズ
武田猪平
村田幸一郎
吉田悦蔵

第一号には、武田猪平の神獣のペンネームでの「基督者之理想」、悦蔵の霊峰というペンネームでの随想「想林」と連載翻訳小説「小さき売国奴」、村田の紫電というペンネームでの「読書余禄」などが並んだ。メレルの「マンスリーレター」もこの中に収めた。[5]この『湖畔の声』第一号が発行されて間もない七月三〇日のこと、明治天皇が崩御され、この年明治四五年から大正元年へと時代は切り替わった。

建築事務所の隆盛（チェーピンとメレルの小文）

建築事務所の仕事は前年の夏から急速に伸び始め、チェーピンは会社発足から一年半のことを次のように記している。

合名会社発足当初は、八幡ＹＭＣＡの集会室を製図室にしていたため、図面を広げる十分なスペースがないし、七名の寮生にとっては騒がしくなったと言われ、二名が他に移ってしまったりして、苦労が多かった。三重県津〔ヴォーリズ合名会社設計、関工務店建築である津市の阿漕教会、同宣教師館、付属のミラー幼稚園のことだと考えられる〕から戻った村田君は腕を上げていて、強力な味方となった。昨年の夏は仕事量も今ほど多くなかったとはいえ、私は軽井沢にいて仕事をし、村田君と大橋君は神戸にいたので手紙で連絡をすることになり、仕事がうまく進まず困ることが多かった。その夏ごろからヴォーリズにはどんどん依頼が入るようになっていた。軽井沢から戻ると、ちょうど魚屋町の建築事務所が完成したばかりで、都合良く移転することができた。一方で、ヴォーリズは次第に出張が増えて、近江八幡に土曜日に戻り、月曜の一番列車で出てゆくことが普通になった。そのため、彼との連絡は手紙が中心となり、いつも一通の手紙に六つくらいの案件を書いてやり取りしていた。

新しい建築事務所〔在近江八幡〕は一階が店舗兼倉庫で、今は店舗準備中で、そこにウォーターハウスさんの家具が保管されている。二階が事務所である。吉田君は製図もするが経理担当の部屋にいる。ヴォーリズは留守が多いので、通常は私と製図リーダーの村田、それから佐藤と上田の四人が広い製図室を使っている。製図室は機能的で、本棚があり、階段室の上を利用した大きな背高の引出しに図面を保管している。図面にはデューイ十進分類法（Dewey Decimal Classification）を簡素化したナンバリングシステムを使って整理している。

昨年やった仕事は四〇件以上もあり、筒に収めてある。ニューヨークの建築士一人がこの四分の一の量を一年でやれば十分やってゆけるくらいだ。今預かっている案件は数件の教会、幼稚園から神学校、ＹＭＣＡ、事務所、病院、農業ビル、スタジオ、博物館、多数の宣教師館、学校とＹＭＣ

Aの寮などである。ただこれだけ抱えていて裕福かというと、そうではない。いまのミッション団体が建築資金を送り、アメリカの設計士を関与させると図面だけ書いて最低六％の費用をとってしまう。これは法外であり、我々は実質的にこの四分の一の費用でやっていると思う。さらに、我々は日本の建築上の問題に対処することができる。つまり地震への配慮、下駄を脱ぐ習慣、日本の尺貫法、階段室の違いなどを認識している。また、耐久性のある材料を入手することも大切な仕事である。十分な硬度のあるレンガが少ないし、鉄材はすべて輸入に頼るしかない。セメントは値段が高いし、最大の問題は木材の乾燥がなされないために、引き渡し後にずれが生じることである。こうした経験を当社は有するのである。[11]

開所間もないころの建築事務所　11

メレルはこれに続けて次のように記している。

チェーピンの手記に少しコメントを加えておきたい。我々の建築設計は単なる資金づくりに見えるかもしれないが、建物を建てようとするミッション団体に対しても慈善的な支援を行っているつもりである。過去に建てられてきたミッション系の建物は、不十分な設計と不十分な工事監督によって、多くの場合、何千ドルも無駄に出費されていた。建築費ばかりか、維持費、修繕費にも多くを費やされ、目的とする伝道に回せる費用が無駄に消えていたのである。我々は設計の最初の段階から、日本の建築、商習慣、労働習慣を理解して取り組んでいるので、宣教団体は大きな費用の節約をすることができるのである。[11]

この自給自足伝道のエンジンとして建築設計をやることが、近江ミッションだけのためでなく他の宣教団体に対しても貢献できるという主張は理解されたし、実際に国内の有力な建築事務所より安価な費用設定であった。ミッショナリーアーキテクトと呼ばれる建築士を擁するミッションボードはあったが、せいぜいアジアに一人といった配置であった。したがって、この時期のミッション建築物ラッシュによって、仕事は次々とヴォーリズ合名会社に舞い込むようになる。そして、この夏から軽井沢のメインストリートに事務所が建てられ、Vories & Architects Co. の看板が掲げられ、この避暑地にくる宣教師に会社名とともにヴォーリズの名は広まった。

夏の軽井沢の日々

前述したように、五月に夏事務所の適地を得て、六月末に建物ができると、村田幸一郎と佐藤久勝はすぐに現地に派遣されて事務所開所の準備を始めた。七月初旬から宣教師たちが避暑にやってくるからだ。この事務所では最大五名が寝泊まりでき、メインストリートに面した一階のショップでは建築設計の表示と輸入品の展示を行っている。展示品は主に塗料、タイプライター、ストーブなどであった。

若く元気な村田と佐藤は、七月のある日、白煙がのぼる浅間山登山を決行した。メレルは前年に三八歳の宣教師ジョン・ヘイルが火口付近で焼死した事故があったので引き留めた。それでも、村田と佐藤はメレルの制止を振り切って登ったが大雨のため断念し、二〇日後に再挑戦して山頂で噴火口のぞきを成功させた。このエピソードは『湖畔の声』に掲載されたが、悦蔵はこれに同行せず、後頭部にできた腫瘍《しゅよう》を切除するため軽井沢の外国人診療所で麻酔下切除手術を受けるという体験をした。このエピソードについても『湖畔の声』に掲載されている。

さて、メレルはこの年の夏休みをどのように過ごしたのだろうか。バプテストミッションから二年前に彰栄幼稚園の園長として派遣されたハリエット・デスリッジは、日本滞在四〇年の回顧録の中で、一九一二年（明治四五／大正元）の夏の思い出としてメレルのことを記している。当時彼女は三二歳の独身女性で、メレルは三一歳であった。


二年目の夏、私は軽井沢のグレセット家（前出のJ・F・グレセット）と共同で買った別荘に住んだ。この夏は暇を持て余さないように、アメリカ人向けの幼稚園を開設した。その家の庭に藤棚《ふじだな》を建てた。ピアノを持っていたが外に出せないので、大きな掃き出し窓のガラス窓を取り去って、鍵盤を家の外に向けて置き、庭のベンチで弾くようにした。（中略）他に外国人向けの幼稚園はなかったので大変な人気となった。一人で多くの子どもを預かったが、東京から連れてきた六人の保母訓練生にも良い勉強になるので、宣教師夫人からの手助けの申し出を断っていた。（中略）

この夏はヴォーリズ氏と知り合った。石原キク〔デスリッジとは保母養成学校の同僚〕は吉田という若者と婚約をしていた。二人とも軽井沢にいたので、二人はどこでも一緒だった。吉田はヴォーリズに仕えているエバンジェリストで、日本の南部の八幡という町で一緒に住み働いていた。ヴォーリズは音楽の教育を受けていないのに天性の才能があり、ピアノを弾くためにたびたびやってきた。たぶんピアノに惹きつけられたのだろう。彼は若いカップルの付添人をやるべきと思っていたらしく、二人が外出するときはいつも付き添っていた。それで私も一緒に出歩くことになり、二組のカップルのようになった。ヴォーリズはしょっちゅう石原を一人にさせたほうが良いと言うので、あなたが付添人をするなら私も付添人として一緒にいるわと言い返していた。そんなことをしている内に、私たち二人の仲が特別だと周囲の人たちが思うようになった。それを知ったヴォーリズはひどく恥ずかしがり、大笑いとなった。楽しいこの年の夏はこのようにして終わり、私は東京に帰っていった。[74]

デスリッジが共同購入したというグレセットの別荘はヴォーリズ合名会社の設計番号八五〇三で、同社設計による最初の軽井沢別荘であると言われる。また、デスリッジが開いた夏期外国人幼稚園は軽井沢における初の避暑地幼稚園の試みだったようだ。[61]

メレルは軽井沢滞在中に在日本ミッション同盟の大会に出席し、産業福祉委員会の委員長になった。さらに、A・K・ファウスト牧師が呼びかけて始められた外国人結核予防連盟の書記長になったのもこの夏であった。当時の来日宣教師と同じように、布教活動だけではなく慈善活動にも積極的に関わる姿勢をみせている。

柳子、ウォーターハウス夫妻と東京高輪に住まう

ウォーターハウス夫妻は客船ナイル号で九月二六日に横浜に到着した。夫人のベッシーは、ミズーリ州スプリングフィールドの大学教授の家庭に生まれ、大学で教育学を学んでからハードフォード神学校で学んだ。その学校でポールに出会い、結婚したばかりだった。ポールは牧師の資格と有能な妻を得て日本に戻ったのである。ただ、そのまま近江八幡で伝道をするには言葉の壁が大きいので、東京で宣教師が利用している日本語学校で九カ月ほど勉強をする計画をたてていた。

ポールが初めて日本に来たころは、茗荷谷《みょうがだに》のＹＭＣＡ寮にいたので東京生活に見当はついていたが、夫婦で暮らす住居をどうすればよいかメレルに相談してきた。そのことを知った柳子が、自前で東京に家を借りて二人の下宿を引き受けてやろうと言ってくれた。柳子自身もこれを機会に聖書をきちんと勉強したいと考えていたので、メレルに聖書学校を紹介してもらった。両方の学校に便利な場所は品川であったので、貸家を東京市芝区二本榎《にほんえのき》町一丁目〔泉岳寺裏手、東海大学高輪キャンパス一号館付近〕に見つけた。

柳子が東京に来て借家に入り、ウォーターハウス夫妻を出迎える様子を記した筆書きの一文が残っている。少し読みにくいが、慶応生まれの柳子とメレルの交流と横浜港の様子が描写され、価値があると考えるので引用しておきたい〔読点を少し加えた〕。

吉田柳子の覚え帖

大正元年九月二十一日東京にて

私は九月二十日の六時二十分発にて八幡の駅を出まして、それより米原にて十時に東京行きの汽車で寝台にて休みながら東京に入りましたのが九時十分でした。それより銀座を少し歩きまして、ホテルで昼はんをヴォーリズさん、悦蔵、石原、私とですましまして直ぐに二本榎一丁目に家を借りてありましたから、それに帰りまして、色々片付け物をすましまして休みました。

明けた日曜でありますが、皆連れ立ちて銀座教会に参りまして、すぐ隣のホテルで昼はんを済ましまして、雨の中を丸の内に参りますと、明治天皇さんのお葬式のあとの色々と飾り物で大変見事でありました。（中略）二十六日の朝八時の汽車にて四人ともに横浜に参りまして、すぐ会館〔おそらく横浜YMCAのこと〕に行きました。アメリカよりみえますウォーターハウスご夫妻を迎えに参りますと、その船は十二時に着きますので、それまで公園に参りまして、それより四人が別れまして私はヴォーリズさんと昼飯の牛□□を食べまして、直ぐに港に参りますとラーンチ〔艀《はしけ》のことらしい〕が出るとこでありました。それよりすぐラーンチの西洋の方ばかりの中に私も共に乗りましてお客となりますと、それはそれは見事な船のそばまで参りますと、皆さまはデッキの上で喜びハンカチを振りますやら、握手の真似事や、それは大声でガヤガヤと耳も破れるかと思いますほどよろこばれます。その中に船の笛やら大変と賑やかです。

しばらくいますと、その親船に乗りまして皆々会いますのです。私は生きてこのような事を見ますのは初めてですから、じっと船の中の食堂で皆さま西洋のご婦人たちも沢山おられました所に入りまして、しばらく見ておりました。皆さま食事が済みますと、ぼちぼちと元のラーンチにのりまして、浜まで参りますとそれより税関の調べです。（以下略）

悦蔵はアメリカ留学で旅立つ日が近かったため、横浜港には行かずキクと二人で別行動をしている。その夜にキクと別れて新橋駅でメレルとウォーターハウス夫妻と合流して近江八幡に汽車で向かった。九月二八日に、八幡ＹＭＣＡ会館で夫妻の歓迎と悦蔵の送別の会が行われた。悦蔵はそのあと神戸の親戚らとあいさつを済ませ、三〇日にウラジオストックに向けて出る船に乗るため、敦賀港へ向かった。

ウォーターハウス夫妻が通う日本語学校はどのようなものであったのだろうか。言葉の壁は宣教師の悩みの種であったが、一九〇三年（明治三六）に在日本協同ミッションが標準的な日本語を学べる塾を東京に作ろうと決め、教員経験のあった松田一橘《いっきつ》に委嘱して東京外国語学校に私塾としてスタートさせた。松田の死後はアシスタントであった田口タカノ（旧姓阿部）が校長代理となって教育を続けたので阿部スクールとも呼ばれた。一九一二年（明治四五／大正元）に教室が銀座メソヂスト教会（現銀座教会）に移され、その翌年に学校制度に組み込まれて「日語学校」と名を変えた。初代校長には、メレルの神戸の友人で、二五年の英語教師経験をもつフランク・ミュラーが就任した。ウォーターハウス夫妻が学んだ一九一二年、秋開始のコースの生徒数は四六名、一人を除いて全員が宣教関係者であった。外国人商人は大半が横浜に住んでいたので、宣教師にしか需要がなかったのだ。この学校の一年間は九月から六月までの三学期制で、夏には軽井沢で短期夏期学校が開かれている。ミュラー校長は就任二年後に中野に自宅を建てたが、その設計がメレルであったことは言うまでもない。[9]

柳子が通った聖書学校は、メレルが推薦したミス・ウェストの女子聖書学校である。以前は外国人宣教師の住居と活動は居留地に限定されていたが、すでに自由化されて品川で開校されていた。クラスは若い女性が多く、少しばかりいる年長の女性は勉強家たちばかりであったが、皆がよくしてくれたと悦蔵に手紙で報告している。慶応生まれで尋常小学校しか出ていない五〇代の柳子は、こうした雰囲気で楽しく学んだ。高輪の家は交通の便もよく、神戸の親戚も東京見物の宿にするわ、G・S・フェルプスから頼まれてアメリカの青年たちを泊めて大騒ぎが起きるわと、退屈しない日々であった。

悦蔵、シベリア鉄道の旅

メレルは一九一〇年（明治四三）の渡米時に悦蔵を同行させる予定であったが、悦蔵の徴兵検査のため叶《かな》わなかったことを気にかけていた。そんな中、アメリカの著名な聖書学者であるW・W・ホワイト博士が前年に軽井沢で講演をし、感激した悦蔵がホワイト博士の学校で学びたいと言い出した。メレルはホワイトのニューヨークの聖書学院（聖書教職者訓練学校）で学ぶようにはからい了解をとった。さらに、ツッカー姉妹がまだ中国に滞在しているので、欧州回りで帰国するときに悦蔵が同行できるように根回しをした。

悦蔵の渡航費は一六〇〇円で、柳子がかなり用意したらしい。うち六〇〇円をイギリスまでの運賃に使い、残額を独仏英の三カ国の金貨に配分して換金し、ベストのようなものに金貨を縫い付けて、糸を切ると少しずつ取り出せるものを仕立てさせた。

一九一二年（大正元）九月三〇日、悦蔵は敦賀港を出港する汽船ポルタワ号に乗った。穏やかな航海ののち、ウラジオストクに着いたのは一〇月二日、そこからシベリア鉄道に乗ってハルビンに行き、ロシア情緒のあるこの街で滞在中のメアリーらアメリカ人女性四人と合流した。そして五人はシベリア鉄道でヨーロッパを目指した。

一〇月五日、バイカル湖南岸を通過した。そこから長い鉄道の旅が続き、ロシア横断の終盤にモスクワとサンクトペテルブルクでそれぞれ五日間見物した。

メレルは、悦蔵が旅立ってわずか一週間の内に三通の手紙を行く先々に送っているが、当時の二人の関係がわかる一通を紹介しておく。

九月三〇日午前一〇時、近江八幡にて

ベビーさん、

汽車に乗る前に長い手紙を書こうとしたけど時間がなくなってしまった。いつもの私と同じだ。君は新しい人生のエポックを始めようとしている。君がすること、考えること、感じることのすべてが君の人生を形づくるだろう。友人〔メアリー・ツッカー〕からアドバイスをもらっただろうし、あとは君の判断と意志に任せますよ。そして近江のより良い働き手に成長することを期待していきます。成功のカギをどうやって見つけるかはわかっているだろうし、私は天国の父に君をゆだねることにしています。

君の不在で我々は寂しくなるし、忙しくなるけど、君のチャンスを喜んで優先させ、我慢を受け入れるつもりです。

手紙を頻繁に書いてほしい。そして一緒に祈ろう。細かいことは分かっていると思います。僕がどのように思っているか分かっているだろうし、君はそのことを決して忘れることはないでしょう。

君の兄弟、 Wm Merrell Vories

一〇月二一日、悦蔵とアメリカ人女性の一行はベルリンに至り、四日間見物をしたあと、ドレスデン、コロン、パリ、ロンドンを経てロンドンにほど近いワーウィックに行き、蓄音機などを寄付してくれたジェームズ・シールズに街を案内してもらう。トルコ式入浴場、サッカー場、短編映画を観て、街で新しいコルネットを買った。メレルとチェーピンらにクリスマスプレゼントを送ったので悦蔵は持ち金がほとんどゼロになったが、米国に着くまでは同行のメアリーから貸してもらうことにした。

一一月一三日、一行はロンドンから南のサザンプトン港からニューヨークに向けて、オセアニック号という客船の一等客室に乗った。半年前に同じ航路で二回りも大きなタイタニック号が氷山に衝突して沈没する大事故があったあとだけに、乗客は不安な一週間の航海をしたことであろう。

一一月二〇日、ニューヨークのエリス島に上陸し入国審査が行われた。大西洋航路で東海岸に入国するアジア人は比較的裕福な者が多かった時代だったのでさして厳しい審査はなかったが、滞在中の資金の提示が必要であったので、見せ金としてメアリーに小切手を切ってもらい入国を許された。今も移民局に残る乗船簿の職業欄に、悦蔵は建築士と書いていた。

入国審査がすんで、キッシングポイントと呼ばれる出迎え場所に行くと、チェーピンの母親ジャネットが待っていてくれた。そこで悦蔵はメアリー一行と別れ、ニューヨーク・ブルックリン地区のチェーピン家で荷を解いた。日本にいる息子レスターが柳子の世話になっているジャネットは、息子に対するように親身に世話をしてくれた。レスターの父親ウィリアムは、ニューヨーク市内の百貨店勤務である。弟スタンレーとハリーとも会った。数日そこに滞在したあと、マンハッタンの中央部、グランドセントラル駅に近いレキシントン街の聖書学院で六カ月コースの手続きをし、そのビルの八階にある寮に入った。

学校長のホワイト博士は悦蔵の相談にいろいろと乗ってくれるが、悦蔵は日増しにホームシックになっていったようである。

興味深い内容が綴られた、メレルから悦蔵に送られた一一月の手紙を紹介しておこう。


一九一二年〔大正元〕一一月一〇日　東京にて

ボーイさん、

船上のメアリー・ツッカーら一行。左からミセス・ホッブス、メアリーとガーテルード姉妹　†

今ウォーターハウスの〔高輪の〕家に来ている。霊南坂教会の設計について小崎さん〔小崎弘道のこと。霊南坂教会の創設者で牧師。同志社第二代社長、日本組合基督教会会長などを務めた〕と会ったばかりだ。たぶん注文をもらうことになると思う〔最終的に辰野金吾の設計に決まる〕。

昨日と今日はキクさんとよく会っている。今日は皆で一緒に夕食を食べた。昨日は東京で家具のオークションがあって、ウォーターハウス夫妻は自宅用にたくさん買ったよ。私もＹＭＣＡと君の家のために何点か買った。君のためにはホールチェア一脚、大きくて美しい屛風《びょうぶ》、そしてキクさんがお気に入りの小さなラグだ。君と彼女で相談して、必要がなければＹＭＣＡに置いておいてもよい。（中略）

ポールと私は例のボートについてハイド氏に今長い手紙を書いている。村田と私は、池田町から反対側の運河沿いに土地を見つけた。そこはボートハウスに大変便利だと思う〔近江八幡市舟木でその後実際艇庫が設けられた〕。その土地は炭を販売する人の持ち物だが、一五〇円で手放すようだ。入手できたらそこは安全で便利な船着き場になるよ、どう思う？（以下略）

このころ、近江八幡から悦蔵にメレルの体調がかなり悪いという情報が入ってきた。メアリーからも学校に電話があり、それによればフェルプスからの手紙で、メレルをニューヨークで治療が受けられるように手助けしてほしいと書いてきたと知らされる。メレルの忙しさは半端ではなかったうえに、周囲が止めるのに、北之庄の小屋で数日の断食を治療法と称してやっていたのが良くなかったのではないか。しかし、メレルが帰国すると合名会社の仕事が立ち行かなくなるため、アメリカで経験のある建築士を予定より早く迎えねばならなくなった。

そこで、かねてからヴォーリズ合名会社に参加してもよいと伝えてきていたオハイオ州立大学工学部建築学専攻のジョシュア・H・ヴォーゲルという学生に、早めに来日できないか打診せよと連絡がきた。悦蔵はニューヨークのSVM本部に出向き、ヴォーゲルの派遣を急ぐよう掛け合った。

この本部は北米YMCA同盟、YMCA国際委員会と同居している。SVM本部は例年「インターカレッジエイト」という冊子を発行し、宣教団体のボランティア募集を掲載して学生とのマッチングを行っていた。ヴォーゲルからの返答は、学位取得が確実になっているので、渡航費さえ工面できればいつでも出発できるということだった。渡航費はYMCA派遣英語教師と同様に自己負担だが、ヴォーゲルに工面ができなかったらしく、悦蔵がメアリー・ツッカーに頼み込んで旅費を借り、ヴォーゲルに送金した。その結果、近江八幡のメレルのもとに本人から手紙が届き、「大学を少し早く卒業させてもらい一月四日に乗船し一月二一日には横浜に到着できるだろう」と書いてあった。そこでメレルは自身の帰国費用を柳子から出してもらって帰国する準備を始めた。

村田幸一郎、ワーカーになる

この年の一〇月に、メレルは設計アシスタントである村田幸一郎を近江ミッションの「ワーカー（伝道をする正団員）」に昇格させた。日曜学校での活躍があり、伝道ができるレベルにあったからである。もう一人、この時期に近江ミッションに入り、ワーカーとなった人物がいる。富永亨《わたる》という彦根聖公会の牧師である。彼は元小学校の校長で、近江ミッションでは湖東地域に伝道をする役割を担った。彼の長男は、彦根中学のときにメレルのバイブルクラスにいて、京都帝国大学の医学生となり、後に近江療養院の初代院長となる富永孟《たけし》である。

他にメレルを喜ばせたことが続いた。一つは、設計アシスタントの佐藤久勝が一二月二〇日に洗礼を受けたことである。もう一つは、馬場鉄道ＹＭＣＡのアーシントン記念館ができて一周年の記念会を開催したところ四〇〇名が参加するという盛大なものとなったことである。翌日に同会場で行われた、日本ＹＭＣＡ同盟名誉主事のフィッシャーと滋賀県庁代表者による講演会も盛況であった。この会館の利用者が多くなった理由は、馬場機関庫の鉄道員にとって絶好の場所にあったことと、膳所中学の英語教師南石福二郎が膳所中学ＹＭＣＡを創設して、この会館を常に利用していたからである。馬場の会館がこれほど発展していたにもかかわらず、もう一つの米原鉄道ＹＭＣＡは民家の借家のままで、常駐主事が不在であったので停滞感が漂い、早急に専用の会館が必要となっていた。

10　一九一三年（大正二）　ビジョンの拡大と三度目の帰国

社会慈善事業にビジョンを拡大

この年の在日本ミッション同盟の総会は、一月八日と九日に銀座メソヂスト教会（銀座教会）で開かれた。会議の冒頭で、在日本プロテスタントミッションの二七番目の団体として「近江ミッション」の加盟が承認された。メレルを代表者として五名の外国人伝道員を擁するので、数的要件を満たしたのである。四七名の出席者を前に、メレルは胸を張って挨拶をしたに違いない。また、メレルは同盟の産業福祉委員会の委員長でもあったので、一年間の活動報告を行った。会議録によると、同盟の各ミッションはすべての産業に従事する日本人に対し、次の六つの活動領域に分けて、積極的な福祉活動に乗り出すべきときだと述べた。

第一は、日本人の死因第二位で、年間一二万三〇〇〇人の死者を出している結核の予防である。一九一二年（明治四五／大正元）夏の軽井沢に設立された「在日本外国人結核予防連盟」が一つの成果として示された。

第二は、工場勤労者への福祉活動である。その例として東京、日光、甲府、津などの工場で宣教師がなした活動が何件か紹介された。

第三は、鉄道員への福祉活動である。その例として、英国発祥の鉄道員への福祉活動「鉄道ミッション」で奮闘しているミス・ジレットの事例と、近江ミッションによる馬場鉄道ＹＭＣＡの事例が発表された。

第四は、農民への福祉活動である。日本の四分の三の世帯が農家である以上、もっと農家に福音を届けるべきと力説したうえで、岡山孤児院が一定年齢に達した孤児を日向の農場に就労させて利潤の一〇分の一を分配しているケースを紹介した。また近江ミッションでは、北之庄に開いた実験的農園で新しい作物や養鶏を試し、野田の農家と連携を図ってトマトの栽培とその産業化を試みたケースを紹介した。

第五は、ビジネスにおけるキリスト教主義である。一日八時間労働、週六日制、快適職場、社員教育、福利厚生をキリスト教主義で実践して、近代化を進めようとする活動である。大阪にあるイギリス資本の石鹸工場の例が発表された。発表内容にはないが、ヴォーリズ合名会社もそれに劣らぬ労働条件を作ってきている。現代においても満たされぬケースがあるが、当時は日曜日の休暇があるケースも少なかったので、安息日として教会に導くことさえ容易ではなかった。

第六は、労働意識の改革である。強制された労働から自立した職業意識へ転換しようという試みであった。[9]

メレルは産業福祉委員の経験を経て、日本の産業問題に精通する機会を与えられ、それを踏まえた近江ミッションの新しいビジョンを練って『マスタードシード』誌上で発表している。

まず前年までに興した事業が六つあったことを示している。

- 八幡・彦根・膳所・長浜・能登川にバイブルクラス開設
- 学生ＹＭＣＡとして八幡商業学校ＹＭＣＡ開設
- 鉄道ＹＭＣＡとしての米原鉄道ＹＭＣＡと馬場鉄道ＹＭＣＡの開設
- 村ＹＭＣＡとして野洲郡野田村と安土町に開設
- 湖東伝道の開始
- 農園の実験

しかし湖国近江にいる七〇万の人々のごく一部にしかキリストの福音を届けられていない。新しい種を蒔くために、一九一三年から近江ミッションが始めるべき事業は次の七つであるとした。

- 結核療養所（サナトリアム）
- 被差別地区の幼稚園と保育園
- 印刷所
- 聖書教育機関の設置
- 湖西伝道のための琵琶湖伝道船
- 湖東と湖西に教会を設置する
- 女性のための活動

以前のビジョンは湖国近江の青年にＹＭＣＡの精神でキリストの福音を届けることを中心にしてきたが、新しいビジョンでは世代と職業をひろげ、社会慈善事業、そして女性にも目を向けようとしているのが大きな変化である。その中でも結核療養所の実現を目標の一番目にしている点が注目される。[11]

悦蔵の留学生活

マンハッタンにいる悦蔵の授業は一月から始まった。世界各地から来た学生がいれば、アメリカの現役の宣教師もいる多彩な学校で、ホワイト校長をはじめ聖書の講師陣が素晴らしく、勉強はつらいことではなかった。当時の彼の授業ノートには几帳面《きちょうめん》な書き込みがみられる。週末には『マスタードシード』の読者や、メアリー・ツッカーから噂を聞いた教会から、近江ミッションの話をしてほしいという要望があって時々スピーチを行った。終わると寄付をくれる人が必ず出てきた。英語のスピーチは勇気がいるが、しだいに自信がもてるようになってきてスムーズにできるようになったとメレルに報告している。しかし、ヨーロッパ旅行以来引きずっているホームシックが抜けず、気分が晴れなかった。毎週のようにキクや柳子、それに近江ミッションの仲間と手紙をやり取りしている。キクがシンシナティ大学時代に世話になった、ニューヨーク郊外に住むアリス・チャーチルという女性が手を差し伸べてくれた。彼女は銀行家の令嬢でキャッツキルという所に別荘をもっており、悦蔵に連休中大自然の中で静養をさせてくれた。さらに、旅費の面倒をみるからキクをアメリカに呼び寄せてはどうかという提案もしてくれたが、さすがにそこまで甘えるわけにゆかないので丁重に断った。ともかく、アメリカの富豪の人たちがまったく偏見もなく日本の一青年に与えてくれる好意に感服するほかなかった。生活費は柳子と金之介が交互に小切手で送ってくれるので、不自由はしていない。

聖書学院のクラスメートとホワイト校長（中央）　後列左から2人目が悦蔵、その前に立っているのは一時帰国中の水戸の伝道者ガーネー・ビンフォード（13章参照）†

悦蔵のアメリカ時代のポートレート

マンハッタンのレキシントン街にあった聖書学院のビル

ジョシュア・ヴォーゲル　[11]

建築士ヴォーゲル登場

ヴォーゲルは予定どおり一月二一日に横浜港に到着した。彼も日本YMCA同盟が身元引き受け団体であったらしく、東京YMCA会館を訪問したのち近江八幡に入った。二月一日の月例ミーティングのあと、八幡YMCA会館ロビーで八〇名ほどが集まり、盛大なヴォーゲル氏歓迎会を開いた。翌日から早速チェーピンと一緒に周辺を見学して学び、各地のバイブルクラスや日曜学校でリーダー役を務めはじめた。ヴォーゲルは建築の技術面、信仰面の両方とも期待されたとおりの人物であったらしく、メレルはそれを心底喜んだ。[11]

ジョシュア・ヴォーゲルはオハイオ州立大学で建築学を学んだことはすでに述べたが、父親はドイツ人移民一世の銀行員であった。一家はオハイオ州トレドに住み、ジョシュアは五男一女の三男として生まれた。高校を卒業して一年間大工をしていたが、一念発起して大学に入り建築士の道に進んだ。学生時代は学内YMCAの役員、建築研究会、全米建築家連盟の学生役員、校内教練隊キャプテンなどに名前を残し、メレルやチェーピンと同じくSVM本部に海外伝道をする意思を登録しておいた。ミッショナリーアーキテクトとして海外のミッション建築を設計したいという明確な目標があったので、YMCA関係建築で有名なシカゴのシャトック・アンド・ハッセー建築事務所に、海外伝道をしながら建築の仕事をするのに適当な国はどこかという質問状も出していた。前述のとおり、この事務所にはメレルが一九一〇年（明治四三）に滞在して建築の実習をしていたので、ハッセーからメレルにヴォーゲルの質問が転送され、それが縁となった。[11]

ヴォーゲルが来日したときは二四歳であった。彼は『マスタードシード』に来日一カ月の印象をつぎのように記している。

日本に来て一カ月でさまざまなところへ行ってみた。鉄道や郵便局のような公共機関は効率よく動いているが、国のコントロールが弱いところでは非効率な面が多く、都市部以外の人々の生活は不衛生で不健康にみえ、改善の余地が大きい。喫煙、飲酒、遊郭のような不健全さはアメリカでも大目に見られているから日本を批判できないが、堕落する人々への歯止めとして、キリスト教的生活は絶対に必要である。エンジニアの目からすれば、現場労働者の非効率性がはなはだ目につき、実質的な労働時間は少ない。日本人のクリスチャンが社会改善の規範となれることは間違いないだろう。

近江ミッションは当初イメージしていたものよりはるかに素晴らしかった。建築事務所の二一名のスタッフの自主性や前向きさは気持ちがよく〔建築設計に関わらない近江ミッションのスタッフを含んだ数である〕、アメリカの地方の建築事務所よりも質の高い仕事ぶりである。仕事の内容も充実していて、今私がアメリカの建築事務所から勧誘を受けても興味を持たないだろう。それほど仕事は面白い。ＹＭＣＡ会館の寮の三メートル四方のベッドルームで寝起きし、八人の寮生と共同生活をしている。伝道で印象が強いのは野田伝道で、夕方四時に徒歩で出て六時に現地到着、日本食をいただいてから、七時に行灯《あんどん》の灯りだけの集会所に移動する。そこでは子どもたちが前方に陣取り、大人が後方にいて、立ち見を含め一五〇人ほどがいる。村田君を通訳にチェーピン君と私が一〇時くらいまで話をした。武田牧師がそのあとを引き継いだが、私たちは先に帰途につき、寮に到着したのが深夜一二時であった。

馬場鉄道ＹＭＣＡの知名度は高く、汽車に乗ると必ず鉄道員が話しかけてくるほど知られていて、人気も高い。農場を一度訪れたが、良い立地にあり、そこで働く農夫もいい方だった。将来その山辺を開拓して結核療養所を作る計画もあるという。彦根、安土、米原はまだ見ていない。

千客万来

ヴォーゲルが仕事を引き継いでも、メレルのアメリカ帰国はずるずると延びていた。それはこの二月と三月に大切な来客が重なったためである。

最初は欧米で有名なスミス・ロビンス音楽伝道団で、北米ＹＭＣＡ本部の企画で世界一周ツアーを敢行中に近江八幡に立ち寄った。美しい男声四重唱のハーモニーを劇場や駅頭などで聞かせ、人々を驚かせた。このツアーはＡ・Ａ・ハイドが資金を出していたので、役員として長男のアレックス・ハイドが同行していた。彼は父親に代わって近江ミッションを寄付先として見極める役目も負っていた。さらに、ハイド家のメンソレータム社が販売するメンソレータムが一〇年間増産を続けていたので、重要な原料である日本産のハッカ（メントール）の予備の調達先を調べる目的があり、メレルは神戸のハッカ工場に

1913年メレル渡米直前の集合写真。前列中央がメレル、左に武田猪平夫妻、右にウォーターハウス夫妻。チェーピンとヴォーゲルが同じ写真に収まる珍しい1枚。悦蔵は留学中　†

案内をしている。

二番目の来客は、北海道伝道のジェローム・ホルムズ牧師である。ポール・ウォーターハウスと神学校で同級生であり、同室で寄宿していた仲であった。

三番目の来客は、大阪外国語学校の英語教師として来日したグレン・ショウである。彼は日本での経験が短いのでメレルの活動を参考にしようとやってきた。その後山口高等商業、神戸高等商業などで教えた。ショウは第二次大戦後、翻訳家・日本文学研究者として芥川龍之介作品などを海外に紹介したことで有名である[11]。

四番目の来客は、伝道作家のS・D・ゴードン夫妻である。伝道文学は日本では聞きなれないジャンルであるが、当時クリスチャンで知らぬ者がいないほど影響力があった。数週間後、メレルがアメリカに行く船にゴードン夫妻がハワイから乗船し、ゴードンの船上講演会にメレルがにわか通訳となり、初めて人前で日本語を披露する度胸をつけたと語っている。[13]

五番目の来客は、メレルが一九〇六年（明治三九）秋の井伊直弼公誕辰祭で出会い、彦根教会で顔を合わせていた彦根の名士、田中左門である。田中は元彦根藩士で、井伊家と縁戚もある有栖川《ありすがわ》宮家の侍従をしていた人物である。近江ミッションに見学に訪れ、その多彩な活動に興味をもち、特に北之庄の休み処のような慈善活動に感心して帰って行った。田中は返礼として彦根湖岸の自邸にメレルと武田猪平を招き、会席料理を振る舞ったという。後に田中左門の家族は彦根教会に通うようになった。

もう一つ、出発の直前に、彦根高等女学校に出向いている。校舎が新築され滋賀県初のグランドピアノが導入されたので、県内にいる外国人演奏者、つまりメレルに試弾の依頼があったのだ。体調がよくないのにメレルは喜んで引き受けて試弾をしていると、休み時間に大勢の女学生に取り囲まれミニ演奏会となったという。[11]

メレルと悦蔵のアメリカでの活動

メレルのアメリカ帰国のことはぎりぎりまで明かされなかった。三月一日の月例ミーティングには東京からウォーターハウス夫妻が出席したので、その席上で二二日の船に乗ると語り出した。積み残った仕事も多かったので、賑やかな送別会などはひかえられた。合名会社の仕事はチェーピンとヴォーゲルに引き継ぎをすませていたが、製図スタッフは村田幸一郎と二年目の佐藤久勝がベテランで、あとは入社から三カ月未満の元僧侶遠藤観隆《かんりゅう》、安土の信徒深尾某、林邦彦、三月入社の鉄道員井上政一《まさかず》というメンバーであった。

三月二二日、横浜から地洋丸で出航するメレルを村田が見送った。今回は、腸の不調を、メアリーが紹介してくれたニューヨークの名医に診断してもらい、眼病も治さなければならなかった。治療だけでなく、結核療養所（サナトリアム）の建設に向けて道筋を立てることも密かな目的としていた。具体的には、そのための募金活動と、模範的な施設の運営や建物、設備などを勉強することであった。

メレルは四月一〇日に両親が住むグレンウッドスプリングスに着き、荷を解いた。トランクには日本で出版した『A Mustard-seed in Japan（一粒の芥子種《からしだね》）』がたくさん詰め込まれている。一九〇六年（明治三九）に帰国したときと同様、二週間の移動中に腸も眼の調子もすっかり改善していた。早くニューヨークに行って悦蔵に会い治療を受けたいが、手紙が多数自宅に届いているのでその処理に加え、友人の訪問、講演の依頼、それにA・A・ハイドからウィチタに立ち寄るように連絡がきたので、五月一日ごろまでニューヨークに行けそうにないと悦蔵に手紙を送っている。しかも、ニューヨークでも講演会をいくつかセットして、スライドの準備など細かな指示を出すほど精力的であった。

ヴォーリズ一家（1913年頃）†

四月二四日に東海岸に向けて移動を始め、シカゴに行く前にハイド家に四日間滞在して、教会や集会で講話を行った。この地で思いのほか多く寄付金を集めることができた。ハイドからは、メンソレータムの極東代理店をやってはどうかといちだんと具体的な提案を受けている。

五月二日、待ちかねていた悦蔵はようやくペンシルバニア駅でメレルと再会できた。そのときのメレルは時代遅れの洋服に古ぼけたコート、麦藁《むぎわら》帽で現れて目立った。まず近江ミッションの米国代表である、ブルックリンのチェーピン家に鞄をおろし、以来、そこを東海岸の拠点にした。レスター・チェーピンはまだヨーロッパで建築を見学しているが、彼の母親は大喜びで二人を迎えた。その後メレルは悦蔵が設定した数々の講演会をこなしながら、メアリーの家で世話になったり、寄付をくれた人たちに会ったり、チェーピン家の別荘に滞在したり、忙しくも愉快に過ごしていた。そしてようやく五月一七日に病院に入院し、数日間検査を受け、医師の診断を受けて退院した。結果的には、腸の病気は郷里でゆっくり休むくらいしか手はないと言われた。

六月二日から一週間、ニューヨーク州レイク・モホンクで第一〇回万国学生基督教青年会（WCSF）大会が開催され、一九〇七年の第七回東京大会に出た二人はこの大会に参加することにした。悦蔵はちょうど学校の半年コースが終わったところだった。二人は船でハドソン川をさかのぼり、ウェストポイントで下船し、大会用に用意された馬車で会場まで数時間かけて移動することになった。そこであてがわれた馬車は驚いたことに貴賓客用のもので、衛兵が整列をして出発を待っていた。二人が最も遠方からの参加者ということで、時の大統領ウィルソンの令嬢と、鉄道王で全米一の富豪ジェイ・ゴウルドの令嬢ヘレンと同じ馬車に乗る光栄に浴したのである。ヘレンは独身時代に米政府にスペイン戦争の戦費を寄付したり、ニューヨーク大学の半数の建物を寄付した富豪中の富豪だった。あまりの格の違いにとまどいつつ乗り込んだが、数時間の馬車の旅で四人の会話ははずんだという。[13]

この大会が終わってから二人は別々の行動をした。メレルは毎週拠点を変えながら、アーカンソー州ウィンスロー、ノースカロライナ州ブラックマウンテン、マサチューセッツ州ノースフィールドと、各地域のYMCA夏の大会で近江ミッションについて講話をした。それぞれの会場で著書を販売し、持ってきた一三〇〇部を売り切った。読んで感動した人がドイツ語訳とオランダ語訳を作ったというおまけもついた。

一方、悦蔵は別の州のYMCA夏の大会に参加したとき、口ひげを蓄えた紳士と話す機会があり、日本から来たというと、近江八幡を知っているかと言われた。驚きながら、自分はそこから来ましたと答えると、ヴォーリズを知っているかねと言われ二度びっくりした。悦蔵はメレルと近く再会する事情を説明すると、夏の内に私の別荘に来なさいと言われた。彼こそがA・A・ハイドであった。そのような経緯で、二人は七月のある日、バファローで落ち合い、ハイド家を訪問した。ハイドの車であちらこちらを案内され、さらに釣りを楽しむための山荘に招待された。その帰りがけに、メンソレータムの見本を手渡されて帰った。後に悦蔵が『近江の兄弟』を著したとき、この日初めてメンソレータムの販売を提案されたと書いているが、先にも述べたように、それは悦蔵の勘違いだった。[5]

ハイドのもとを辞したあと、二人はウォーターハウス家、ヴォーゲル家の家族と一緒にコロラド州エスティパークで開催されたYMCA夏期学校にも出席している。このあとでメレルは悦蔵をグレンウッドスプリングスの実家に招き、涼しい高原の夏休みを楽しんだ。その最中に悦蔵が母と金之介に出した手紙には、このころにはメレルの両親も近江八幡に移住することを思案し始めていると書かれている。

悦蔵、モット博士から仕事をもらう

月日を少し遡って六月のこと、悦蔵はニューヨークのＹＭＣＡ本部から呼び出されて、あのジョン・Ｒ・モットから直々に、北米ＹＭＣＡ巡回学生主事として日本人留学生のいる大学を回ってくれないかという話をもらった。九月に出発して、学長など有力者に面会し、日本人留学生は将来日本の中枢を担う人材なので、日本人に対する偏見から守り、孤立しないように配慮をお願いする仕事であった。旅費、宿泊費はもちろん、月給として一四〇円が支払われるという好条件であった。[1]

当時、北米で学ぶ日本人留学生はおよそ一三〇〇人いたが、明治末期から次第に日本人に対する排斥や偏見が増していたので、留学生たちがアメリカ社会から孤立して、将来の日米間の対立を助長することをモットは懸念していた。モットは、人種・国籍を問わず健全な青年を育むためには努力を惜しまない真の世界人であった。彼が一九〇八年（明治四一）に来日したときは、東京の数千人の中国人留学生の不遇に心を痛め、「留日中華学生ＹＭＣＡ」の設立を推進したが、そのときと同じ気持ちで日本人留学生のことを考えていた。

このとき、悦蔵と同じ仕事を委嘱された者がもう一人いた。シカゴ大学在学中の医学生加藤勝治（のちシカゴ大学助教授、東京帝国大学医学部で血小板の先駆的研究を行う）で、以前八幡ＹＭＣＡを訪問したことのある人物である。二人ともＹＭＣＡ主事の経験があり、十分な英語力を有するので選考されたのだろう。

非常にやりにくそうな任務であるが、実際に回ってみるとモットの紹介状の効果は絶大で、どの大学でもきちんと対応してもらえた。こうして悦蔵は二月までの半年間に三七の大学を計画的に巡回し、しかるべき地位の関係者と面会がかなった。この仕事を引き受けたことで、当初予定した一〇月の帰国は半年近く延期された。収入があったことで、日本に戻るときにメレルと一緒にエルサレムなどの聖地を訪問して西回りで帰国するという夢がかなえられそうになった。

ツッカー姉妹が住む家　†

結核療養所のモデル病院見学

悦蔵が大学回りをしていた九月と一〇月は、メレルも各地を巡回していた。ニューヨークでメアリー・ツッカーに会って結核療養所を建てる支援を求め、賛同を得たのもこの時期だった。メアリーは手始めに一〇〇〇ドルを寄付し、妹も一〇〇〇ドルを寄付した。そのうえで亡き父の製糖会社で社長の座を継いだジェームズ・ポストを紹介し、彼からも毎年二五〇ドルの寄付を約束してもらった。ポストは後年ナショナルシティ銀行の理事になり、同銀行が日本に支店と社宅を増やした際にメレルの建築事務所を推薦した人物だと考えられる。メレルはニューヨークで講演をしたのち、カナダ、バージニア、オハイオ、ケンタ

ヒンスデール・サナトリアム

ッキー、オクラハマ、そして一時実家に戻って休み、一一月になってウィスコンシン州ミルウォーキーを訪問した。移動中に悦蔵と手紙のやりとりを続けているなかで、両親と初春に太平洋航路で日本に向けて発つことになったので、聖地訪問は今回は中止となることを伝えている。そして、現地でサナトリアムと呼ばれる療養院の姿を学ぶために、ヒンスデール・サナトリアムのポールソン院長に面会して病院の見学をするように伝えている。

　このサナトリアムは、セブンスデー・アドベンチスト教会のデービッド・ポールソン医師が、シカゴの篤志家の基金によって一九〇四年（明治三七）に設立し、彼の信念とする治療「新鮮な空気、太陽光、適当な運動、清浄な水、健康的な食事、美しい風景、そして神が導く平穏な心」が実践されていた、当時もっとも進んだ施設だった。ポールソン医師は一九一六年（大正五）に亡くなるまで、メレルの医療事業に助言を惜しまなかった。

　悦蔵がシカゴ郊外のヒンスデール・サナトリアムに着いたのは一一月一八日のことであった。ポールソン院長と同院のクロウ女史は目的をよく理解してくれており、院内の人たちから四日間にわたって運営方法や治療内容の学習をさせてくれた。[75・79]

　メレルは悦蔵より少し遅れてヒンスデールに到着した。院内で講話をする予定でいたが、喉《のど》の炎症がひどくなって高熱が出はじめた。そこで診察を受け、気管支炎ということでそのまま数日入院をしてしまった。その後軽快したが、医師から、他の原因が考えられるのでニューヨークに戻って専門医のいる病院で診察を受けるように勧められた。

メレル、ニューヨークで緊急入院

メレルは再びメアリーの紹介でニューヨークの内科医にかかった。その結果、慢性の盲腸炎があるかもしれないと言われ、外科医を紹介された。一一月二七日、メレルは紹介された当時世界最高峰の病院と謳《うた》われたニューヨーク病院のバートン・リー医師の診察を受けた。するとやはり慢性盲腸炎が進行している可能性が高いので、すぐに入院して手術を受けねばならないと宣告された。

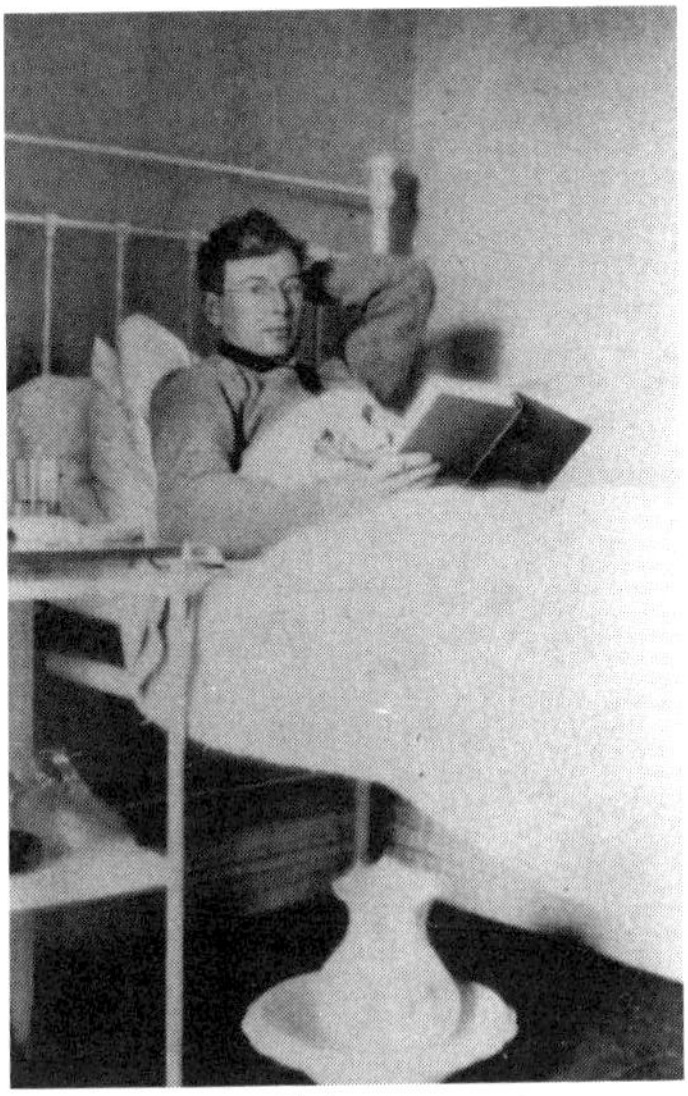

ニューヨークで入院中のメレル　†

シカゴでメレルの入院を知った悦蔵は直ちにニューヨークに向かった。メレルの両親もやってきた。執刀日は一二月三日と決まった。悦蔵は一二月一日、近江ミッションに、「Merrell Operation Pray（メレル手術、祈れ）」と打電した。この電報を八幡YMCA会館で受け取った村田はびっくりして、しゃにむに周囲の者に伝えたという。その後の毎朝の祈禱会ではメレルの手術成功を祈ることが続いた。

手術の日の朝、メアリー・ツッカーが見舞いにやってきて、入院費用は私がみるから心配しなくてよいと言って花束を置いていった。内心は帰国費用がなくなる心配をしていた悦蔵はほっとした。

メアリーのあとへニューヨークにいた日本YMCA同盟名誉主事のゲーレン・フィッシャーが来て、ベッドの上のメレルと一緒に神に祈った。いよいよ手術の時間となり、メレルは用意してあった遺書を悦蔵に託して手術室に入っていった。実際の手術は四〇分ほどで終わり、手術室から出てきた執刀医のリー医師から、やはり盲腸炎であったが手術は成功したこと、開腹手術は傷がふさがるまでの三週間は入院して経過をみなければいけないと言われた。[11・13]

一二月一三日、悦蔵は近江ミッションに「メレルは快方に向かい、安心」と打電した。途中のことを知らされていなかった近江ミッションには大きな安堵が広がった。ブルックリンの自宅に三年ぶりに帰ってきたレスター・チェーピンは、病院のベッドにいるメレルと再会した。退院できることになったのは一二月二八日のことで、悦蔵は病院の会計窓口に行っておそるおそる手術費を聞いた。窓口ではリー医師に会うように言われた。悦蔵がリー医師の部屋をたずねると、メレルは無報酬にもかかわらず外国で伝道をしているのだから、私も無報酬で手術をするべきだと思ったので費用はいらないと言われた。悦蔵は発する言葉もみつからず、体で感謝を表現し、固く博士の手を握った。どうしてもリー医師に礼をしたかった悦蔵は、日本から万が一に備えてトランクの底にしまっておいた、彦根で手に入れた宝物、朱《しゅ》塗鞘《ぬりさや》に収まる三尺一寸の短刀を贈った。後日、メレルと悦蔵はリー医師から食事に招待され家を訪問したとき、応接間にその短刀が飾ってあるのを見た。[1]

二人が不在の近江ミッション

メレルと悦蔵が不在のあいだ、ウォーターハウス夫妻と柳子らは七月一日に東京の借家を引き払って近江八幡に移動したが、ウォーターハウス夫妻は池田町の新居に入らず、間もなく軽井沢に移動した。軽井沢に自費で建てた近江ミッション別荘で避暑をし、日本語学校の夏期コースを受けるためだった。したがって、夫妻の家具は魚屋町の建築事務所一階に置かれたままで、それが搬入されるのは一〇月になる。

完成間もない悦蔵の家。ウォーターハウス夫妻がポーチにいる　†

ほぼ同時期に建った吉田家の洋館もまだ入居できるほど整っていなかった。悦蔵の弟徳蔵が同志社を卒業して吉金商店の仕事を手伝うことになったので、柳子とお春は一〇月まで神戸に戻ることにした。悦蔵の洋館は空き家であるが、そもそも和式建物の生活しか経験のない柳子には勝手が違いすぎて洋式の建物では住みにくかったのである。和室は二階の八畳間一つあるだけで、お春の部屋は三階の洋間である。玄関を開けるとすぐにフローリングの階段室があるため、下駄を脱いで床に置くほかになく、中二階のポンプ式の洋式水洗トイレとバスタブなど勝手が違いすぎた。

七月末から合名会社のメンバーが軽井沢に移動して行った。その間、近江八幡の留守番役を村田幸一郎が受け持ち、事務所と八幡ＹＭＣＡ会館を守った。特別ワーカーである同志社神学校生の清水安三は、近江ミッションから奨学金を受けていることでもあり、野田や安土の日曜学校を応援することになっていた。しかし、清水は組合教会の宣教師から夏の間だけ新潟県柏崎《かしわざき》へ応援に来てほしいといわれ、自主的にそちらで伝道活動をした。彼の現地での奮闘は非常に感謝されたが、メレルがあとからこの事実を知って、組合教会側に、清水は近江ミッションのワーカーですと抗議をする一幕があった。[5]

この年の建築設計

この年のヴォーリズ合名会社の設計実績は、メレル不在中にもかかわらず目をみはるものがある。エヴァンジェリオン・アソシエーション（福音連盟）のポール・S・メイヤーの依頼によって青山学院の神学校、一〇〇〇円の資金で向島教会と付属幼稚園、さらに下落合村にホフサマー邸とメイヤー自身の邸宅、さらに大阪西区に大阪福音築港教会と付属幼稚園（現在の日本基督教団大阪九条キリスト教会と福音幼稚園）及び付属住宅二棟を設計し建築中であった（メイヤーの住宅は東京下落合から千葉県大網白里市に移築され「メーヤー館」として保存されている）。

ところで、チェーピンとヴォーゲルの二人が一緒に働いた期間は八カ月ほどである。メレルが不在だったこの時期に書かれた建築事務所の様子を伝える記事があるので、長いが紹介しておこう。

ある建築家の平日

朝六時半寮生の明るい挨拶の声で目をさます。顔を洗ってバンジョーを持って、朝の祈禱会に集合する〔バンジョーはチェーピンの得意楽器〕。讃美歌を歌ったあと、聖書の一節を読み合わせる。寮生は日本語で読み、我々は英語で唱和する。そのあと、その一節について少し解説をする。そして一同片膝を床に落として主の祈りを皆で唱和する。寮生は食堂にすぐ向かって登校する準備を始める。

我々は通常一人は建築事務所に行き、八時から仕事を始める。もう一人は残って一〇時まで日本語の勉強をしてから交代する。建築図面は平面図、立面図、トレーシング、文字の書き込み。一時間の昼休みのあと六時まで仕事をするが、これは我々の主義ではない〔メレルは五時終業を守る主義だった〕。本来は早めに終わって、オフィスを出てクロスカントリー風の走り、テニス、散歩などをして体力をつける。ある日は四時半に終えて、町の祈禱会に参加する。ある夜は六時に夕食をすませて、八時の礼拝に出て、YMCA会館に一二時に帰ることもある。また、ある夜はバイブルクラスを開き、またある夜は七時半に寮生と一緒に祈禱会を行う。これが八幡での一日であるが、八幡に居ない日はどうしているか？

朝食までは同じだが、雨の朝は、駅まで徒歩だと泥だらけになるので六時半に人力車を呼んで駅に行くことになる。鞄と弁当箱をもってリキシャによじ登り、ゴムのひざ掛けをすると、YMCAのコックさんや生徒たちがサヨナラを言いに必ず集まってくれる。駅までの道のりは楽しい。（中略）この日は大阪行きである。そこから神戸に向かうこともある。その日のうちに八幡に帰ることはまれで、向こうで一泊か二泊することが多い。

大阪に着くと、路面電車に乗って四五分ほど行き五分ほど歩けば、ある宣教団の建築中の教会と幼稚園、日本人伝道者と外人宣教師の家が建築中である〔前述の築港福音教会と付属建物であろう〕。ここでは建築家として能力を発揮し、我慢強く、ユーモアをもって対応しなければならない。前回訪問したときと同じ説明を繰り返したあと、階段が二種類の木材で作られていることに気づいた。段差は期待通り六インチでできているが、一段が七インチ半、他の一段が二インチ半のものが見つかった。大工が注意深く階段を作ってもこのとおりの結果である。我々はこのままでは施主が残念がるとていねいに言い、どんなに言い訳をされてもひたすらやり直しを依頼するのである。次にドアのフレームの幅木が、図面では三フィートと書かれてあったのに二フィートしかないことに気づいた。心優しい宣教師が重要ではないと言ってくれたのでそのままにすることができた。暖炉は大きな間違いがあったのでハンマーと鏝《こて》で漆喰《しっくい》をはがしてやり直させた。それで、ようやく職人はやり方がわかったようであった。次にドアのカギが上下逆に取り付けられていたが、まったく違和感がなく固定できていたので、宣教師がカギを逆さに刺して使うからかまわないと言ってくれた。

別の建物に移動すると、梁の柱が正しく設置してあったが、二インチの角材で支えていることがわかった。このままでは梁の重みで折れてもおかしくなかったが、節目がない角材なので折れずにすんでいただけである。しかし、これでは二階に子どもが大勢上がったときに折れる危険性があるので、柱を交換するように要求した。こうしたギブアンドテークで職人とやり取りをして完成させるのだが、彼らが知らない西洋的な技法をやらせておいて、一方的に責めることができようか。

さて、神戸に移動すると、現場では西洋建築に慣れた業者が請け負っており、素晴らしい大工仕事で、図面どおり正確にやってくれているが、その結果、材料のロスが多い。彼らのような経験のある大工を雇うと高くつくが、結果的に損はない。問題があるのは、ミッションの要請で九〇〇〇ドルはかかる建物を六〇〇〇ドルでやってほしいということになったときである。六〇〇人収容の学校を二万五〇〇〇ドルで建てるとなれば、注意して正確で経済的に設計し、ずっと工事監督をする必要がある。二、三人の日本人建築士の人件費だけで二万五〇〇〇ドルはかかってしまう。こうした実例が多い。

我々の場合は、近江ミッションを維持するに足るだけの利益を確保すれば、喜んで他の宣教団の費用を抑えることに努力をしている。

現場確認のための出張から戻り、近江八幡の住みかが我々を迎えてくれると、すべての疲れを忘れる。そして、我々の祈りを神が受け入れ、明日が素晴らしい日になるだろうなどと考えているうちに深い眠りにつくのである。[11]

この建築設計と現場での姿勢、そして他の外国人設計士の事務所より低料金であることで、あらゆるミッション団体の支持を集め、注文が集中するようになった。『マスタードシード』の誌上では建築設計を宣伝することは一切ないが、このように日常の様子を伝えている記事は珍しい。

レスター・チェーピンの賜暇帰国

レスター・チェーピンは九月末で来日三年目を迎え、メレルとの契約期間がいったん満了となるので、一年間の賜暇帰国をすることにした。彼にはマリアン・ラドナーという、学校教師をしている婚約者がマサチューセッツ州におり、アメリカで結婚式を挙げて、夫婦で近江八幡に戻ってくるつもりだと公言していた。九月二〇日、馬場鉄道ＹＭＣＡにおいて送別会が催された。後藤鉦三郎の後任となった藤原鉄長主事と一七名の鉄道員が、彼の好む和食をテーブルに並べた。その後の余興には二〇〇人ほどが集まり、ミュージカル風の時代劇が披露された。チェーピンはいつものジョークをとばして座を沸かした。

翌日、彦根では午前に教会員の送別会があり、午後は英語クラスとバイブルクラスの生徒が彦根城の堀端でゴザを敷いて、英語の送別スピーチ会を開いた。その翌日は八幡ＹＭＣＡ会館で何人かが英語で送別スピーチをしたあと、チェーピンが日本語で挨拶をする趣向で送別会が始まった。

当時の悦蔵とチェーピンの手紙をみると、マリアンが日本に来ることを少し心配しているが、石原キクと文通を始めており、二人の婚約者らは近江八幡での生活に思いをはせていたことがわかる。彼はシベリア鉄道で欧州に渡り、各地の建築を二カ月ほど勉強してから大西洋航路でニューヨークに帰る計画であったので、ブルックリンの自宅に帰るのはクリスマス前であった。

婦人部のはじまり

近江ミッションは正式な日本語名が「八幡基督教青年会」のままだった。二年前までは独身男性だけの集団だったが、今や中年の武田猪平や吉田柳子が団員にいて、青年会とはいいがたくなっていた。そしてこの年九月にウォーターハウス夫妻が定住したことで雰囲気も変化した。夫妻の家具を魚屋町の事務所から池田町の建物に搬入する際には相当の見物人が出たという。ベッシーは他に西洋婦人がいない町で困ることもあった。まだ柳子は神戸にいたので、村田はベッシーを助けるためにせめて女中のお春だけでも近江八幡に戻してほしいと葉書を送っている。ベッシー夫人の言葉を助けたのは教会員の佐藤ケイ（八幡商業学校教師のバーナード・トムソン氏の妻）で、四人の子どもを育てていたが、近所だったのでベッシーには大助かりであった。[83]

高場富江親子　11

このころにはメレルの両親も近江八幡に住むらしいという話が伝わり、一挙に女性ワーカーが増える兆しがみえてきた。そんな話題があった一〇月のこと、近江ミッションの伝道に強力な婦人伝道員となる人材が加わることになる。高場富江という新潟県直江津出身の夫人で、ミッションスクールを出て、学内のアメリカ人宣教師の助手として七年間働き、その宣教師とシカゴに渡って二年間現地のムーディ聖書学院で学んでいる。卒業後に長老派教会の伝道員として活動をして帰国した。郷里で日本人事業家と結婚し、六年間アメリカで生活し、子どもを二人もうけた。

アメリカにいる時期にメレルの単行本『A Mustard-Seed in Japan』（和訳書名『一粒の芥子種』）を読んで感激し、近江八幡に見学に来た。[11] ただちに彼女をワーカーとして迎え入れようということになり、村田が北之庄農園の敷地に住居を建て、彼自身が使者となって直江津に出向いて、最後の準備を手伝った。その甲斐あって、高場は子ども二人を連れて近江八幡にやってきた。長女のクニはすぐに日曜学校のリーダーになった。高場は柳子と組んで野田や安土の農家の女性にキリスト教的生活を話す会を開いた。

近江八幡に定住したポール・ウォーターハウスは、建築設計には一切かかわらず伝道に集中した。メレルが開いた各地のバイブルクラスの再活性化を当面の仕事とした。近江八幡はもとより、長浜、米原、彦根、能登川、馬場のすべてを回ってみたが、近江ミッションのメンバーによる指導が減ったところは火が消えかかっていた。このころ、八幡高等女学校にコーラスサークルができたので、ポールとベッシーが讃美歌やクリスマスソングの指導を行って好評を博した。[11]

11 一九一四年（大正三）　女性の活躍とガリラヤ丸進水

悦蔵、第七回SVM大会に出席

悦蔵は、北米YMCA巡回学生主事を引き受けたことで北米各地を回れただけでなく、一九一三年（大正二）一二月三一日から一九一四年一月四日に開催された第七回SVMカンザスシティ大会に参加することができた。参加者総数五〇〇〇名、そのうち学生が三三〇〇名という大きな大会で、四年ごとに開催されている。一九〇二年（明治三五）の第四回大会はカナダのトロントで開催され、メレルが海外伝道に出よという神の召命を感じた大会である。

この大会には三九名の日本人が参加していた。日本に関するセッションでは、ゲーレン・フィッシャーと同志社のシドニー・ギュリックが現状報告を行った。講演者の中には聖書学院のホワイト校長やA・A・ハイド氏も含まれていた。悦蔵と同じ巡回主事をしているシカゴ大学の加藤勝治は日本学生代表として立派な演説を行った。[82]

大会の終盤になって、六人の日本人学生から、帰国する費用がなくて困っているが、吉田さんはたくさんの人を知っているようだから、どなたかから援助をもらえるよう頼んでほしい、と真剣に頼まれた。

悦蔵は会場の中を見渡すと、夏に会ったひときわ恰幅《かっぷく》のよいハイド氏が目に入った。歩み寄って事情を話したところ、胸から小切手を取り出してサインして渡してくれた。見ると金額欄がブランクになっている。悦蔵は感激で泣きそうになりながら、ハイドに相応な額をお願いすると、その額を記入してくれた。この大会後、悦蔵は残してあったカリフォルニアの大学を何校か回ってメレル一行と合流した。[15]

メレル、両親を伴って日本に向かう

メレルは術後の静養のためカンザスの大会に出席できず、グレンウッドスプリングスで年を越した。両親は前年の夏に日本行きをほぼ決めていた。五二歳のジュリアは、学生時代に望んでいた海外宣教が現実になったことに期待を膨らませていた。父のジョンは六二歳になり、次男の店を共同でやっていたが、かんばしい業績を上げていないので、自分は引退のころだと考え始めていた。日本に行けばジョンはビジネスマネージャーを、ジュリアは婦人部の活動をするという具体的な目標をメレルから説明されていたので、渡航の準備は万端整えていた。そして一月七日にメレルと両親は、ジョン・ジュニアと街の人々に見送られて西海岸を目指して移動を始めた。

一行がサンフランシスコに到着すると、ポール・ウォーターハウスの両親や親戚が暖かくむかえてくれた。ポールの妹のマデリンが、ハートフォード聖書学校の学業を半年休んで、近江ミッションに体験入団するため同行することになった。また、出発に合わせてウィチタからも一名加わることになっていた。ロレイン・レーカーである。彼はメレルより小柄な青年で、カンザス州ウィチタのフェアモントカレッジを卒業後、舞台役者の卵として地元の劇団に所属していた。メレルとはウィチタ市のＹＭＣＡホステルで同宿していたときに出会ったのではないかと考えられる。悦蔵も予定どおりサンフランシスコで五人と合流をした。

二月二一日、六人は日本の客船天洋丸に乗船し太平洋を渡った。この船にはメレルが手術のときに見舞ってくれたゲーレン・フィッシャーも同船していた。メレルが前回帰国した一九一〇年（明治四三）のときはＧ・Ｓ・フェルプスが、今回はゲーレン・フィッシャーがニューヨークの北米ＹＭＣＡ同盟本部にいた時期と重なっており、日本・中国・韓国のＹＭＣＡの建設計画が議論される際に、メレルも関わるように予定が調整されていたことをうかがわせる。つまり、メレルはフィッシャーとフェルプスの援護によって、東アジアのＹＭＣＡの建築設計責任者としての立場を獲得していたものと考える。それは後述する中国への出張をみるとより理解しやすい。

さて、一行が横浜に入港したのは三月一二日のことである。東京に一日滞在して街を見物したが、悦蔵は別行動をしてキクと一年半ぶりの再会をした。そして一四日に一行は近江の地に入ってきた[11・13]。

このときの歓迎ぶりは大変なもので、まず乗換駅である米原駅で一群の人たちの歓迎を受けた。鉄道員でメレルを知らぬ者が少ない駅であるから、大そうな出迎え風景であった。乗り換えて彦根までくると、そこでも駅で歓迎の人たちの群れに迎えられ、花束をもった人も待っていた。近江八幡駅ではいちだんと大勢の歓迎を受け、途中八幡市内の道筋には歓迎の人たちが立っていたという。このような歓迎風景は今やほとんど見られないので誇張されていると感じる向きがあるかもしれないが、ベッシー・ウォーターハウスが見聞録を残している。

マデリン・ウォーターハウス。のち宣教師ハーバート・ニコルソン夫人 †

一四日の夜は、一行が八幡ＹＭＣＡ会館に集まって無事の到着に感謝する祈りをしただけで散会をした。本当の意味での歓迎会は翌週に行われた。八幡ＹＭＣＡ会館には近江ミッションに関係した人たちが大勢集まった。八幡教会の子女と近所の少女を集めたサークル「弥生会」によるコーラスで幕が開き、合名会社と寮の代表者らの挨拶が英語で行われた。メレルの答辞のあと、バイブルクラスの生徒が四幕の寸劇を披露した。

彦根でも友人たちが田中左門の大邸宅で盛大な歓迎会を開いてくれた。近江ミッションの主要メンバーが彦根の人たちと邸内で朝から夕方まで過ごし、正式な会席料理でもてなされた。[11]

ヴォーリズ一家の邸宅建設

池田町五丁目の敷地には、悦蔵の家とウォーターハウス夫妻の家が建ち、半分を占めていた。その北側に建つ三棟目は、当初チェーピン夫妻にという計画があったが、先にメレルが両親を伴って帰ってきたので、ヴォーリズ一家の家を建設することになった。この建物ができるまでの期間、メレルの両親はウォーターハウスの家の寝室を使った。ポールの妹マデリンも兄夫妻の家に入り、ロレイン・レーカーは中井という八幡ＹＭＣＡ会員の家に下宿した。メレルは今までどおり八幡ＹＭＣＡ会館二階に戻った。

ヴォーリズ一家の邸宅の図面は一九一三年（大正二）三月二八日作成となっており、メレルが日本に戻るまでにレイアウトや外観のイメージを固めておき、近江八幡に着くとすぐに製図に取りかかったことがうかがえる。平面図には井上政一とメレル本人のイニシャルがある。

この建築工事のため背後にあるテニスコートは一時閉鎖されることになった。六月末までに棟上げと屋根葺《ぶ》きが終わったが、入居日は一一月一日となった。このヴォーリズ邸の二階の一室に、今まで八幡YMCA会館に置かれていた近江ミッション事務所が移転された。この移転を記念して、ハイドから「口述用録音機ディクタフォン」が寄贈されている。この装置は蠟が塗られたドラムを回転させて音声の振動を針に伝えて蠟面に音声を記録するものであるが、何のために使ったのか今となってはわからない。

建築途上のヴォーリズ邸　††

婦人部の活動本格化

前年秋に、ベッシー、柳子、高場富江の三人だった女性団員は、一月に大阪の大倉商業学校から八幡商業学校の英語教師に転じた宮本文次郎の夫人が加わった。そして三月にマザー・ヴォーリズと、短期ではあるがマデリンが加わったので、六名の婦人部ができあがった。

マナ会のメンバー。最後列左端がベッシー、その前が吉田柳子　†

新婚の宮本文次郎夫妻　11

ベッシーは一月から「マナ会」という西洋料理の会を毎週一回自宅で開き、近隣の女性たちが参加していた。さらにベッシーは、近隣の少女のためのサークル「弥生会」も始めた。

マザー・ヴォーリズは、英語に堪能な高場夫人に助けられて、近江八幡の生活に慣れることに一生懸命であった。マデリンは歌唱が特技だったので、日曜学校などで讃美歌やゴスペルソングを歌

近江ミッション主要メンバー（左から吉田柳子、ジョシュア・ヴォーゲル、武田猪平、ポールとベッシー・ウォーターハウス、ジュリア・ヴォーリズ、ロレイン・レーカー、ジョン・ヴォーリズ、メレル、吉田悦蔵）††

って聴衆の感動を呼んだ。四月に武田猪平の娘ジェッシーが若くして亡くなり、その葬儀のときは彦根教会にマデリンの清逸な歌声が響き渡り、人々の心に残ったという。ほかにも蒲生郡長から乞《こ》われて、子弟の英語と音楽の家庭教師をすることになった。彼女は八月に帰国してハートフォード神学校で学業を再開するが、卒業後に再来日して同志社女子大学に学び、その後在日宣教師ハーバート・ニコルソンと結婚する。

ジョン・ヴォーリズは、近江ミッションの事務担当者として寄付金の収支管理や会計の近代化に取り組んだ。『マスタードシード』の読者との通信も大切な仕事になり、出張の多いメレルに代わって手紙を書くことになった。また、ヴォーリズ合名会社のなかでもアメリカの業者と通信が多い建築材料や器具類の輸入業務を助けることになって、建築事務所二階にあった経理事務室を一階に移した。それは二階の製図スペースを拡げる効用もあった。

村田幸一郎の結婚

メレルらの帰国を待って行われたイベントが二つあった。一つは、安土出身の青年三名が洗礼を受ける決心をし、その洗礼式が三月一七日に行われたのである。安土セミナリオがあった安土にロマンを感じていたメレルは、これを大変喜んだ。この三人の中にいた岡田金一郎はその後の安土伝道の中心となる。

もう一つのイベントは、村田幸一郎と原友枝の結婚式である。四月一七日に八幡教会において執り行われた。二人の縁は、一九一一年（明治四四）に米国北部バプテストミッションが関西地域に基盤をつくるため、京都と兵庫にバプテスト教会を新築することから始まった。この計画は神戸に定住しているR・A・トムソンとJ・F・グレセットが責任者となって、メレルに設計が依頼された。京都バプテスト教会の土地は河原町通丸太町上ル一筋目に確保され、その設計図面は一九一一年三月に作成されて工事が始まった。通りからはわかりにくいが、現在も当時の礼拝堂が使われている。

村田は建築現場に通ううちに、初代牧師に指名された原三千之助《みちのすけ》と彼の三女友枝と知り合った。原三千之助は神奈川県相模原の生まれで、横浜バプテスト神学校の第一回卒業生だった。「神学校を出た以上一番苦労する地で働きたい」という志があったので、同ミッションは一八九一年に彼を日本人伝道者未踏の琉球に派遣した。原は夫人と長女晴枝、次女順子、そして生後半年の三女友枝を伴って琉球に渡り、那覇講義所を設立して七年間地道な伝道をした。体調を崩して神戸にいたところ、京都にバプテスト教会を開くことが決まり、初代牧師に指名されたのだ。[57] 三女の友枝は姫路の日の本女学校（バプテスト派）を卒業後、京都の精華高等女学校を卒業した。紡績工場で女工の職長をしていたが、信仰の道に進む決心をして、姫路の恩師Ｆ・Ｍ・ラムゼー女史の助手に転じた。その後、ラムゼーの帰国にともなって大阪のバプテスト派を手伝うことになり、大阪に住んでいた。[11]

メレルは二人が恋愛によって結婚を望み、友枝が近江ミッションですばらしい働き手になると感じ、熱心に二人を応援した。何らかの事情ですぐに原家の同意が得られなかったときは、渡米直前だったにもかかわらず、メレルが原家の説得をしていた。新婚夫婦の住居は建築事務所裏に建てた和風の建物で、かつて柳子と女中、村田が同居していた所であったが、新婚夫婦が使いやすいように増築をしておいた。

新婚のころの村田幸一郎・友枝夫妻　††

一方、悦蔵も池田町の三階建ての新居に住み始めて石原キクとの婚礼の日を待っていた。しかし、キクは東京の仕事がいちだんと忙しくなって、婚礼を延期する意思を伝えてきた。小石川に移った保姆養成学校の教頭の仕事に加え、併設された彰栄幼稚園をはじめ、当初からの築地幼稚園と深川幼稚園の三つをデスリッジ校長の片腕となって運営していた。さらに築地に近い月島にも幼稚園を新設する準備を始めていたので無理もなかった。

メレル、中国大陸への出張

メレルは、日本に戻ってからわずか一カ月後に中国へ出張をしている。ニューヨークにいたときに、北米ＹＭＣＡ同盟から中国大陸のいくつかのＹＭＣＡ施設の設計をまとめて委嘱されていたと考えられる。このときの出張は『自叙伝』に詳しく書かれているが、中国大陸にも多く顔見知りがいたことや、短期間に多くの設計を成した事実は驚くべきことで、それをまとめておきたい。

四月二九日、神戸港でメレルは高速汽船エンプレス・オブ・ロシア号に乗船した。途中、長崎港で中国の宣教師ペタスと孔祥熙《こうしょうき》博士が乗船してきた。孔は孔子の七五代目の子孫で、会衆派教会から選抜されてオベリン大学とイエール大学に学び、東京の留日中華ＹＭＣＡ総主事をしていた。孫文の秘書をしていた宋靄齢《そうあいれい》（著名な宋家三姉妹の長女）と横浜で結婚したばかりであった。孔はその後、南京国民政府の財政トップになるが、ずっと近江ミッションと交流を続けた人物である。

上海に着くと上海ＹＭＣＡのハリス・ウィルバー主事（後の神戸ＹＭＣＡ主事）の出迎えを受けてその後の案内役を務めてもらい、上海ＹＭＣＡ少年会館の設計をする。当地では教え子の滋賀県立商業学校の卒業生二人と膳所中の卒業生一人が歓迎してくれたと記している。上海の用事を済ませ、夜行列車に乗って南京に移動し、南京ＹＭＣＡを設計するために敷地を検分している。それが終わると、汽船に乗って揚子江を内陸に遡って漢口を目指した。揚子江周辺には森林がほとんどなくなっており、日本の緑深い山々が好きなメレルにとって、残念な景観であった。この丸一日の航行の船上でナショナルＹＭＣＡ（日本ＹＭＣＡ同盟会館のことか）の設計をしたという。

途中、江西《こうせい》省の九江《きゅうこう》市に案内され、そこから現在はユネスコの世界遺産とジオパークに登録されている廬山《ろざん》を目指し、苦力《クーリー》が担ぐ駕籠《かご》に乗って十数キロメートルほど登り、宣教師に別荘地として人気のある牯嶺鎮《これいちん》（牯嶺東谷や牯嶺租界とも呼ばれ古い外国人別荘が残る。文豪パール・バックが育った家もある）に着いた。そこに二泊してから近くの百合谷と呼ばれる所に行った。そこにＹＭＣＡ修養所を建てる計画があって土地の検分をしている。材木が入手しづらい地域であるため、石造りの建物が中心で、メレルには一つの課題となる。この修養所の設計もこの年に完成させている。九江市内に下りて、船の出発を待つ間にキリスト教系の小児・婦人科病院を運営するマリー・ストーンという院長に会って院内を見学する。彼女は本名を石美玉といい、中国人女性として初めて西洋医学の外科医師資格を得た人物であった。

再び船に乗って漢口に着くと、現地のＹＭＣＡ主事が出迎えたが、彼は東京の留日中華ＹＭＣＡ会館の設計で顔見知りの人物であった。漢口での目的もＹＭＣＡ会館を建設する敷地を検分することで、実際に一九一四年（大正三）の日付で、漢口ＹＭＣＡ会館と主事住宅の図面が作成されている。漢口のＹＭＣＡ建設予定地を視察して帰る途中に、七年前に八幡商業学校を卒業した藤野三一と偶然出会う。彼は悦蔵の親友で、二代目伊藤忠兵衛氏のいとこである。のちに伊藤忠商店と合併する三興の社員として中国にいた。

このあと南京と上海に戻って、多くの宣教師やＹＭＣＡ関係者に会っている。上海には四人のコロラドカレッジ出身者がいて、楽しい時間を過ごした。その中の一人が、元ソウルＹＭＣＡ主事で二年前に国外退去をさせられたフィリップ・ジレットだった。彼は南京や上海のYMCAで主事をしていた。その日のうちに八幡商業学校の教え子、森田、上原、中川という者にも会っており、いかに当時八幡商業学校の卒業生がアジアで活躍していたか、またメレルがいかに生徒から慕われていたかがうかがえる。

次の訪問地、杭州へは一人で向かい、無事杭州YMCA主事のバーネットに会うことができた。杭州の新しいYMCA会館の土地は市の寄贈によるもので一等地にあったと記されている。この杭州YMCA会館と主事住宅はこの年に設計をしている。

そのあと、急に蘇州の宣教師から建築上の相談があって出航を数日延期しているが、それは一九一二年（明治四五／大正元）に設計したツッカー記念病院に関連する工事であったようである。最後に再び上海に戻って現地のYMCA長老と面会し、その後上海在住の六名の教え子と記念撮影をした。この地から再び孔氏が同行してくれて、日本へ戻る地洋丸でも一緒であったという。こうして一カ月弱の中国出張が終わるが、合名会社を始めてからわずか三年で、設計者として中国大陸に人脈を広げたのである。

結核療養所の一歩が始まる

製図担当者の中に遠藤観隆という若い元僧侶《そうりょ》がいた。彼は会津出身で、一二歳のころから寺に出され、その後比叡山の学林で修行をしていたが、うち込むことができずに山から下りてきた。船で長命寺港まで来て八幡の町まで歩こうとして、途中北之庄の街道に「休み処」があったので休んでいると、「キリスト教についてお知りになりたければ、八幡基督教青年会館をご訪問ください」と書いてあるのが目に入った。なんでもよいから仕事をもらいたいと訪問してみた。メレルらが建築事務所で雑用や製図の補助をやらせてみると、なかなか上達が早かった。彼は信仰のある生活に引かれ、改宗して洗礼を受けることになった。

その彼が洗礼を受けて間もなく、結核を患っていることがわかった。実家に帰らそうとしたが、親族から思わしい返答がない。ウォーターハウス夫妻が家の一室で寝起きさせて面倒をみていたが、夫妻には長男ゴルドンが生まれたばかりだし、良い空気を吸える環境がよいだろうと、北之庄農園の中に小屋とも呼べる病舎を建てて住まわせた。その病舎を「養老館」と名付けて、新しい肺病療養法なるものを実践しようということになった。柳子は毎日のように遠藤に弁当を作って運ぶようになり、他の仲間もたびたび見舞いに訪れていた。

この遠藤の療養生活をみて、メレルは養老館のような小さな単位でも療養所を始めることができるので、必要は発明の母だと述べている。いままで団員の中に、結核療養所は荷が重すぎる事業ではないかと懐疑的な声もあったが、遠藤の出来事から、団員の気持ちは結核療養所建設へと一つになっていった。[1・3・13]

この年の軽井沢生活

この年の夏も大半の者は軽井沢に移動をした。近江八幡に残って夏を過ごしたのは新婚の村田で、建築事務所の留守居役をしていた。高場富江は病気がちで床に伏せっていたようである。安土と野田の伝道活動は火が消えることがないように、同志社神学校の学生清水安三と同級生一人が夏季休暇を利用し

近江園に建った軽井沢コテージのひとつ　††

て、現地で伝道集会と日曜学校を開いていた。

軽井沢では前年にポールが買った愛宕山（軽井沢）の別荘のほか、さらに別荘を建てるため土地を探しておいた。旧軽井沢から南に登った、浅間山の眺望のない「浅間隠し」と呼ばれる帯状の土地数千坪の土地である。その土地にこの夏二棟ができていた。その後、近江ミッションの発展とともに土地が買い増され、徐々にコテージが増えて、「近江園《パーク》」と呼ばれるようになる。

事務所は連日仕事が忙しくて活気があった様子で、日曜日を除く毎日五時まで勤務があった。残業はメレルが固く禁止していたので、終わると自由な時間がある。テニスはその中で最も人気があったので、専用テニスコート一面も作った。

メレルはふだん事務所にいて設計に腕を振るっているが、ミッション団体の会合に出たり、招かれてスピーチをしたりしていた。二年前から始まった外国人結核予防連盟の事務局長としても活躍していて、この夏はその役を再任された。父のジョンも事務所に来て、日中は会計や輸入業務をしていたが、夕方になるとテニスラケットを握ることを日課とした。悦蔵は役員として契約書をまとめる仕事が主だったが、ミッション関係の仕事にも関わった。若いロレイン・レーカーは、外国人避暑会の娯楽委員会のメンバーになって催し物の担当をしている。佐藤久勝と井上政一は外国人避暑団の子供夏学校で絵画を教えた。ヴォーゲルは設計の技術面の中心的な存在であり忙しい身であるが、外国人夏期学校やボーイスカウトの指導をし、外国人結核予防連盟の副会長を引き受けた。

　こうした若々しい近江ミッションのメンバーの行動は、一〇〇〇人近い宣教師の軽井沢避暑団からも頼られる存在となり、「近江バンチ（近江軍団）」と呼ばれ、メレルはそう呼ばれることを誇りとすると『マスタードシード』に綴っている。

伝道船ガリラヤ丸進水

　ガリラヤ丸の設計図は、およそ一年前からハイドとやり取りが行われていて、新鋭のモーターボートの部品・部材をアメリカから輸入し、船大工を呼び寄せて船体に組むことになった。造船作業は、艇庫として購入した舟木という運河に面した土地で行うことに決め、大屋根のある仮設の艇庫兼造船所を建てた。近江八幡の運河は、琵琶湖から八幡山までを囲むようにUの字に流れており、Uの字の底辺が町の中心地で、そこに日牟禮《ひむれ》八幡宮がある。このUの字の左下内側に舟木があるが、運河周辺は田が広りのどかな所である。そこに大津の船大工を呼び寄せて、輸入した部品をもとに船体を建造するのである。春から組み立てが始まり、七月にほぼ完成した。ボートは全長三五尺（一〇・六メートル）、速さ一二ノット、つまり時速約二二キロメートルで、船体は純白に塗られ、金属部品は真鍮《しんちゅう》であった。[13・27]

　進水式は九月二六日に五〇〇名以上を招待して盛大に行われた。当日の朝は快晴だった。一番早く近江八幡駅に着く招待客たちをメレルとレーカーが出迎えに行き、近江ミッションのペナントを付けた人

ガリラヤ丸進水式の模様　††

力車に次々と乗せて、町内の近江ミッション関係施設や北之庄農園を回ってから舟木艇庫に招き入れた。二番目の列車で着いた客はポールと悦蔵が出迎えた。のどかな集落に、盛装した男女が人力車でやってくるわ、西洋人も三〇名以上来るわで周囲を驚かせた。この日の晴れがましい一日については『湖畔の声』一一月号に特集され、次の雑報が掲げられた。

当月二十六日愈々ガリラヤ丸の進水式を挙行した。来会者五百余名、八幡町舟木橋側の造船所は破れるばかりであった。京都大阪神戸より来たりたる英米の同胞姉妹三十余名に達した。進水式は当八幡町古今未曾有の事であったので非常の人気であった。

千貫ゆき、ミリアム・フェルプスの二嬢は手を連ねて船の碇綱を切った。そして此可愛らしき日米の娘達によりてガリラヤ丸は揺るぎ出し動き出し、速力を加へ水上に飛沫八方忽《たちま》ち其定住の水中に突入したのである。其刹那の写真は本誌に挿絵とした。献船の辞に曰く、「我は彼ガリラヤ丸を主イエスに捧ぐ」とあった。ミッションの旗、深藍色に白色の羅馬字《ローマ》OMIを染出したるを打ち振り打ち振り満堂の来衆は熱心なる祝賀の意を表した。「ガリラヤ丸の幸永遠にあれかし」と。

式典のことは書かれていないが、司式を悦蔵が務め、メレルが歴史を説明した。来賓挨拶は蒲生郡知事、八幡町町長、岡山村村長、G・S・フェルプスだった。上記の進水式のあと、船長ポールが来客を一二人のグループに分けて試乗してもらった。船には「マーサ・ジェーン」と名付けた救命ボートが付属していた。これは進水日が誕生日であるハイドの令嬢の名前からとられたものである。

この華々しい進水式が終わってのち、日本では機関士訓練を受けた日本人の機関士が乗り組まねばならないという法規があるとわかり、機関士資格をもつ西澤正次を採用した。一〇月二六日から一泊二日で西澤、メレル、ポール、武田が乗り組み琵琶湖の北端、塩津港まで試験運航させて快調に走ることが実感できた。しかし、本格的に琵琶湖を運行するためには行政の認可が必要であり、この認可に思いのほか時間がかかり、結局翌年の三月まで本来の目的に利用はできなかったのである。

女性建築士ヘレン・ホリスター登場

この年前半の設計の仕事量は非常に多く、前年秋にチェーピンが帰国してから、合名会社の三役員が半年間不在の中で、ヴォーゲル、村田幸一郎、佐藤久勝、林邦彦、井上政一、廣島兵三、瀧川健次の七名で切り回していたのである。近江ミッションの建物としてヴォーリズ邸宅、ガリラヤ丸の仮設艇庫の撤去と新築がなされた。[5] この年は国内に明治学院チャペル、ピアソン邸など宣教師の家を数邸、東京と京都のＹＭＣＡ寄宿舎などをものにしている。

建築士ヘレン・ホリスター　11

建築設計の人員不足のため、国内外からスタッフを募っていたが、一〇月になって久保辰之助と松原七三を採用した。また、ヴォーゲルの紹介でオハイオ州立大学工学部建築専攻の女性、ヘレン・ホリスターを採用することになった。ホリスターは一年以上前からヴォーリズ合名会社に入社の希望を出しており、当人の準備が整って一〇月に近江八幡にやって来た。[11] 大学の記録によれば、ヴォーゲルとホリスターはずっと大学の同級生であり、部活動の建築研究会でも一緒、ＹＭＣＡとＹＷＣＡでもそれぞれ中心的な役割を担って学内誌に何度も登場している。ホリスターは工学部の卒業生一一〇名のうちで紅一点であった。彼女の建築学士号の卒業論文は「郊外住宅の耐火設計」というテーマである。[78]

来日後のホリスターは、弥生会の手伝いをして近江ミッションに溶け込んでいたが、一カ月もしないうちにジョシュア・ヴォーゲルとの電撃的な婚約発表をした。メレルは『マスタードシード』誌上でそれを発表し、婚約の意思は来日後に生まれたもので、結婚のために来日したのではないとわざわざ説明している。

1914年末ごろの近江八幡の池田町5丁目。手前から吉田邸、ウォーターハウス邸、ヴォーリズ邸　†

一〇月に三名のスタッフが増えた合名会社であったが、七月に勃発《ぼっぱつ》した第一次世界大戦の影響が、各宣教団体の建設プロジェクトの延期や中止という形で秋ごろに現れてきたので、合名会社はにわかに収入の不安を抱えることになった。このことから合名会社はミッション関係の建築ばかりに頼らず、個人住宅にも力を入れてゆこうという方針になった。[11]

この年のクリスマス行事は、近江ミッションのスタッフが充実したことで、今までになく盛大に行われた。馬場鉄道ＹＭＣＡの一二月二一日を皮切りに、野田二二日、安土二三日、八幡二四日、彦根二五日、米原二六日と順次クリスマス会が催された。[24]

12 一九一五年（大正四） 湖西と湖北に進出

「近江基督教伝道団」を公式名に

一九一五年（大正四）から、「近江ミッション」の日本語の正式名称を「八幡基督教青年会」から「近江基督教伝道団」に変更した。身内やキリスト教関係者の間では「近江ミッション」がふだんそのまま使われたが、世間には何の団体かわかりづらく、女性団員や中高年者もいて青年会は合わなくなったので、年末に長い時間議論をしてこう決めたのだ。しかし、「近江基督教伝道団」を法人登記する段階になって、この名前のままでは慈善団体と認められないとの役所の判断があり、登記は断念するしかなかった。[5・11]

第一次世界大戦の影響で、寄付は集まりにくくなって、建築案件も減少していた。一方、伝道のワーカー（伝道員）が増えて、チェーピンを含めて一六名、ＹＭＣＡ主事が二名、設計アシスタントが八名、寮母一名、農園補助二名、機関士一名という陣容になった。自己負担で参加しているウォーターハウス夫妻と柳子以外は毎月の給料を払わねばならないが、ヴォーリズ合名会社の収入だけでは十分ではない。そこで新しい収入源として農園の作物の缶詰工場、洋装品製造、キリスト教関係の書店などが検討され、『マスタードシード』誌上でアイディアの募集が行われた。一方で思い切った投資もしている。合名会社が一四人の大所帯となって事務所の手狭さが問題であったので、魚屋町の建築事務所を約二倍に拡張した。同様の理由から、軽井沢の夏事務所も拡張を行った。[11]

メレル来日一〇周年とレーカーの帰国

二月一〇日、ヴォーリズの来日一〇周年の記念式と、一九一四年に来日したロレイン・レーカーの帰国送別会が合わせて執り行われた。かつての町長や商業学校関係者、鉄道員など多彩な人たちが八〇名集まった。関係者の昔話が披露されたあと、八幡町長、八幡商業学校医山本小太郎（のち八幡町長）、水口教会の山田兵介牧師、教会員代表の千貫夫人からメッセージが披露された。メレルは面々の長い友情に感謝し、神の国をこの地につくるという一つだけの目標に向かってこれからも仕事をしてゆきますと短いメッセージを述べた。

送別されるロレイン・レーカーの滞在期間はわずか一年であったが、大学生のときに舞台で子どもの役をしていただけあり童顔で小柄であった彼は、その親しみやすい雰囲気でＹＭＣＡや日曜学校の人気者であった。教会員の一人が流暢な英語で送別メッセージを述べ周囲を驚かすと、今度はレーカーが流暢な日本語で答辞を述べて皆を驚かせた。[11] レーカーの存在は今やほとんど知られていないが、彼は帰国して再び舞台俳優としてのキャリアを歩みはじめた。半年後にニューヨークとシカゴで上演された「ポリアナ」という舞台劇で助演者として好評を博している。その後はローリン・レーカーという芸名に変え、脇役として無声映画からトーキー映画の時代も含め二〇本近いハリウッド映画に出演した。

湖東伝道の前進――廣岡浅子もやって来た

この年は、ガリラヤ丸の湖西・湖北伝道の始まりと、結核療養所（サナトリアム）建設発表という大きなニュースの中で他の活動が目立たなくなったが、メレルは湖東での伝道の広がりをこの年の大きな成果だと自己評価している。一週間のうちに主催する伝道集会の参加者総数は一〇〇〇人から二〇〇〇人あるとしており、そのための伝道者たちの給料と経費は月五〇〇ドルなので、非常に効率的な伝道だと自負している。月一回土曜日に開催している定期集会は四つの町で六つ開催されているが、どれも熱気がうかがえ盛況である。

このころ、近江八幡にプロテスタントの伝道キャンペーンとして廣岡浅子らがやって来て講演会を催した。そのときの印象をメレルが小文にしている。

全国三年伝道キャンペーンの最終の年となった五月八日と九日、メソヂスト監督の平岩愃保《よしやす》、大阪YMCA名誉主事のジョージ・グリーソン、そして大阪の偉大な女性廣岡浅子が近江八幡にやって来た。

マダム廣岡は大阪の大銀行の頭取で、遅くしてクリスチャンとなり、今六七歳という年齢で伝道キャンペーンを最も熱心に実行している女性である。二千人の聴衆に十分届く声で、男性演者にも見かけないほどに熱く、大胆に、信念をもって自らの信仰への献身を語った。これほど聴衆の胸に

八日市清楽館の大演説会で壇上にあるメレルと悦蔵　†

深く響かせることができる演者はほとんどいないと思うほどであった。彼女は質素なヨーロッパ風のドレスを着て、三ドルほどの時計を身に着けている他は、宝石も付けず、自身の富を神の福音を拡げることに捧げている。彼女は社会を革命的といえるほど浄化しようとしており、福音を伝える言葉に動かされざる者は居ないほどであった。彼女からは近江ミッションの事業に大きな賛同と敬意を表していただき、我々も胸に熱くなるものを感じたのである。[11]

六月には信楽で二夜連続の集会を行い、三〇〇人と一二〇人を集めて信楽講堂での記録となった。また、八日市清楽館でメレルと悦蔵による大演説会を開催、その日続けて守山で救世軍の活動を悦蔵が助けた。八日市は古く新島襄が初めて滋賀県下で伝道を行った地であったが、いまだ伝道所はなかった。そこで、一一月に民家を借りて近江ミッション伝道所を開き、定期伝道会のほか、一二月から英語会、聖書研究会などといった学習会も開いて人々に刺激を与えたのである。

「湖上の白鷗」ガリラヤ丸の活躍

ガリラヤ丸の進水式が仮設の艇庫で行われたあと、しっかりした艇庫に建て替えて、西澤正次機関長夫妻が住む住居が併設された。この艇庫では、柳子と西澤夫人が近隣集落の子どもたちを集めて日曜学校を始めた。肝心のガリラヤ丸のほうは三月にようやく船籍登録が終わり、四月一九日に正式航行することになった。それまでは試運転という建前でウォーターハウス船長と西澤機関長はたびたび舟木艇庫からガリラヤ丸を出して、琵琶湖に繰り出していた。二月には大津を経て大阪まで下った。純白のスマートな船体は湖上でかなり目立つ存在で、近江ミッションのメンバーは「湖上の白鷗」と呼んで誇りにした。[11]

正式航行の前に合同教会のランドストラム牧師が訪問していたので、メレルが案内する形で琵琶湖で唯一住人がいる島、沖島《おきしま》を訪問した。純白でスマートなガリラヤ丸が港に着くと、すぐに一五〇名くらいの人たちが集まって、外国人が何をしたがっているかを知りたがった。そこでランドストラム牧師が即興で一五分ほど説教をしてビラを配った。幸先は上々であった。[13]

四月一九日の初航行のことはなかなか興味深い。早朝、ポール、西澤、メレルの三人が乗船して艇庫から長命寺港を北上し、彦根港に立ち寄って武田猪平牧師を乗船させ、さらに北上して長浜港で下船して現地の横田牧師と一緒に夕方の集会を行った。その夜は船内で泊まった。翌朝、陸路で長浜にやってきた悦蔵が乗船し、五人で北上し、琵琶湖北端に近い大浦港に寄港した。目的は将来の伝道拠点にできる公共の建物を探すことであったが、立ち寄った永原小学校の校長からすぐに生徒に話をしてもらいたいと言われ、即興の講演会をすることになる。授業の一部を中止してまで校長が臨時に全校生徒を集めた理由は、子どもたちが外国人を見たことがないからという単純なものであった。翌日は希望する生徒や教師にガリラヤ丸の船内を披露し大変喜ばれた。

舟木艇庫から運河をゆくガリラヤ丸　†

この二泊三日の遠征の帰路、彦根港の西に見える多景島《たけしま》に立ち寄った。この小島は仏教史跡で寺院があるが、ふだんは無人である。しかし、そこで五日間食料もなく孤立した状態の僧侶二人と巡礼者の婦人三人を発見した。彼らは巡礼のなかで船をチャーターして島に上陸したが、迎えの船が約束したとおりに来なかったのである。五人の人命を救い、四月二二日帰着したという[11]。

その後のガリラヤ丸伝道は、機関士兼食料係の西澤正次、舵取《かじ》り兼伝道者のポール、武田猪平の三人が中心になった。毎週月曜日朝に堅田を目指して出発し、その後、北上しながら湖北の塩津港まで進み、水曜日夜に舟木艇庫にもどることを雨の日も雪の日もくりかえした。当初は堅田、今津、塩津に講義所を設けたが、それがのちにだんだんと増えてきた。[5]

沖島伝道と若き僧侶

六月二九日から一泊二日で、前に手ごたえを感じた沖島に伝道をすることにした。集会場所がないので寺の広間を借りて講演を行った。そのとき居合わせた僧侶が耶蘇教ではないかと怒り出す一幕もあったが、一応その場は収まった。聴衆の中に聡明《そうめい》そうな茶谷霊城《ちゃたにれいじょう》という青年がいて、熱心に聞き入っていた。会が終わってもさまざまな問いかけをし、メレルら一行と意気投合をする。彼は島に二つある寺院の一つの跡取り息子であった。近江ミッションのビジョン、慈善事業、社会事業に興味を持ち、京都の仏教系大学に通学しながら、八幡YMCA会館を訪ねるようになった。そんな茶谷に対し、メレルはハーバート・アンドリュースを入信させたときのような熱意で対話を続け、ついに茶谷を改宗させる。二人の対話は同志社の図書館建築現場の足場の上や現場監督用の宿舎でさえ続けられたという。茶谷自身は日本の交際儀礼で欠かせない酒と煙草の習慣を禁じられてかなり苦労をしたようであるが、何とか乗り越えられた。しかし、どうしようもない問題が両親の反対であった。

メレルが軽井沢にいる間に茶谷から長い手紙が届き、そこには両親や島の人々を裏切ることはできないので島に留まることにしたと書かれてあった。

茶谷霊城　11

メレルの行動は素早かった。彼は悦蔵に手紙で先に準備しておくべきことを指示しておき、軽井沢から村田幸一郎を伴って近江八幡に駆けつけた。実は、七月二一日から御殿場にオープンしたメレル設計のYMCAの常設研修施設「東山荘《とうざんそう》」の献堂式に招かれていたが、メレルはそれに出席するより重大なことだと緊迫した書き方をしている。三人は近江八幡で落ち合って、茶谷の奪還作戦を打ち合わせて実行することになった。[13]

建築途上の同志社図書館（現在の啓明館）†

悦蔵は、沖島の対岸で宿を取って茶谷をかくまう場所を用意した。村田が小型のモーターボートを長命寺港で借り、沖島の裏側から上陸して両親の寺を訪問し、単なる友人として茶谷に面会することを求めた。家族から不在だと伝えられるが、村田が陸軍入隊期間についての用事だと言うと面会を許された。その面会中にこっそりと茶谷にメモを渡し、ボートが外で待っていることを伝え、その場を辞した。茶谷に近江ミッションに戻る意思があればボートの所にやって来るはずである。案の定、彼は島の裏手にやって来て村田が待つボートに乗ったので、長命寺港に連れ帰ることに成功した。この一件は茶谷が有能な伝道者となることを見抜き、どんな手段

東山荘（当時の絵葉書より）

をとっても彼を近江ミッションの働き手にしたいという一心からの行動であった。

茶谷はメレルと悦蔵に連れられて御殿場のＹＭＣＡ夏季学校に参加した。その後、近江ミッションで仕事を始め、一二月に洗礼を受ける。間もなく予定されていたとおり陸軍大津連隊に入隊する。当初は二年間陸軍に在籍する予定であったが、メレルはこの期間を短縮させるため大津の連隊本部と掛け合い、一年で除隊するようにした。この顛末《てんまつ》の結果、島の人たちとの関係を悪くして、その後、何年かガリラヤ丸は沖島に立ち寄れないことになる。今ならカルト集団による誘拐事件のようであり、その後メレルも強引なアプローチはやめるようになった。[1・5・13]

ＹＭＣＡ夏季学校は、ＹＭＣＡの若きリーダーを育成するために毎年各地の大学や旅館を借りて一週間開かれてきたが、この年はとりわけメレルが設計した常設館東山荘が完成したので重要だった。ゲーレン・フィッシャーを中心とするＹＭＣＡ同盟の夢がかない、寄付金で土地取得と建設がなされた。献堂式は七月二四日夕方に簡素に行われ、来賓祝辞は御殿場町長と廣岡浅子の二人だけであった。いまは現代的な建物になっているが、ＹＭＣＡの研修・保養施設として使い続けられている。

結核療養所建設の決定

ここでメレルが結核療養所、つまりサナトリアムの建設をビジョンに加えた背景をまとめておく。これは社会事業であり、資金の乏しい伝道団体の手に負えるものではない。メレルは来日して間もないころ、日本の住宅の弱点は住人が一番長く過ごす居間と寝室が風通しもよくない内側にあり、日光が差し込まず、雨戸を閉めると換気ができないことを問題視していた。八幡ＹＭＣＡ会館の設計では、わざわざ同志社病院時代の佐伯理一郎医師に換気の監修をしてもらっており、さらに、二階のスリーピングポーチという出っ張った三方に窓のある寝室を作って寝ていたくらいである。その部屋を「換気改善研究所」と称していた時期もある。

明治半ばから始まった産業の発展と軍国化によって集団生活が増えて、結核の感染者が急速に増えたといわれる。このころには日本人の死因第二位となっていたため、結核予防の団体がいくつか立ち上がった。クリスチャンの団体も立ち上がり、東京の医師による白十字会（現社会福祉法人白十字会）や救世軍の活動が有名である。一九一一年（明治四四）にアーレン・ファウスト牧師が「社会の強敵」という日曜学校選書を発刊して、宣教師の間に結核予防キャンペーンを起こしていた。ファウストは後に宮城女学校の校長を務める人物であるが、軽井沢で予防知識の勉強会を開いて啓発運動を起こしていたので、メレルも出席し知識を蓄えていたと考えられる。

そして、一九一二年（明治四五／大正元）の軽井沢で、ファウストはばらばらに活動する外国人の反結核

THE ANTI-TUBERCULOSIS ASSOCIATION OF FOREIGNERS IN JAPAN

PRESIDENT	SECRETARY	TREASURER
ALLEN K. FAUST, PH. D. SENDAI	WM. MERRELL VORIES HACHIMAN, OMI	ERNEST W. CLEMENT TOKYO

VICE-PRESIDENTS

REV. J. B. AYRES	REV. J. G. DUNLOP	REV. C. F. MCCALL	REV. A. PIETERS
GILBERT BOWLES	MISS M. N. FRETTS	REV. D. NORMAN	H. W. SCHWARTZ, M. D.
REV. F. C. BRIGGS	REV. W. R. GRAY	DR. A. OLTMANS	MISS SHANNON
REV. W. C. BUCHANAN	REV. S. F. GUTELIUS	REV. H. C. OSTROM	REV. HENRY TOPPING
REV. C. A. CLARK	DR. A. D. HAIL	REV. H. PEDLEY	G. E. TRUEMAN
H. E. COLEMAN	REV. E. H. JONES	REV. H. V. S. PEEKE	H. H. WALLER
REV. W. D. CUNNINGHAM	REV. M. B. MADDEN	DR. J. H. PETTEE	REV. C. T. WILLINGHAM
REV. F. A. DAVEY	REV. PAUL MAYER	G. S. PHELPS	REV. J. C. WORLEY

EXECUTIVE COMMITTEE

PRESIDENT, SECRETARY, TREASURER, GILBERT BOWLES, REV. E. H. JONES, DR. A. OLTMANS, H. W. SCHWARTZ, M. D.

外国人結核予防連盟のレターヘッド †

運動を束ねようと外国人結核予防連盟を立ち上げ、メレルはその書記長となった。その一カ月前に出した『マスタードシード』にはサナトリアムを運営できる専門家の人材募集を載せている。近江には一人も結核専門医がおらず、清浄な空気と専門医がいれば結核の克服は夢ではないとも書いている。結局、アメリカから専門医を呼ばなかったが、以前からメレルに病院をやるなら参加すると伝えていた、教え子で京都帝国大学医学部在学中の富永孟の意思が固いことを確認した。そして一九一三年に渡米した折、メアリー・ツッカーに会って訴えた結果、最初の一〇〇〇ドルの寄付が約束され、計画が前に進みだした。

メアリーが乗り気になったのは、ツッカー家の医療伝道への深いかかわりが伏線となっている。北米の長老教会派は、中国全土に過去五三もの医療施設をつくるほど医療伝道に熱心であったが、メアリーの父ナザニエルの貢献は中でも顕著であった。蘇州に三五床のツッカー記念婦孺醫院、長沙市に三〇床のツッカー記念惠景醫院を寄付しており、息子のフレデリック医師は惠景醫院に勤務していた。メアリーもそうした環境にあったので、日本に病院を建てるなら協力したいと考えたのだろう。

その寄付を得たころに遠藤観隆の結核罹患《りかん》があって、養老館という療養小屋に住まわせていた。養老館のことをどこで聞きつけたのか、何人もの患者の家族から療養させてほしいという要望が入ってきたが、断わっていた。ある日突然、遠方から二六歳の若者が押掛け患者としてやって来たときは、やむなく遠藤と同室させることになった。こうした経験から、メレルは管理棟に看護婦を置き、調理と洗濯ができれば、その周りに独立した小さな病舎をキャンプのように配置すれば低予算でできると考えた。

さて、遠藤の病状であるが、春の暖かい気候になっても思わしくないため、病舎からの緊急の用事があれば連絡できるように、鉄線を引けば鐘が鳴り、近くの農家が気付くようにしておいた。しかし五月八日、その鉄線が引かれることなく、遠藤は静かに息を引き取っていた。[1・3・5] 近江ミッションの若いメンバーを結核で失った結果、一日も早くサナトリアムを作ろうと、皆の意思がより鮮明になった。彼の葬儀は八幡教会で執り行われたが、遺骨を納める近江ミッションのメンバーにふさわしい墓所がないことが課題として残された。この課題は納骨堂の建設へとつながるのだが、まずは彼の遺骨は八幡教会に安置されることになった。[5]

養老館の遠藤観隆と悦蔵　11

メレルの求めるサナトリアムの適地は、最初から北之庄であったわけではない。沖島も候補とした時期がある。しかし、約三八〇〇坪の北之庄農

思いがけない三名の退団——チェーピン、高場、清水

メレルが描いた療養院のイメージ図　11

園の土地は南と東の太陽光を受けやすい山あいにあり、八幡町内より夏涼しく冬温暖という特長があることに気づき、すでに手元にあるこの土地から出発することが現実的だと気付かされる。

そのあとの行動は素早かった。軽井沢でサナトリアムに関する情報収集も行ったとみられ、近江八幡に戻って開いた九月一一日の月例ミーティングで北之庄農園をサナトリアムに転用する決議を行い、『マスタードシード』の誌上でサナトリアム建設の発表と緊急の寄付要請を行った。

北之庄農園を実験農園にするという計画はいったん棚上げとなるが、農家への伝道を縮小したつもりではなかった。実際、ガリラヤ丸の湖西・湖北伝道は農家へのアプローチであることは揺るがなかったし、昭和初期になって始められた農民福音学校、農繁期託児所、農民道場、農民夏季学校などさまざまなバリエーションの近江の農家へのアプローチがそれを物語っている。

一九一三年（大正二）一二月にブルックリンに戻ったレスター・チェーピンは、婚約者マリアン・ラドナーと結婚した。結婚式を挙げて日本への出発準備を始めていたようであるが、マリアンの両親の病気が思わしくなく、その後も介護が必要になってずるずると延び、来日を断念せざるをえなくなったのである。この決断は近江八幡の仲間たちを落胆させたが、チェーピン夫妻はその後ずっと近江ミッションのニューヨーク代表を引きうけ、アメリカの建築・設備の業界との橋渡しや新しい情報の提供を続けた。レスターは二人の男子と双子の娘を授かり、引退するまで地元で建築士として働き、特技である絵画やアーチェリーをよく楽しんだが、一九七四年、八八歳で永眠した。

高場富江は前年から健康を害してたびたび床に伏せっており、娘が他県の学校に入学したことによって、娘のいる所に転居したいという理由で近江ミッションを退団することとなった。近江ミッションの婦人ワーカーのモデルケースであったので、大きな損失であった。

清水安三は、近江ミッションから奨学金を受けて、同志社神学校を無事卒業する運びとなった。在学中は特別伝道員として休暇のたびに近江伝道活動を手助けしていたが、いよいよ卒業が迫った一月に、他の伝道事業で訓練を積んでから中国伝道をしたいという希望を述べて退団を申告してきた。近江ミッションのワーカーになると信じていたメレルの落胆は相当であったようだ。近江ミッションやバイブルクラスの仲間たちは六五名を集めて送別会を開き、新しい門出を祝賀した。ところが、四月になって清水はキリスト教系の新聞社である基督教世界社に入社したと連絡をよこし、皆を少なからず驚かせた。[5] メレルはこれを知ってかなり清水を責めたという伝聞があるが、清水はその後同社に留まることなく、メレルの人生をモデルに困難な地の伝道の道に身を投じてゆくのである。

ヴォーゲルの結婚式

哀しい離別が続いたが、めでたいこともあった。婚約をしていたジョシュア・ヴォーゲルとヘレン・ホリスターの結婚式が、六月二日八幡教会でポール・ウォーターハウス司式のもとで行われた。教会堂は入口付近に花がふんだんに撒かれて万国旗が飾られ、左右の壁と正面は竹

ヴォーゲル夫妻の結婚式 11

と松を使ってグリーンを基調に装飾された。新婦が通る通路もグリーンの絨毯が敷かれて、近江八幡で初めて行われるアメリカ人の結婚式を引き立てた。

司式のポールが正面に立つと、ワグナーの結婚行進曲が奏でられ、その中を村田幸一郎に伴われた新郎が横手から登場、その後ベッシー・ウォーターハウスに手を引かれたウエディングドレスのヘレンが後方からゆっくりと入場した。祝禱は、東京から招かれたアメリカンボードのジェローム・ホルムズ牧師が行った[11]。

この華やかな結婚式が終わったあと、披露宴がヴォーリズ宅の前庭で行われた。両家の親は立ち会うことができなかったが、翌年二月にジョシュアの両親が来日している。二人の住まいは、メレルが出たあとの八幡YMCA会館の二階となるが、もちろんそれは仮住まいであった。

東京建築出張所の開設

夏のあいだ軽井沢に移動していたメンバーが戻ってきたのは九月初旬であった。ヴォーゲル夫妻は近江八幡に戻って一カ月もたたないうちに東京に向かった。ヴォーリズ合名会社に注文される設計の半数以上が東京圏や東日本のものであったので、夏事務所を閉めてからのフォローをするため、東京に事務所を設けることにしたのだ。一〇月から東京市神田区駿河台北甲賀町一〇の事務所スペースを借りて、東京建築出張所の業務が始まった。少し前に行った二つの事務所の拡張に続いて迅速に手を打っており、ビジネス面の意思決定は理にかなったものであった。この場所は、現在のお茶の水橋から南へ三〇〇メートル下った左手角で、東京YWCA会館付近である。後に建設される山の上ホテルや近江兄弟社ビルから至近の位置にある。オープニングスタッフはジョシュア・ヴォーゲルが所長で、ヘレン夫人、佐藤久勝、久保辰之助の四人であった。住まいはすぐ近くにあった新築一軒家を借りて同居生活をした。近江ミッションのメンバーとして業務以外の時間はキリスト教伝道をすることになっているが、東京では二〇を超えるミッション団体が活動をしているので、伝道の重複を望まぬメレルの意向で、東京の鉄道YMCA（鉄道青年会）を応援することにした[11]。

この時期の設計は、東京YWCA会館と寄宿舎、明治学院のサンダム館二代目などが佳境にある時期で、他にも東京だけでも東京YMCA会館増築や個人住宅として東京YWCA主事のエマ・カフマンの自邸、メレルの友人で日本語学校校長のフランク・ミュラーの中野の家、東京駿河台の西邑《にしむら》清邸、フェリス女

近江八幡唯一の劇場「共同座」　†

学院体育館を請け負っていたころである。[61]

武田淑とウィラード・タッピングの加入

近江八幡では、女性の活動に大きな力をもたらした高場富江が去り、ヘレン・ヴォーゲルが東京に移ったので大きな穴ができたようであった。そこへ、八幡教会に前年四月に着任した田中金造牧師の夫人から伝道協力をしようと申し出があり、さらに年末に、彦根に住んでいた武田猪平牧師一家が近江ミッションに専念できるようになったため近江八幡に転居し、夫人の淑《よし》がワーカーとして加わった。武田淑は士族武田家に生まれ、鳥取女学校から神戸女学院を卒業したのち和田猪平牧師と結婚、猪平の宮城県農村伝道、兵庫教会牧師、同志社総寮主任を支えてきた。

また、同時期にバプテストミッションのタッピング夫妻の長男ウィラードが近江ミッションに入団し、ＹＭＣＡのサポートとタイプライターの特技を生かしてくれることになった。

近江八幡の遊郭の片隅に、「共同座」という町内唯一の演劇場があった。他には適当な場所がないので近江ミッションもたびたび演説会を開いてきた場所である。一九一五年（大正四）の夏は共同座が新装したこともあって、町内の人たちにもっと近江ミッションを知ってもらおうと、二夜連続のイベントを開くことにした。開催委員長に村田がなり、堅苦しい講演会ではなく楽しんでもらうようにプログラムをつくった。事前に周到な呼び込みがなされたので、場内満員の三五〇人が集まった。第一夜は村田が近江ミッションの成り立ちと、将来の計画を語り、茶谷が仏教僧から改宗に至った物語を七〇分語り聴衆をひきつけた。途中、僧侶から反論が出る場面もあった。吉田は海外生活の体験を語った。ポールは村田の通訳でアメリカ人の見た日本の近代化を語った。第二夜も三五〇人が集まった。最初にウィラード・タッピングのヴァイオリンと悦蔵のコルネットの重奏を聞かせ、田中牧師が詩編を朗読した。そのあとベッシーが西洋と日本の女性について語り、武田猪平とメレルも日本の家庭の将来像を語った。[11・13]

13 一九一六年（大正五） 人脈の広がり

メレルの筆禍

『マスタードシード』誌は発行部数が一〇〇〇を超えるようになり、それなりの発信力をもつようになっていた。この年の郵送先は、北米が一〇〇〇、日本国内五〇、英国三六、中国一五、ハワイ一二、カナダ八、アフリカ、ブラジル、フランス、オランダ、インド、フィリピン、スコットランド、スイスが一人ずつという状況であった。日本国内が比較的少ないことが目を引くが、宣教団体に一括して送られていた可能性がある。読後に感想を寄せる人も多々あり、それが励みになっていた。メレルが書く編集後記には時事の批評があり、興味を引くものであった。しかし一九一五年（大正四）の一二月号に書いた宣教団体への批判的な記事は波紋を呼ぶことになる。

一九一六年一月初旬に第一五回在日本ミッション同盟の総会が銀座教会で開催された。近江ミッションの代表としてメレルは例年どおり出席したが、総会の冒頭でその記事に関する説明が求められることになった。前年の「宣教師の無駄」と題するメレルの意見が、日本にいる宣教師個人や宣教団体を刺激したようである[9]。

1916年の合名会社社員。左端ジョン・ヴォーリズ、1人おいて浪川岩次郎の2人が輸入を担当した。右端は村田幸一郎、前列中央ジョシュア・ヴォーゲル　11

問題となった記事は、在日本宣教師のミッション同盟の年誌に掲載された在日本宣教師の統計についてメレルが分析して論評したもので、その要旨は次のようなものである。

「朝鮮・台湾・派遣英語教師を除けば、一〇〇〇人の宣教師が日本の一〇〇〇の町に定住し、活動をしている。そのうち六〇〇の町で複数のミッション団体が展開しているのは宣教の重複ではないか。逆にいえば何千という町には宣教師が入っていない。大きな団体は重複したところにいっそう費用をかけて競っているかのようであるし、特に、二つの大きなミッションは重複した都市だけに拠点を置き、空白地域に送り込んだ宣教師は皆無である。それにひきかえ、伝道船福音丸のビッケル船長が瀬戸内海の島々を丹念に巡回していることや、小さな独立系ミッションが反発の強い地区で頑張っている状況に目を向けるべきである。このような実態をアメリカで献金をしている人々は知る由もなく、重複した地域での競争に寄付が優先的に注がれているのは嘆かわしいことである。福音を未開の地へ届けることこそ優先されるべきではないだろうか」

翌月の『マスタードシード』誌にメレルの釈明が掲載されている。それによれば、使用した統計に誤りがあり事態を大げさに見せていたことが原因で、その統計の誤りは自分の責任に帰するものではないが、分析に地域の人口密度を度外視しすぎていたこと、最近まで宣教師に移動の自由がなく都市部に集中せざるを得なかった事情に言及しなかったことは誤りであり、この文章で憤慨した人や傷ついた人たち、寄付を止めようとした人たちに対し謝罪をすると述べた。

悦蔵、石原キクとの婚約解消

悦蔵と石原キクは双方多忙を極め、文通と二カ月に一度ほどしか逢えない状況が続くなか、二人の仕事は重みが増すばかりであった。そして、近江八幡と東京の距離を縮めることは不可能と結論づけたのか、ついに婚約を解消することになった。キクは一九一五年（大正四）に日本幼稚園協会会長に就任、そしてデスリッジの後任をする条件のもとで翌年米国コロンビア大学の幼児教育修士に留学をすることに決まった。その時点でキクは東京で幼児教育に専念することを決意したのであろう。

二月二七日、キクは女性宣教師グレモアに伴われて近江八幡の悦蔵を訪問し、婚約解消のすべてを話し合い、それまでに交換した手紙と写真の一切を返却して東京に帰って行った。二人の結婚を人一倍応援し、ビジョンの一つに掲げた幼稚園と保育園の実現に期待をしていたメレルは落胆した。悦蔵とキクはそれぞれキリスト教伝道のフィールドで活躍することを鑑みて、近江ミッションではキクに関する情報の一切を語らず、記録に残さないように配慮した。

その後の石原キクは、一九一七年にコロンビア大学と大学院で幼児教育の学位を取得して帰国し、東京保姆伝習所の校長となった。その直後に、世界景気後退のあおりからミッションボードの資金援助中止が決まり、自立が求められた。寄付集めなどの奮闘の結果、小石川の学校と幼稚園がさまざまな困難を乗り越えて現在まで維持がなされている。小石川にある彰栄学園がそれである。彼女は生涯を独身で通した。一九六七年、五〇年にわたる幼児教育の指導と近代化の功績に対し勲五等瑞宝章《ずいほうしょう》を受けるも、同年聖路加病院で永眠した。

ビンフォード夫人が紹介した結婚相手

一月一四日から、水戸地方の伝道活動で有名な宣教師ビンフォード夫妻が、サイドカーを付けたオートバイで近江ミッションを三日間訪問した。夫妻はフレンド派宣教師の中でもとりわけ筋金入りの宣教師で、オートバイで水戸周辺の町に現れ、天幕を張って屋外伝道を行っていた。

夫のガーネーはクエーカー教徒であるが、カナダのフレンド教会の後押しで、宣教師として日本に派遣されていた。東京の普連土学園の前身聖愛女学校で教え、その後水戸に派遣された。一時帰国した一八九九年（明治三二）に、リッチモンドの裕福な家具商の娘エリザベスと出会い結婚し、いきなり茨城の日本家屋で新婚生活を始めた。[43] 悦蔵がニューヨークの聖書学院に留学していた時期に、ガーネーも帰国

サイドカー付きオートバイで来たビンフォード夫妻を迎える †

して入学をしており、一緒に机を並べていたこともあった。

来訪したビンフォード夫妻に、近江ミッションの全貌《ぜんぼう》を見せようとしたメレルとポール・ウォーターハウスは、メレルの両親も誘ってガリラヤ丸に乗せた。寒風強く遠くまでは行けないので、沖島に上陸して伝道集会を開こうとしたのである。しかし、茶谷霊城の一件で島が好意的に迎えてくれるはずはなかった。港に船を寄せようとしていると、その日は運悪く島内の祭りで、酒杯を交わしている消防団の青年たちが港にいた。ガリラヤ丸が接岸し上陸準備を始めると、またたく間に青年たちは暴徒のようになって船に乗り込もうとした。あわてて船を出そうとしたが、船のとも綱を岸に括り付けられてしまう。そして乗り込んできた青年にメレルは二度パンチを浴びるが、そこに別の男が割って入って二人が口論を始めたため、そのすきにボートを発進させたところ、二人は慌てて岸に戻った。幸い他の乗船者には危害がおよばなかったが、全員が肝を冷やした。そして敵対的になってしまう強引な伝道に対してよい反省材料となり、以後はどこでも融和的に進めるようになり、その後沖島の人々の反発もなくなった。[11・13]

ビンフォード夫妻の来訪中、夫人のエリザベスは、水戸を中心に行っている女性の文化活動と、彼女を慕い共に働く若い女性信者のグループについて講話をした。柳子は是非とも水戸に行って見学したいと希望を伝えたところ、夫人から快く引き受ける約束をもらった。

柳子は翌二月、厳冬の最中にもかかわらずひとりで水戸を訪れた。ビンフォード夫人の活動はキリスト教の伝道だけでなく、若い女性に西洋文化を学ばせつつ、奉仕活動をしたり、修養の場を提供したりしていた。夫人の得意とする西洋料理は地域で評判で、要望されるままに開いた料理教室が盛況であった。当時としては珍しいレシピブック『常盤西洋料理』という本まで出版していたのである。柳子の滞在は実に四五日間におよび、この滞在期間に渡邊清野という女性が柳子の世話係をしてくれた。[1]柳子は独身のままの悦蔵に良縁がないものかと、ビンフォード夫人に相談をしていたところ、夫人が勧めたのが渡邊清野であった。柳子も清野の様子を見ていて大変気に入り、水戸から悦蔵に手紙で清野のことを記し、この人こそ家のために、近江ミッションのために迎えたい人だと率直に書いて送っている。

ビンフォード夫人と清野　†

それから三カ月ほどした六月八日、ビンフォード夫妻は再び近江八幡にやってきた。今度は清野を伴っていた。二週間も滞在して近江ミッションや近郊を訪問していたが、六月一五日にヴォーリズ一家と悦蔵が水戸の来客を誘って醒井《さめがい》養鱒場《ようそんじょう》の見物に行くことになった。ここは一八七八年に始められた日本最古の養鱒場である。米原駅の次の醒ヶ井駅まで来ると、アメリカ人の五人は人力車を雇って乗り込んでしまい、悦蔵と

悦蔵と清野の結婚式　†

柳子が住んだ茶室前の悦蔵と清野と長男希夫　†

清野には若いから歩いてきてはどうかと提案があった。半時間はかかるその道中に、悦蔵は皆が先に人力車で行ってしまった理由がわかりますかと聞くと、清野はわからないと答えた。悦蔵は母が水戸を訪問した経緯から説明したあと、言葉を選んで結婚の申し込みをした。清野は少し考えさせてほしいと返事をした。

その後、清野は自分が悦蔵より二歳年長でもあるからお断りしないといけないと言ってきたが、悦蔵はこれを遮り、自分は早熟で年上の人ぐらいでないと話が合わない上に、これからやろうとする事業にはあなたのようなクリスチャンで自分を支えて一緒に働ける人が必要だと訴えた。

こうして二人は一九一六年（大正五）一〇月二五日、八幡教会において武田猪平牧師司式のもとで挙式した。新婚旅行は日本海側を目指し、島根の出雲大社、天橋立、城崎温泉を巡って近江八幡に戻ってきた。[1]

新婚の夫婦は池田町五丁目の洋館で生活を始めた。柳子は洋館内に住まず、その裏に日牟禮八幡宮の絵馬堂裏にあった古い茶室を買って移築し、そこで寝起きしていた。清野は近江八幡にやってきて、町に二つの新しい出来事をもたらした。一つは、エリザベスから仕込まれた西洋料理である。すでにベッシー・ウォーターハウスが「マナ会」を主宰して西洋料理を町内の婦人に教えていたが、清野はそれにバラエティーを増やし幅広いレシピを紹介した。

自転車に乗る清野。当時女性の乗り物とはみなされなかった　†

二つ目は、清野が女性として町で初めて自転車に乗ったことである。安土や野田の伝道集会に出かける際に自転車は欠かせなかった。当時、すでに近江ミッションの男性は自転車を日常的に使っていたが、自転車は女が乗るものではないという固定概念が社会全般にあった。清野が袴で自転車に乗る姿を見た人は驚くとともに、たしなめる声が聞こえたというが、清野はそれでも押し通した。

曲芸飛行家チャールズ・ナイルスの飛行

一九一六年（大正五）、近江ミッションの名を滋賀県下に一躍広めることになるゲストがやってきた。近江八幡から南東に十数キロメートルほどの八日市《ようかいち》に沖野が原という広い土地があり、八日市の実業家たちが資金を出し合って一九一四年に作った四万三千坪の「八日市飛行場」があった。もとは地元出身の飛行家荻田《おぎた》常三郎が不時着場として整地を希望したのが発端となってできた日本初の民間飛行場である。この計画に最も熱心に関わったのが八日市の油商、油九の熊木九兵衛で、彼は友人の荻田が持つ翦風号《せんぷうごう》という単葉機に、開場記念に立ち寄ってもらうことにした。初めて見る飛行機の飛来を眺めようと開場の日には五万人が集まったという。

さらにこの飛行場に、荻田が主幹となる「翦風飛行学校」を作ってもらおうと準備を始めた矢先、荻田は京都伏見で墜落事故を起こし死亡してしまう。熊木は荻田常三郎を偲《しの》び、破損した翦風号の残骸《ざんがい》を引き取った。そして仲間とともに、残されていた設計図と予備部品を使い復元をした結果、実際に飛行できる状態にまでこぎつけ、「第二翦風号」と名付けた。しかし飛行士が周囲にいないので探していたところ、この年一月になってアメリカの有名な曲芸飛行家チャールズ・ナイルスが西宮の鳴尾競馬場で曲芸飛行を演じると知った。そこで現地に出掛けて第二翦風号の試乗を依頼した結果、ナイルスが八日市飛行場にやってくることになった。熊木らはアメリカ人をどのように接待したらよいかわからないため、近江ミッションの八日市講義所を通じて相談があった。ナイルスはアメリカで有名なクリスチャン飛行士だったので、メレルは喜んで自宅を宿舎として提供し、悦蔵は通訳を務めることにした。喜んだ八日市の招聘側は、滞在費用ばかりか近江ミッションで発生する費用の一切を受け持つことになった。

さて、一月二九日の午後、八日市に到着したナイルスは、素人集団が修理をした第二翦風号を前に何時間か調整をほどこしたあと、見物に集まった人たちの前で無事飛行を見せ喝采《かっさい》を浴びた。それから二日後に、今度は本格的な飛行イベントが催され、その日は何度も離着陸や旋回が披露された。また何人かの希望者を一人ずつ搭乗させたが、所有者の一人を乗せたとき、一〇八〇〇フィートの高度で二四分間飛行し、日本での飛行高度最高記録を打ち出したのである。この快挙に八日市の町は大いに沸いた。

八日市飛行場の第二翦風号の前で。左より吉田悦蔵、ナイルス、メレル、父ジョン　††

ナイルスは滞在中に近江ミッションの依頼で伝道講演会を開いたが、それを知った八日市の町長や八幡商業学校が同じ内容でよいので是非講演をしてほしいと訴えた。そこで二カ所で講演会が催された。ナイルスの滞在はセンセーショナルだったので新聞が連日取り上げ、近江ミッションの知名度も上がり、町の人たちも尊敬の目でみるように変わったという。[11]

後日談であるが、ナイルスは当初二週間滞在したが、二月二二日に再び八日市で飛行をし、そのときはポール・ウォーターハウスが搭乗した。ナイルスはその後アメリカに帰国したが、同年六月に墜落事故で死亡し、彼の再来を期待していた八日市の人たちを悲しませた。第二翦風号は翌年別の曲芸飛行家フランク・チャンピョンが搭乗し、高知上空を曲芸飛行中に墜落し帰らぬ人となり、機体も全壊した。八日市飛行場はその後活用の道を失いそうになったが、日中戦争の時代に入って町全体の誘致活動が実り、広さを一〇倍近く拡げた陸軍八日市飛行場へと変遷していった。[49]

近江ミッション綱領

次第に団員が増えてきた近江ミッションには行動規範が必要になった。そこで、一月のミッション例会で議論をして綱領が作られた。数年後に作られる日本語版は若干ニュアンスが異なるため、あえて翻訳をすると以下のような内容である。

- 教派に偏らず近江の国にキリストの福音を伝道する。自らの教会は作らず、個人の選択で独立した教派に属することを認める
- 日本人と外国人の働き手（ワーカー）の完全なる協力を実現することに努める
- プロテスタントの伝道が及んでいない地域に伝道し、他の教派との重複を避ける
- 日本の中でも保守的で将来のリーダーを生む素地をもつ田舎に伝道を行う
- 伝道のリーダーや働き手を探し、選び出し、訓練する

・社会風土の改革に取り組む。それには禁酒運動、社会の道徳浄化、結婚の因習改革、健康と衛生の改善、貧困と部落差別への取り組みを含む
・新しい手法による伝道を研究し検証する

この年の伝道の目標は、すでに拠点化できた近江八幡、彦根、米原、膳所、八日市、野田、安土、日野のほかにも拠点を増やし、そこで見込みがある入信者をその拠点の指導者に育てることを計画した[11]。

三月から六月にかけて、メレル自身が悦蔵と二人で湖東地域に自転車で伝道するキャンペーンを行っている。それまで建築設計の仕事で自らが近江伝道に出ることが少なくなったことへの反省だった。三月七日に能登川で初の伝道集会を開いて五〇名の聴衆を集めたことを皮切りに、四月に大津、甲賀、蒲生地域を訪問、日野町では末広座に地元出身の牧師（のち同志社総長）牧野虎次を招き講演会を開いて、この地域としては異例の四〇〇名の聴衆を集めている。また八幡商業学校の三〇周年記念行事で大阪教会牧師、宮川経輝の演説会も企画し開催している[11]。

新島八重（右）、背後にジュリア・ヴォーリズ、吉田柳子、武田淑　†

五月には再び自転車で神崎、犬上地域にも足を延ばし、六月二〇日は愛知川水源地より政所《まんどころ》に達し、演説会とトラクト（パンフレット）の配布をした。

六月には婦人会が新島襄の未亡人、新島八重を囲んで談話会を開いて女性の生き方を議論している。一〇月からは三重県境に近い油日《あぶらひ》で伝道を月二回行い、四名の受洗希望者を得た。油日地区からの要望によって、一二月には甲賀の大原駅前近江屋でメレル、山田牧師、悦蔵による大演説会も開催された。こうして湖東地域の伝道を拡げた一方で、野田村を除く野洲郡と栗太《くりた》郡には手が回らず、大津の同胞教会にこの地域を委ねることにした。

ガリラヤ丸も活発な活動を続け、ポールと武田猪平の努力の様子がうかがえる。五月だけを例にしても、塩津・高月町片山・長浜方面伝道に宣教師ジェローム・ホルムズとウィリアム・カニングハムを招いて演説会を開き、長浜では有名な伝道者の海老名弾正《えびなだんじょう》の講演会を開いて米原図書館に五〇〇人を集め、今津では午前と午後各一〇〇名以上、大浦で八〇名を集めたという記録が残っている。

野田村でトマト栽培が始まる

トマトは北之庄農園で一九一二年（明治四五／大正元）にオハイオから寄付として届いた五〇セントの袋入りの種から栽培が続けられていたが、農園をサナトリアム建設用地に転用したので、この年の夏に野田村の農民にトマトの栽培を提案した。北之庄のものと同じ品種の種子をオハイオ州のストロス・ハリソン社に発注して、栽培を始めてもらった。すると期待以上の収穫に成功し、トマトソースを作り、四

○○○缶を宣教師が多い消費地へ出荷することができた。野田の信者のなかにカリフォルニアで移民農民をしていた者がいたので、彼のトマトへの理解もあって大いに収量を高め、この地の収穫物の一つとして一年で定位置を占めるようになったという。

近江療養院の建設

医師となった富永孟《たけし》は、父富永亨が聖公会の牧師でありながら近江ミッションのワーカーであったし、自ら彦根中学時代にバイブルクラスに親しんだつながりがある。医学部受験時代はわざわざ八幡ＹＭＣＡ会館の寮に住んで受験勉強をしていたほど近江ミッションと近い関係にあった。サナトリアム設立の計画が明らかになったので、大学を出たら近江ミッションの医療事業に加わると決めていた。大学在学中に『湖畔の声』第六号から三回にわたって「結核の治療と予防」と題する記事を寄稿しており、結核に強い関心を寄せて学んでいたことがわかる。

富永孟院長　11

ところが、富永自身に結核の症状が現れたので、自ら北之庄の養老館に入って療養をすることにした。幸いにも一九一六年（大正五）春になって改善がみられ、秋には全快に至った。富永が回復したころに、今度は馬場鉄道ＹＭＣＡ会館主事の藤原鉄長《てっちょう》が結核だとわかり、彼にも同じ小屋で

近江療養院（サナトリアム）工事着手式　†

療養させたところ、翌年春にはほぼ全快となった。北之庄の地で、清浄な空気と日光のもとで静養し、栄養をつければ回復できることが実証され、富永をはじめ皆は結核療養所の開院に自信を深めた。

メレルはこの年の夏も、軽井沢で開かれた在日本外国人結核予防同盟の集会で書記長に再任された。この年日本本土の結核による死亡者数は一〇万人を超え、潜在的な患者は一〇〇万人の規模となったので国をあげて結核療養所の増床に動いていたが、設置場所では地元の反対運動があり、なかなか進まなかった[20]。それでも、近江ミッションのような小組織が一万円の資金を確保し、最終的には投資額二万円のサナトリアム建設に着手したことで、キリスト教団体の間で一躍目立つ存在となった。

いよいよ設立に向けて準備委員会を作り、メレル、悦蔵、富永孟の三名が委員になった。手始めに建設工事と営繕を担当する労作部を作ることにして、四月に六名を雇用した。その内の一人は、神戸で建築現場の経験のあるクリスチャン奥村留平で、彼を現場主任とした。北之庄の現場には着工後大勢の関係者が出入りし、現場監督が常駐する家が必要だった。そこで、現場の向かい側に比較的大きな空き家を見つけて五〇〇円で購入し、そこを北之庄支所と命名して奥村夫妻を住まわせた。その家は常に休息所として利用でき、集会をする場合は一五〇人まで収容できる広さがあったという。

五月五日、遠藤観隆昇天一周年の記念日にサナトリアム着手式を執り行った。このときの様子が次のように報告されている。

> 初夏のうららかな朝でありました。北之庄の病院敷地北の樫《かし》林の中に、青竹と六分板で作った、ベンチを並べて、緑陰の下、参拾五名の同志、オルガンとコルネットの調べに合わせて、讃美歌を唱ひ、祈禱をして、愈長年の間祈り求めたる、肺結核療養院の工事着手式を挙げました。（中略）我国の結核病は年々増加して行くのに欧米では年々減って行っている。文明国より結核菌を全滅駆逐してしまうときは近しと言うて居る有様であります。しかるに我東洋の魁国に肺病の増している訳には行かぬのであります。それで此療養院を計画しました。[5]

この式に届けられた祝電、祝辞は同志社の原田助社長、G・S・フェルプス、京都の佐伯医院の佐伯理一郎院長、フレンド派のギルバート・ボールズ、結核予防運動でリーダー的役割のポール・メイヤー牧師とアレン・K・ファウスト牧師であった。ファウスト牧師は同年、『湖畔の声』第六号から富永の寄稿記事と並んで「結核に対する十字軍」という記事を寄稿するとともに、宮城女学校（現学校法人宮城学院）の校長として、メレルに宮城女学校の第二校舎の設計を依頼している。[5]

近江療養院着手式と遠藤観隆の昇天一周年記念式を経て、あらためて近江ミッションのワーカーの墓所が課題となっていたが、七月に同じ北之庄の山の斜面の土地を四一〇円で買い取り、納骨堂の用地として確保した。しかし、地元の反対があり、納骨堂の建設は九年を待つこととなり、さらに利用できるまでに数年を要することになる。

労作部の初仕事となるサナトリアムの地盤改良工事が始まった。この場所は斜面であったため工事は容易ではないが、最も難しかったのは水源の確保であった。現地に川はなく、深井戸を掘っても水量が少なく、山腹の泉から引いた水は乏しく、飲用の水は麓の水源から人力で運搬する必要があった。

本館の基礎工事と並行して、現場から麓に下った所にわずかに残した畑に、比較的大きめの鳥小屋を建設した。これに鳩と七面鳥を飼った。以前は鶏舎をつくって鶏を飼っていたが、それはうまくゆかなかった。さらに公道に近い場所で、一般診療所となる明星館の建設も夏から始めた。[11] この年に合名会社では本館の周りに建てる五葉館、分館、看護婦寮、新生館、医師住宅、チャペル、更生館の設計が始まった。

華麗なる人との出会い①――徳川頼貞

ミッション関係の依頼が減ってきたことに対応するため、合名会社は個人住宅の設計にも意欲的に取り組むようになったが、その顧客の中にいた二人の華族との出会いがメレルの名声を一段と高めることになる。その一人が徳川頼貞《よりさだ》（親しみを込めてライティとも呼ばれた）侯爵であった。

徳川頼貞は紀州徳川家一六代当主の侯爵で、ケンブリッジ大学に音楽の研究留学をしていたころから日本に西洋音楽を奏でる音楽堂を建て、そこにパイプオルガンを入れる夢を持ち、帰国して実現に向けて動き出した。その音楽堂の設計を英国のブルメル・トーマスに依頼したが、第一次世界大戦の影響で遅れ、メレルが敷地に合わせた現実的な案に練り直して設計図を作ることになる。徳川頼貞自身が著した『薈庭楽話《わいていがくわ》』（一九四三年）にその経過が以下のように記されている。


待望の音楽堂は、第一次欧州大戦のために、トーマス氏からの便りもなく、設計図も到着せず、延び延びになっていた。時日は容赦なく過ぎて行く。私は何とか方法はないものかと考えた。

そうしているうちに、ある時、私のよく知る日疋信亮《ひびきのぶすけ》氏〔陸軍の主計監で徳川家の財産管理をしたクリスチャン〕が、トーマス君の設計も戦争のため延着しておるから、一層のこと日本にいる適当な設計家に話して新しいプランを作ってはいかがであろうと提案してくれた。日疋氏の考えでは、トーマス氏は、未だ日本に来たことがないから、図面においては完全なものができようが、建築の実際について気候風土や日本の事情に通じていないと、出来上がった後に実際上色々の不便が起こらないとも限らないというのである。

これは誠にもっともな意見であった。日疋氏はクリスチャンで、音楽にも理解があり、私の理想についても色々と良い意見や示唆を与えてくれた。そして、日本でこの楽堂の設計を依頼するには、近江の八幡に住む建築家のウィリアム・エム・ヴォーリズ〔原文はヴォーリス、以下同様〕という人が

日疋信亮　富士見町教会員でのちに陸軍主計少将となった　††

よかろうといって推薦した。

そのうちに私は、たまたまヴォーリズ君が、外国語学校の教師をしていたミュラーという人の所に来ていると聞いたので、会いたい意向を告げると、ミュラー氏から夕食がてら来てはいかがかとの招待を受けた。私は日疋氏と二人で早速出掛けた。省線電車を柏木駅〔現在の東中野駅〕で降りて田舎道を数丁行くとちょっと目をひく建物があった。これもヴォーリズ君の設計したものだと後に聞いたが、その頃はまだ電気も充分郊外まで届いていなかった頃で、ミュラー氏の家にはランプが灯《とも》されていた。外国の田舎に行くとよく見かける古風なランプが、窓のカーテンから見えていた。家に近付くと落ち着いたオルガンの音が聴こえて来た。私達が客間に招じられるとそこにアメリカン・オルガンがあった。ミュラー氏は、私達をそのオルガンの傍らにいた人に紹介した。それがヴォーリズ君であった。食事をしながら、私はヴォーリズ君に興味を持った。ヴォーリズ君は私の想像したより年も若く、音楽にも理解を持っていた。私は楽堂の設計を同君に頼んで見ようと決心した。そこで私は留学時代からの理想や、楽堂の建設案について話すと、ヴォーリズ君は非常に喜んで、自分も長く日本に住んで、日本の地に愛着を持っているから、自分の好きな音楽のことで日本に残す仕事が与えられるならそれに越した喜びはないと云った。

「トーマス氏の設計は設計として、私も一つ設計して御参考に御覧に入れましょう」

とヴォーリズ君は熱心に語った。

それから間もなく、私は改めてヴォーリズ君に、楽堂建設委員長になってくれるように依頼した。ヴォーリズ君は快諾した。そして、同君のいう「日本中での一番好きな土地」である近江の八幡に帰って案を練ることになった。[47]

徳川頼貞は音楽堂の設計依頼をしたのち、自邸の設計についてもメレルに相談をもちかけた。頼貞は一九一六年（大正五）七月に公爵島津忠重の妹である為子と結婚をする予定で、麻布区飯倉町の紀州徳川家本宅に住むよりも、白金に洋館を新築することを望んだ。そのころ島津忠重公はジョサイア・コンドルの設計で、イタリアルネサンス様式の大邸宅（現清泉女子大学本館）を建てており、この年は内装工事中であったが、それを見ていただろう頼貞が新進のメレルに依頼したのは、よほどメレルを信頼できるとみていたからであろう。

メレルと頼貞がすぐに親しくなったのは回想録のとおりであるが、一九一六年一一月には新婚の徳川夫妻を近江八幡に招き、為心町のヴォーリズ合名会社本社を見せ、池田町の洋館で夫妻をもてなした。このとき自転車が話題となり、徳川侯から、夫人の運動のために自転車に乗らせてやりたいが日本では婦人が乗るのは難しいですね、という話があったが、すかさずメレルは清野が日常的に自転車を使っていると話し、徳川侯の令夫人のような方が乗れば日本人女性への普及が早まるだろうと勧めた。

午後は夫妻をガリラヤ丸クルーズに招待した。舟木艇庫を出航し、運河から美しい湖面に出て南下するコースをとった。石山の河岸に到達すると、ガリラヤ丸はそのあと湖西伝道に向かう必要があったた

ガリラヤ丸に乗船する徳川頼貞夫妻　†

め、徳川夫妻には下船してもらった。その結果、夫妻は市街を走る電車に乗ることになったが、徳川為子は生まれて一度も一般市民が同席する乗り物などに乗ったこともない貴婦人だったので、侍従らは大そう心配したが、逆にこの新妻は近江の一日を大変喜んだという。当然ながら夫妻の近江訪問は翌日の新聞紙面をにぎわした。[13]

　紀州徳川家の財産管理をしていた陸軍軍人、日疋信亮は近江ミッションの招きで翌年一一月一一日に八幡教会で講話を行った。[11] 日疋とのつながりはその後も続き、他のクリスチャン陸軍将校たちともつながりが生まれ、その後の軍国主義の時代に起こったキリスト教弾圧の際にもよき相談相手となっている。

華麗なる人との出会い②——廣岡恵三

　もう一人、この年に会ったメレルの生涯に影響を与える人物が廣岡恵三である。彼は播磨《はりま》小野藩の第一一代藩主で最後の藩主となった子爵一柳《ひとつやなぎ》末徳《すえのり》の次男で、一九〇一年（明治三四）、加島銀行と大同生命の創始者である廣岡浅子の一人娘亀子の婿養子となった。一九〇四年に義父廣岡信五郎（浅子の夫）の死を契機に加島銀行に入社し、その五年後に加島銀行頭取、大同生命第二代社長に就任して浅子らの事業を継承していた。廣岡浅子は一九一一年に洗礼を受けて、メレルも知るクリスチャン実業家であったが、廣岡恵三が東京の別邸の設計を依頼するのは別の事情からである。

一九一四年（大正三）にさかのぼるが、宮内省式部官であった西邑《にしむら》清が軽井沢の別荘にいた夏、ペンキ缶を展示しているヴォーリズ合名会社軽井沢夏事務所に立ち寄って、別荘の塗り替えを依頼した。事務所では塗装工事をしないので近江八幡の職人を紹介したが、それでは手間がかかると言われ、合名会社で特別に請け負った。西邑はその仕事ぶりに満足をし、ちょうど東京駿河台に建てようとしていた自宅の設計を合名会社に任せようという気になった。そして、これが新築なったころ、西邑と交流があった廣岡恵三が見学に訪れ、非常に気に入って、廣岡が東京麻布区材木町（六本木）に建てる別邸と神戸深江（芦屋の西側）に建てる本邸の設計を依頼することにしたのである[5・23・61]（西邑邸と廣岡別邸の写真は三五六頁に掲載）。当時の東京出張所はヴォーゲルが所長として采配《さいはい》を振るっており、主として設計図は東京出張所のスタッフの手によるが、メレルが得意とする平面レイアウトの構想段階ではメレルが直接恵三と対面をして何度も打ち合わせた。当時の東京出張所は多忙で、ヴォーゲル夫妻はこの年一度も近江八幡に帰っておらず、逆に機会あるごとにメレルと悦蔵がやって来て応援する状況だったようである。

メレルと廣岡恵三が知り合ったことにより、その後の廣岡家の芦屋の大邸宅や、一九二〇年代の加島銀行三店舗や大同生命ビルディングなどを手掛けることになり、ヴォーリズ合名会社が大型商業施設の設計にも業務を拡大する下地となった。そればかりか、廣岡家とのつながりにより、二年後にメレルと恵三の妹、満喜子との結婚に発展することになる。

団員の増員に次ぐ増員

この年は、以前から自主的に伝道をしていた安土の岡田金一郎と、路傍説教を県内各地で行っていた藤田という説教者を四月に団員名簿に加え、ＹＭＣＡ専従者の欠員補充を二名行っている。その他、前述のとおりサナトリアムの建設工事にあたる労作部員を四月に六名、一一月に三名と次々と採用をした。一一月の大量採用では、労作部以外にサナトリアムの事務員一名を採用したほか、合名会社で設計業務をする四名を採用し、さらに翌年四月に五名を追加採用している。この設計要員の九名は、ヴォーリズ合名会社のその後の業績急拡大に中堅層として大いに活躍をすることになる。この年はまだ第一次世界大戦の真っただ中で、ミッション関連の仕事が減っていたものの、ＹＭＣＡとミッション系学校の注文が盛り返し、さらに個人住宅と商業施設の需要が有望になりだした時期にあたる。個人住宅と商業施設にも手を拡げたことが、近江ミッション伝道の充実に欠かせないエンジンとなってゆくのである。このころに設計が始まるものに、熊本学院チャペル、廣岡邸（兵庫と東京）、徳川邸、大丸大阪心斎橋店、日本ＹＭＣＡ同盟会館、上海ＹＭＣＡ会館、漢口ＹＭＣＡ会館、青山学院寄宿舎、宮城女学校第二校舎、鎮西学院、関西学院中等部第二期などがある。

ところで、京都ＹＭＣＡのフェルプスはこの年六月に、東京のＹＭＣＡ同盟本部に異動して名誉主事フィッシャーの補佐役となった。フェルプスは日本ＹＭＣＡ同盟の専用の会館の建設計画で再びメレルと向き合うこととなる。

日本最初のハロウィーン

この年の婦人部の活動もなかなか活発であった。母親集会は高場富江の退団で低調になりかけたが、吉田柳子、武田淑、ベッシーの三人で教会員の家庭訪問を再開させた。また主婦を集めて従来別々に開催していた料理教室と家庭問題懇談会を組み合わせ、毎週一回三時間の集会にした。少女の弥生会は低学年クラスと高学年クラスに分け、低学年クラスを吉田清野、武田淑、ベッシーが担当して毎回さまざまな企画でガールスカウトのような活動に精を出した。

ジュリア・ヴォーリズの婦人会（1918年）　11

ところで、一一月に弥生会でハロウィーンパーティを開催し楽しんだという記録があり、筆者が調べた限りでは、記録に残る日本最初のハロウィーンパーティであった。高学年の弥生会では、英会話とバイブルと料理を合わせたクラスをジュリア、村田友枝、田中金造牧師夫人で担当した。舟木の艇庫で開いていた日曜学校は地元の反発もあったが、西澤機関士夫人と吉田柳子が粘り強く続けた。英語の成人女性クラスはジュリアが受け持ち、同じくベッシーは若い夫

弥生会の低学年クラスの約半数　†

弥生会の高学年クラス　†

婦だけのクラスを作って担当をした。

さらに興味深い試みとして、英語ができる村田友枝、吉田清野、武田淑が翻訳グループを結成して西洋の家庭雑誌から日本の一般家庭の主婦にとって参考になる料理、子育て、医療、修養の記事を選んでパンフレットを発行する活動を始めた。吉田清野は陸軍八日市飛行隊の将校夫人から頼まれて西洋料理の指導も始めた。近江八幡からこのような形で西洋的生活が着々と発信されていったのである。

14 一九一七年（大正六）　組織化の年

四八名の組織に発展

一九一七年（大正六）一月一二日のミッション月例ミーティングには、一年ぶりに東京からヴォーゲルと久保が参加して四〇名が集まり、皆が大きな組織に成長したことを実感した。この時点での正会員と準会員は総数四八名である。メレルと悦蔵を除き、主担当の振り分けではガリラヤ丸四名、婦人部九名、湖東伝道四名、労作部八名、鉄道ＹＭＣＡ二名（主事）、学生ＹＭＣＡ三名（主事と寮管理夫妻）、サナトリアム二名、農園一名、オフィス四名、建築設計一二名という陣容である。悦蔵はあらゆる部門で責任者であった。

伝道については、湖東の拠点化できた地区を担当する者と、開拓をする者とに分担ができるようになった。結婚によって生活の安定をみた悦蔵は、毎月、安土、大原、八日市、大津、水口、膳所、彦根、日野、野田、馬場、米原の一一カ所に出張伝道を行った。中でも八日市と安土は重要拠点であった。八日市ではナイルスの通訳をした縁で陸軍将校たちとの交流が生まれ、悦蔵は実用英会話の教授を引きうけ、週二回足を運んだ。そのたびに八日市講義所で日曜学校を開いて子どもたち一〇〇名を集めていた。[1]

1月の月例ミーティングでの集合写真　†

安土の日曜学校は大賑わいだった（中央後列が悦蔵、右端が岡田金一郎）　11

一方の安土は伝道の難所であった。小学校近くの借家で始めた安土ＹＭＣＡは、いつまでも妨害する者がいて危険なため閉鎖することになった。代わりに、岡田金一郎が自宅を開放して毎週日曜礼拝と子どもたちの日曜学校を開くことにした。その結果、彼の一家は近隣から孤立することになったので、メレルと悦蔵は時間が許せば日曜日の集会を応援していたが、出席者は数名というありさまである。一方、子どもたちの日曜学校は周囲の子ども全員が来ているのではないかと思われるほどの盛況であった。[1・5・11]

近江八幡では、池田町五丁目の西側の空き地を使って「プレイグラウンド（伝道団少年遊技場）」を始めた。そこは後にダブルハウスが建設される一画であるが、当時は空地のままだったので、その場所に労作部の手で滑り台、シーソー、ブランコが作られて近隣の子どもたちに開放された。これらの遊具は順番待ちができるほど盛況となった。[11]

仏教僧の入団相次ぐ——亀谷凌雲の物語

不思議なことに、近江ミッションは仏教僧を惹きつける力があったようである。亡くなった遠藤観隆、この年九月まで大津歩兵連隊にいた茶谷霊城の他に、この年は四名の元僧侶が入団した。彼らは年齢が若く、高等教育を受けた人たちであった。キリスト教への傾倒だけであれば牧師としての道もあっただろうが、近江ミッションでは活発な伝道と聖書研究が行われ、地域で文化活動が行われ、社会事業にまで広げようとするエネルギーがあったので魅力だったのだろう。その元僧侶の一人、亀谷《かめがい》凌雲《りょううん》は仏教界のサラブレッドといえる僧であった。彼の改宗は当時の仏教界とキリスト教界で大きなニュースとなったので、その驚くべき物語に触れておこう。

亀谷凌雲は富山県上新川《かみにいかわ》郡新庄町（現在の富山市）の浄土真宗大谷派正願寺《しょうがんじ》の住職の息子で、親鸞《しんらん》の直系である蓮如《れんにょ》から第一八代の末裔《まつえい》という特別な存在だった。旧制第四高等学校で西田幾多郎より宗教哲学を学び、東京帝国大学に進学して哲学や宗教学を学んだ。在学中は、東京本郷にあった真宗大谷派の求道学舎に寄宿し、親鸞の教えを学び安心を得ようとしたが、十分に満たされなかった。そこでさまざまな宗教を調べるうちに、キリスト教が最も自分にとって安心を与えてくれる宗教であるという結論に至る。

小樽中等学校の英語教師となって働いていたとき、救世軍にいた金森通倫《みちとも》の伝道に触れ、心を動かされる。その後、父を失くして間もなく、一九一七年（大正六）四月に富山中等学校に転勤の命を受け実家に戻ると、檀家は正願寺住職を継ぐために戻ってくれたと喜ばれた。

亀谷凌雲　11

その状況に悩んでいた彼は、小樽の宣教師から噂を聞いていたメレルに相談をしたくなり、手紙を出した。するとメレルは初対面にもかかわらず軽井沢から富山まで会いにやって来た。感激する亀谷にメレルは、近江八幡で聖書学校を開校する計画があるので第一期生にならないか、生活費は軽井沢の貸別荘の収入を使うことにするという提案を出した。さらに、すぐに軽井沢に来て四〇日間静かに聖書を学ぶように勧めたので、それに従うことにした。そして妻に、住職を辞め近江八幡に行く決心を伝え、中等学校にはわずか一学期で退職願いを出した。このときの夫人の驚きはいかばかりであっただろうか。

一方で檀家たちは親鸞生誕六五〇年の大法会を待っているので、それだけは何とかすませてから母親を説得し、弟には大学を中退して住職になってもらうことにした。母親にとってその苦痛は相当なものであったが、息子を信じることで心を鎮めるほかはなかった。その夏、彼は軽井沢の近江園と呼ばれた一画のメレルの別荘にいた。そこで隣の別荘にいる悦蔵から連日使徒行伝解説を聞いて過ごした。

九月に富山に戻ったところに、本願寺から除名の決定通知が届き、すっきりした亀谷は、九月二三日に富山市のメソヂスト教会で洗礼を受けた。帝国大学卒文学士僧侶に何が起こったかという記事が新聞をにぎわしたのは言うまでもない。

そして彼は一〇月に妻を富山に残して、近江八幡のヴォーリズ邸の二階の一室で清貧の生活を始める。彼は聖書学校に入学したつもりであるが、メレルは彼をワーカーとして扱い、伝道団図書部長、英語学校長、聖書研究有志団主事という肩書を与えた。一二月に多賀町、現在のヴォーリズ学園付近にあった武田猪平牧師の自宅で聖書学校が開校され、四名の講師に八名の生徒で始まった。亀谷は生徒兼主幹で、加えてガリラヤ丸の湖西伝道に同行し、自らの体験を語る講演を開くといったことを一年にわたって続けた。その後の亀谷は、一年間の聖書学校を終えて近江ミッションを退団し、翌年に東京神学社で聖書研究を続け、一九一九年に故郷で富山新庄伝道所を設立し、再び周囲を驚かせた。亀谷ほど宗教学と哲学に通じた人は近江ミッションに収まりきらないとみたのだろう、メレルが彼を強く引き留めた様子はみられない。

その新庄伝道所にカナダ・メソヂスト派宣教師で幼児教育を専門とするマーガレット・アームストロングが運営する青葉幼稚園の新庄分所が併設された。アームストロングはメレルとの親交も長く、一九一一年（明治四四）の青葉幼稚園設計をするが、亀谷もアームストロングと連携をして青葉幼稚園新庄分所を守った。一見不可解ともいえる彼の改宗とその後の行動を理解するためには、彼の著書『仏教から基督へ——溢るる恩寵《おんちょう》の記』をご一読いただきたい。こうした仏教僧の入団は一時的に続いたが、数年以内にさまざまな個人的事情から全員が退団をしていった。[1・5・11・13・30・55]

馬場鉄道ＹＭＣＡの隆盛

馬場鉄道ＹＭＣＡは三年前に立派な会館ができてから、利用者が増え、一六名が定員の寮は入寮希望者が引きも切らなかった。会員は鉄道省の昇格試験対策講座を受けることができ、高い合格率を誇っていたのも人気の理由であった。そのほかの啓発活動も充実していて、五分間弁論会や技術講習会が開かれ、東京の鉄道青年会や京都ＹＭＣＡから講師も来るので、新しい話題を吸収することができた。この年二月に、「鉄道ミッション」の日本代表者ジレット女史が来て講演した際は、四〇名の技師が参加したと記録されている。鉄道ミッションは英国を起源とする鉄道員のためのキリスト教伝道修養会で、鉄道員の生活改善をして事故減少を目指す団体として鉄道省から特別認可を受けて自由に駅を移動し、啓蒙《けいもう》活動をしていた。本来は鉄道会社がケアするべき福利厚生や安全衛生を補完していたので、鉄道ＹＭＣ

Aと同様に鉄道の近代化に伴って役割を終えていった。

馬場鉄道YMCA会館は鉄道員以外にも開かれており、膳所中学のYMCAも会合に利用していた。また日曜学校と子ども会も毎週開催されていた。日曜学校は毎週一〇〇名近くをコンスタントに集め、子ども会では武田猪平牧師のお話が人気で、毎週六〇名ほどの近所の子どもで賑わった。会館が主催するスポーツはテニスと卓球が当初から盛んに行われていたが、この年一月からは講堂を利用して、柔術教室が山田寅之助の指導で始められた。最初から五〇名の入会者があり、五月になるとそれが一三〇名に膨れ上がったという。

こうした馬場の会館の賑わいとは逆に、米原鉄道YMCAは米原駅に近い場所とはいえ借家を利用していたため、馬場との差が生じていることは否めない状況であった[5・11]。

近江療養院基礎工事と外来一般診療の開始

近江療養院の基礎工事は三月から本格的に始まった。本館の工事は労作部メンバーと雇い入れ作業者総勢二五名の人力で進められた。メレルと悦蔵は療養院設置認可を得るために東京府庁と滋賀県庁を訪問して相談すると、行政側の期待は大きく、認可には前向きであった。

ところで、本館の基礎工事が遅れがちであった一方、労作部の手で街道寄りに建てた外来向けの一般診療所棟は二月に完成した。それを「明星館」と名付け、寄付者を記念して「アリス・J・カミングス記念診療所（Alice J. Cumings Memorial Dispensary)」とした。カミングス女史はオハイオ州に住むジュリアの友人で、いち早く寄付をしてくれたのに、完成を見ずに亡くなってしまった。この明星館は、待合室、診察室、調剤室、薬品庫、医師用の書斎と寝室という間取りで、陽光をふんだんに取り入れる広い窓、壁は白いエナメル塗装、床は白いリノリュームを使って清潔感ある建物である。富永孟医師は北之庄に住宅を建ててもらっており、父の富永亨と妹の操《みさお》の三人で同居していたが、緊急対応もできるように明星館にもベッドが用意してあった。

近江療養院本館の基礎工事　11

この診療所の医師は富永一人であり、農園の管理者だった山下の娘を看護婦として採用して三月に外来の小児科と内科として開院した。この診療所を先に作った目的は、すでに入団している富永医師の活躍の場をつくるためと、地元の人たちにいち早く貢献をしておくためだった。北之庄の地に病院ができると知らされた当初は大歓迎されたが、その後恐ろしい結核の療養所だということが知れわたって、落胆とともに反対運動がおこる気配があった。下水道のない当時、療養院よりも低地に住み、農業をする人たちに不安を呼び起こしたのは無理からぬことであった。そのため、先に一般診療所を開院して地元との接点を持ち、地ならしをする役割もあったのである。

明星館の診療が開始された三月に来院した患者は六三名、四月に一〇三名、五月には一四六名を診察したと記録されて

一般診療所の明星館　11

富永医師による診察風景　11

いる。[11]現在のヴォーリズ記念病院の創業記念日は「近江療養院」（別名近江サナトリアム）の本館の開所式が行われた一九一八年（大正七）五月を基準としているが、一般診療は一九一七年三月に始まったのである。

ヴォーゲル一家の賜暇帰国

三月二四日、麻布飯倉で徳川音楽堂（南葵楽堂《なんきがくどう》）の地鎮祭が行われた。現在の港区麻布飯倉六丁目一四番地、麻布小学校がその場所である。合名会社を代表してメレルとジョシュア・ヴォーゲルが出席した。その夜は徳川頼貞が住む芝三光町の家で内輪の祝賀音楽会が催された。

東京出張所所長のジョシュアは五年間、ヘレン夫人は二年半の間、ヴォーリズ合名会社と近江ミッションの活動を助けていたが、他の宣教師と同じように二、三年に一度、賜暇とよばれる帰省をすることが予定されていた。しかし二人の結婚と長男ピーターの出産によって帰国が延びたので、東京YMCA会館と日本YMCA同盟会館の設計が一段落したところで、米国オハイオ州に帰省をして新しい建築技術の習得をすることにした[11]。ところが、一家の出航直前の四月になって、三年前から続いている第一次世界大戦にアメリカが参戦を宣言したので、戦況が見えなくなった。大西洋の連合国側の船舶はドイツが無差別攻撃をするという物騒な状況があった。太平洋航路が安全なうちに戻ったほうがよいため、五月五日に一家は出航した。トレド市のジョシュアの実家で五月から八月まで休養したあと、オハイオ州立大学のそばに転居してジョシュアは建築学の修士課程に入った。さらに、古巣の学内YMCAとSVMにも再び加わって自らの経験を生かした。YMCAが軍人慰労事業に力を入れ始めたので、徴兵されない大学生は軍人支援の寄付金募集活動を行うようになり、ジョシュアはその先頭にたって母国に尽くそうとした。

近江ミッションの母、吉田柳子の永眠

メレルが初めて吉田柳子に会ったのは、一九〇五年（明治三八）の来日から四カ月経ったある週末、悦

吉田柳子の葬儀（八幡教会）

蔵の実家を訪問したときであった。以来、メレルは神戸で柳子の世話になることが多かった。ヴォーリズ合名会社ができたときは事務所裏に住んで若い男性社員を助けてきたが、浄土宗を捨てて洗礼を受けてクリスチャンになっただけでなく、近江ミッションの初代女性ワーカーとなって婦人部を始めた。

五月一三日のこと、ふだんから健康な柳子が高熱と悪寒に襲われ、皮膚には赤く腫《は》れあがる症状が出た。富永医師の診察を受けると、丹毒だろうということで注射を打ってもらったら、その晩から少し軽快になり、一週間ほど安静にしていた。しかし、二一日の夜に再び高熱で苦しみだした。隣からベッシーが来てずっと足をさすっていた。柳子は悦蔵を枕元に呼んで、「ヴォーリズ先生にどこまでもついて行きなさい。そしてもし私が死んでも来年も再来年も記念式をしてくれるなら伝道の催しをしてほしい」と伝えた。まさかそんな遺言のようなことをと悦蔵は思って聞いていたが、柳子は半年後に生まれる初孫を見ることもなく、その夜に五二歳で永遠の眠りについてしまった。

悦蔵は神戸にいる金之介と弟徳蔵に打電し、近江八幡の家に急行してもらった。悦蔵と徳蔵の二人は、子どものころ、アルコール中毒の父に散々苦労をしながらも子どもたちのために一生懸命働いてくれた母の生涯のことを思うと、不憫《ふびん》で泣けてしかたなかった。二人は自宅三階の一室に籠《こも》って抱き合って泣いたという。悦蔵の日記には「嗚呼《ああ》嗚呼哀しいかな、一晩泣く」と書かれている。五月二三日の午後一時半に自宅前の庭で出棺式を行い、二時から八幡教会で葬儀を執り行った。親戚や知人の多い神戸では二七日に兵庫教会で記念会を行った。[13]

メレルの悲しみ様もただならぬものであった。柳子は日本の母であった。七月号の『マスタードシード』は吉田柳子追悼号として、表紙の写真を含め一四ページを割いて、「五月二一日近江ミッションは母親を失くした」という一文から始まり、柳子の生涯について特集をした。[11]

『マスタードシード』マザー・ヨシダの特集号

悦蔵は母の遺言のとおり、翌年以降の五月二一日を柳子の記念式として伝道講演会を開くようにした。メレルも近江ミッションの永眠者記念式を毎年五月二一日と定め、後年納骨堂の恒春園が完成したあとこの日を記念式の日として固定化したのであった。[1]

ガリラヤ丸の活動

ガリラヤ丸は真冬でも地道に活動し、湖西と湖北の開拓が行われた。その例としてこの年一月の活動を紹介しておきたい。

大正六年〔一九一七〕に入りて一月五日の午後近江聖人中江藤樹の故郷小川村にある青柳尋常小学校よりの招きに応じウォーターハウス、武田の二氏ガリラヤ丸にて出張同校卒業生及び有志者の大会に列して講演を試みぬ。会せるもの百五十名ありて一同に深き感興を与ひたるよし。更に大正六年度よりのあたらしき試みは高島郡に於《お》ける新儀村字太田なる旧浅見絅斎《あさみけいさい》先生〔江戸時代の儒学者〕の屋敷に於いて尚絅《しょうけい》会館なるものを公開し同地志道者の求めに応じ、

・新聞雑誌並び図書の縦覧を許すこと
・女史裁縫教習所を設くること
・少年会を設くること
・英語教授を試みること
・各種の講演及び説教講話を試みること

等の諸活動を為すことをなしその第一回の集会を十日の夕べに催ふせしが大成功の会合成りき　少

当時の建築事務所。朝は讃美歌と祈禱で始まった　†

年の集会及び大人の集会を催ふしウ氏〔ポールのこと〕、武田氏の講演ありたり同会合の催さるるや仏教徒殊に寺院に大恐怖を来たしつづいて各寺院檀徒の寄会となり更に求道者の首領たる浅見安之氏に対する村長区長等の脅迫的なる談判となり村民一同に対する寺院側よりクリスト教徒の集会に絶対的不出席の連署威圧の運動となり、更に一月二十三日の今津町曹澤寺に於ける郡全体の各派寺院の連合大協議会を開きての斯教防御の運動となり終に浅見家に対する絶交的運動となれり。

　超えて十七日には吉田悦蔵氏も前記二氏とともに出張尚絅会館にて集会を催ふせしが迫害運動の為少年大人の集会大いに減少せり。[5]（以下略）

　ガリラヤ丸一行は招かれることもあれば、仏教徒によって反対運動を起こされることもあり、苦労が絶えなかった。高島郡新儀村字太田では、中江藤樹と並び近江の二大学者とされる浅見絅斎の末裔、浅見安之が熱心なクリスチャンとなって一九一六年（大正五）に湖西の新拠点の主宰者となった。自らの判断で浅見絅斎の書院を転用した尚絅会館をガリラヤ丸の集会所として貸出していたが、村内の人たちの反対が根強く、浅見氏は孤立無援となっていた。そのためガリラヤ丸の一行は支援のためできるかぎり頻繁に訪れるようにしていた。

また、そこから近い高島郡新儀村北畑では、中国大陸に出た清水安三の実家が家を開放して集会所として提供していたが、やはり反動があり、人が集まりにくい状態があった。ところが、六月に入って村民の懸念も薄れるようになり、太田と北畑とともにガリラヤ丸一行の集会に参会する者が増え、毎回八〇名近く集まると記録されている。[11]

メレルは、ガリラヤ丸に客を乗せてもてなすことが多かったが、ガリラヤ丸伝道に同行することはまれで、この年の七月一日に来客の宣教師ハーバート・ニコルソンと一緒に太田村で講話をしたときが最初だったと記している。船内で西澤機関士の手になる食事をしたあと、ポールが発明したライスプディングを皆に振る舞っている。単に卵かけご飯で、醤油の代わりに砂糖をたっぷりかけたものだが、相当に美味で販売もできるものだと書いている。[5]

ところで、ガリラヤ丸の手本となった瀬戸内海の伝道船福音丸の船長、ルーク・ビッケルがこのころ神戸の病院で亡くなった。メレルは一七年間瀬戸内海の島々を伝道した先人の死を悲しみ、『マスタードシード』誌に弔意を表す編集後記を書いている。福音丸はその後二代目、三代目の船長が引き継ぎ、今日でも瀬戸内に点在する教会が残る。

この年のヴォーリズ合名会社

合名会社は前年に四名の増員をしたものの、役員であるメレルと悦蔵を含めても一三名で、まだ人手不足であった。それに加え、東京出張所のヴォーゲル夫妻が五月から一年の賜暇帰国をすることになったので、四月に新たに五名を採用した。その中に柿元栄蔵、原泰敏、隈元《くまもと》周輔がおり、この三人はその後も長く建築設計に腕をふるった。近江八幡の建築事務所は余裕がなく、増築工事を始めることにした。

軽井沢夏事務所ではこの夏が過去最も忙しくなり、六〇件近い案件を抱えていた。メレルとしても、増員を図るとともに、資本増強が必要と感じたのか、珍しく『マスタードシード』の読者に対し設備増強のための寄付、あるいは利息付きの資金借用を訴えている。軽井沢のユニオンチャーチの建て替え設計を委嘱されたのはこの年である。

一〇月に合名会社にロシア人のワスコウィッツを迎え入れた。彼はロシア系ユダヤ人で、アメリカからロシアに帰国しようとしたが、戦争中であったため帰国ができないため、日本に一時的に滞在の許可を得たのである。建築設計の経験がなかったので、近江八幡の事務所で輸入業務をしていたようである。

『湖畔の声』一二月号にはそうした合名会社の状況を次のように報告している。

目下設計及び建築中のものを都市別にすれば、札幌、仙台、東京、金沢、名古屋、京都、大阪、神戸、福岡、長崎、琉球、京城等で、其の工事費概算一六〇万円位となる。現今設計及び監督に従事している会社員を合すれば二〇名以上で日米露三ヶ国の者が入乱れて一室に仲よく働いて居る。建築視察及び研究のため去五月に帰国したヴォーゲル氏夫妻は相変わらず元気に満ちて其の目的に向かって努力して居られる。会社増築工事は漸く完成に近づいて来た。大分面目を一新した様だから何れ遠からず本誌上にその姿を載せたいと望んでいる。

拡張された建築事務所兼ミッション本部。1917年竣工　11

西邑清邸。神田区駿河台、1916年竣工、廣岡恵三が参考にした邸宅　11

廣岡恵三邸。麻布区材木町、1918年竣工、のちメレルの結婚披露宴が開かれる　11

一二月八日に魚屋町の建築事務所の増築工事が終わり、利用を始めた。この増築を近江伝道団事務所と呼んでいたようであるが、実際には二階を全部建築設計に用い、二階にあった事務室とヴォーリズ邸の事務所を一階に移している。その結果、一階は一般事務所、メレルの事務室、図書室と区切って用いることになった。

15 一九一八年（大正七）　賀川豊彦と一柳満喜子

近江基督教慈善教化財団の設立

近江ミッションの永年の希望であった財団法人の設立が、一九一八年（大正七）三月八日に認可された。近江ミッションという名称は日本人に実態がわかりにくいと言われ、「近江基督教伝道団」と名乗っていた。さらに、慈善団体を示す単語を正式名称に含めないと、税制上不利になるということで、仕方なく「近江基督教慈善教化財団」とした。しかし、団員にはこの名前が長すぎる上、慈善という単語がしっくりしないので、その後も日常的には近江基督教伝道団を用い、総称として近江ミッションが使われ続けた。

三月にウォーターハウス夫妻は息子のゴルドン、娘のドロシーを連れて一時帰国をすることになった。ウォーターハウス一家は普通の宣教師とは異なり、パサデナの親族から生活費をもらって近江ミッションに参加していたので、帰国することは自由意志であったが、他の宣教師にならい一年間の一時帰国であった。三月一一日にポールは帰国前の最終ガリラヤ丸伝道として湖西各地を回り、旭《あさひ》村で八三名、今津で八〇名の集会を行った。[11]

この年は禁酒を重点目標の一つとしたことが特徴であろう。近江ミッションの団員は禁酒禁煙であることが厳格に求められていたが、この年は広く社会での禁酒運動を推進しようと動いたのである。近江八幡の勧業館（現在の白雲館）で禁酒や断酒に関する講演会が何度も開かれた。五月には魚屋町の事務所内に「近江禁酒会」を設立して一般会員を募集した。当時の社会は、飲酒が引き起こす家庭崩壊や貧困が社会問題となっていて抑制のない状況があった。一方で、アメリカでは禁酒運動がピークにあって、前年一二月に飲料用アルコールの製造・販売を禁止する米国憲法修正第一八条が提出されたところであった。このアメリカの状況に少しでも近づきたいと日本でもさまざまな禁酒団体が立ち上げられ、運動を展開していたが、近江ミッションの活動はこの流れに沿ったものであった。

賀川豊彦来る

このころ、近江ミッションは賀川豊彦と結びつくようになる。賀川は神戸のスラムに住んで、貧困生活を自らに課すことで貧民街の生活改善を探る青年牧師であった。貧民街にいたハルという女性と一九一三年（大正二）に結婚し、翌年渡米してプリンストン神学校に学んだ。そこで社会労働運動を知り、この新しい潮流を日本に広める希望を持って帰国したところであった。メレルが賀川を知ったのは一九一八年四月一八日、東京で在日本ミッション同盟の社会福祉委員会が開いた、生活改善をテーマとする会議の席上だった。メレルが住宅改善について報告を行い、労働者や貧困者に理想的な住居を提供する方策について話し合いがなされた。そのあとゲストスピーカーとして賀川豊彦がスピーチを行った。[11] その理路整然とした話しぶりを聞いたメレルは、賀川に近江ミッションを是非訪問してほしいと伝えた。メ

賀川豊彦とメレル。吉田柳子記念式後に吉田悦蔵邸前で撮影 †

レルは戻ってから悦蔵に賀川の話をしたところ、悦蔵は彼の活躍ぶりをよく知っており、柳子昇天一年目の記念日には遺言の伝道イベントとして彼に講演を依頼しようとしていたところだった。二人はその偶然を喜んだ。一方、賀川は妻ハルが女工として働く神戸福音印刷所で英文印刷をしている『マスタードシード』を目にしていたので、近江ミッションに興味を持っていたのである。[1-3]

五月二一日、八幡教会で吉田柳子昇天一周年記念講演会が開かれ、八〇名を前に賀川は「日本における社会問題と基督教の使命」と題する講演をし、そのあと水口教会の山田兵助が「故吉田柳子に就いて」という講演を行った。この日から賀川豊彦はクリスチャン社会事業を行う仲間として、近江ミッションと連携をはかるようになる。

一柳満喜子の登場

メレルは、近江に生涯を捧げて自給自足で伝道をすることに決めてから、結婚に極めて消極的になった。財産を持つつもりがなかったし、結婚相手の事情で自分が神と約束をしたミッションを貫徹できないことになることを本気で心配していたのである。高校から大学時代にかけて交際をしたクレア・マッコイと別れ、若い女性宣教師らからは人気があったというが、三七歳になって一柳満喜子に出会うまでは一切結婚の可能性を見せなかった。

一柳満喜子がメレルに会い、結婚に至るまでの概略はつぎのようなものである。満喜子はメレルが生まれて三年半後の一八八四年（明治一七）三月一八日、子爵一柳末徳の三女として東京で生まれた。末徳は慶応義塾で英学を学んで西洋文化に理解があり、妻の栄子はクリスチャンであったが、三男四女の家庭に妾《めかけ》三人を同居させるという複雑な家庭環境をつくっていた。栄子は朝晩聖書を読み、皇后陛下拝謁のとき白《しろ》無垢《むく》を着て聖書を献納したというほどであったが、満喜子が九歳のときに亡くなっている。

1909年ごろ渡米前の一柳満喜子（左から2人目）、廣岡恵三と亀子夫人（着座）、子供の多恵、八恵、佐恵、周りの三女性は廣岡浅子生涯の侍女小藤の娘たちと考えられる　††

満喜子は東京女子高等師範学校の付属小学校から高等女学校を出て、女子学院で音楽と英語を専攻して卒業し、その後、神戸女学院の音楽部ピアノ専攻を卒業した。そして設立間もない日本女子大学で助手兼学生をしていたが、兄恵三から留学を勧められ、一九〇九年に、賜暇帰国する東京第一高等学校教諭のアーネスト・W・クレメント宣教師夫妻に同行して当初ケンタッキー州をめざして渡米するが、船中で出会ったオアフカレッジ学長グリフィス夫妻の勧めでペンシルバニア州のブリンモアカレッジの予科に入学する。

満喜子は一九一二年（明治四五／大正元）にブリンモアカレッジに無事入学するが、二年生のとき病気で体調を崩し、日本女性の研究者で留学生であれば誰もが知るアリス・ベーコン女史宅に私宿しながら、彼女の助手をすることに方針変更する。独身だったアリスは満喜子を実の娘のようにして生活を始めた。アリスは過去二度の日本滞在で、一時期高等師範女学校にいた満喜子にも教えたことがあった。満喜子は在米期間が九年目になった一九一七年（大正六）、兄の恵三から父末徳の容態悪化で帰国するようにとの連絡をうけ、当人は一時帰国のつもりでその年一一月二六日横浜港に帰ってきた。

満喜子は父末徳の見舞いをすませると、東京の兄恵三の邸宅に移り、外国人教師が不在となった女子英学塾（現津田塾大学）の手伝いを始めた。一方、恵三は三年ほど前から東京麻布区材木町に別邸、神戸深江に本邸、大阪曽根崎に接客用の邸宅を建てる計画で、メレルらを呼んで打ち合わせを重ねていた。そして一九一八年の初春、恵三がアメリカ大使ローランドを夕食会に招いた夜、打ち合わせで遅くなったメレルも誘った。その席でメレルは満喜子を見初め、以来打ち合わせに参加する満喜子に好意をもち、二カ月ほどのうちにプロポーズをする意思を固めたのである。

また、兄と妹は近江ミッションに興味をもち、近江八幡を訪問したいと伝えていた。それは間もなく実現し、恵三一家と満喜子は三月二七日から二九日に近江八幡へやって来て、近江ミッションの施設をくまなく見学し、ガリラヤ丸にも乗っている。この前後に満喜子は恩師のアリス・ベーコンから、大手術を受けるので付き添ってほしいという手紙を受け取っており、四月にアメリカに向けて出発することにした。それを知ったメレルは、それまで二人きりになる機会もなかったので、次の打ち合わせの日に運命のプロポーズの手紙を満喜子に手渡した。その手紙には満喜子が自分にとって不可欠な人で、三〇人ほどの子どもを持つ田舎の男やもめと結婚するようなものだが、ぜひ一緒に働いてもらいたいという文言がかかれていた。

満喜子は五月六日にサンフランシスコ港に到着したが、満喜子と親交のある安孫子《あびこ》余奈子《よなこ》（津田梅子の実妹でサンフランシスコの邦字新聞『日米新聞』編集者安孫子久太郎氏の夫人）が待ち構えていて、彼女からアリスが五月二日に亡くなったことを知らせる電報を見せられ悲嘆にくれる。子爵令嬢だけに、その翌日、『日米新聞』にはその悲話が載った。満喜子はアリス・ベーコンの家に駆けつけ、埋葬の終わった墓標の前で祈るしかなかった。遺言には満喜子に身辺を整理させるように書いてあったので、満喜子はその仕事をするため、半年ちかく現地に留まることになる。当時の新聞によれば、アリスの地所はハンプトンのバッカス看護学校に寄贈し、日本人の女性二人に五〇〇〇ドルずつ与え、一〇〇〇ドルをL・W・ベーコン医師に与えるという内容だった。しかし、実の姉妹には贈与がなかったので、この配分は現地の人をかなり驚かせたようだ。五〇〇〇ドルを遺贈された二人の日本人とは津田梅子の姪の渡辺みつと一柳満喜子のことで、満喜子はその一部をのちに近江ミッションの女性留学基金にしたものと考えられる。

メレルは手渡した手紙への返事が気がかりであったが、アメリカから届いた満喜子の返事にはメレルを大喜びさせる結婚を受ける言葉が綴られていた。[5・13・23・76]

近江療養院（近江サナトリアム）の開院

五月二五日、結核療養所「近江療養院」（現ヴォーリズ記念病院）を開院した。その開院式の模様を『湖畔の声』六月号から引用する。

五月二五日　近江療養院は開院式を挙げました。樫林の中に会場を特設し、宗教的の気分の漲《みなぎ》る集会であった。

来賓者二百名、京都帝国大学の藤浪医学博士の開院演説、ヴォーリズ氏の病院設立の趣旨、内務省高田文学士、滋賀県内務部長伊東喜八郎氏、同衛生課長佐々木誠四郎氏、医師会長、蒲生郡長、八幡町長達の祝詞演説がありまして、実に私共の周囲に多くの同情同感者あり肺結核病を駆逐する為に即ち人類の幸福を益す為には非常なる後援者のあることを感謝しました。

其の日の前後に八幡町内の富豪某氏、在家の某々氏等或《ある》いは金、或いは土地を療養院に寄付せられました。其金額は莫大であります。然し寄付札を広告的に立ることを最も野蛮的であると信じます私共はただ深く感謝し、明細の其寄付金の費途を記帳して永くお後援の意を受けます。開院式後三日間一般公衆に観覧を許しましたので約一千幾百、殆ど二千人の人たちを院内案内しました〔正確な記録では一六九五名が来場したとある〕。

初代院長には富永孟が就任、湖北出身の医師江龍一彦も担当医となった。初代事務長には吉田清野の実父である渡邊光太《わたなべこうた》を呼び寄せた。渡邊光太は慶応二年、上山城下（山形県）の武家に生まれ、三〇歳のときに水戸で洗礼を受けた。茨城県庁土木課長だったとき、娘から聞いていた近江ミッションに後半生を捧げることにした。光太には妻しまと五人の子どもがいた。次女と長男はすでに独立していたが、次男の清春と三男の稔、次女久子を連れて近江八幡に転居してきた。清野は両親や弟妹と近江八幡の地で生活できることをどれほど喜んだだろうか。

院内の厨房を支える料理人には、かつて八幡ＹＭＣＡ会館で料理人を務めていた青木英治が京都市民病院の厨房係を辞めて移ってきてくれた。青木は二カ月後に結婚して、夫婦一緒に働くことになった。開院直後は設備も不十分だったので、初月は男性患者が三名と女性患者が五名だけにとどめ、当然ながら赤字がしばらく続いた。開院から三カ月の累積赤字は三百円となっている。

渡邊光太・しま夫妻と三男清春と四男稔　†

水の確保はあいかわらず苦労をし、井戸が使えなかったので、琵琶湖内湖からパイプラインを設置してポンプで揚水し山腹のタンクに貯めて使い、夏の飲料水は山麓の井戸水を人夫が担いで持ち運んでいた。

さて、開館式のときはメアリー・ツッカーが中心的に寄付をした本館（別名アンナ・ダンフォース・ツッカー記念館）だけが結核療養施設だったが、九月になって「五葉館」と呼ばれる五つの療養室を中央の共有部分が束ねる形の建物が完成した。遠藤観隆のために建てた療養小屋（養老館）のイメージそのままに、それを五つ束ねたものである。一一月になって、最初に入院した比較的重い症状の男性患者が一人退院することができて大いに期待を持たせる出発となった。[11]

完成した近江療養院本館、別名アンナ・ダンフォース・ツッカー記念館

五葉館、別名希望館（上下とも竣工写真）

この年八月に結核予防法が成立した。この年の統計によると、全国に結核療養ができる病院が八一施設（一〇六四床）、診療所が四三施設（二二二四床）と急増していたが、圧倒的に不足していることは変わらない[20]。近江療養院は患者に優しい経営方針が掲げられ、それが知れわたると全国から患者が集まるようになった。次のような方針である。

一、本療養院の経営は厳密なる実費計算をもって経営し、絶対に利益を受けざるキリスト教主義の治療所であります。
二、主として初期肺結核患者を収容し、入院治療を寄せざる人及び重症にして全治の見込み少なき者には慎重なる診断をなし、その家庭においてなすべき養生法及び治療法を実際的に教えます。収容室に等級はありません。
三、入院費用は特に看護婦、特別の食餌《しょくじ》及びその他患者より特に要求したる物の費用は例外です。実費のみ各患者より支払いしてもらいます。食物及び治療より利益を取りません。普通すべての費用を支弁するために一日金一円五〇銭を要します[5]。

この開院を取材した大阪朝日新聞が、近江ミッションに好意的な特集記事を掲載している。近江サナトリアムだけでなく、近江八幡の洋館群、ガリラヤ丸が写真入りで解説され、京阪神の人々にも情報発信がなされた。

日本初の音楽ホール「南葵楽堂」

徳川頼貞の日本初の音楽専用ホール「南葵楽堂《なんきがくどう》」は、英国の建築家ブルメル・トーマスの案が一九一七年（大正六）春に届いたので、トーマスの了解を得て、メレルが温めていた案とトーマスの案の両方をベースに、実際に現地で建築できるものに図面を練りなおした。トーマスの案は、ゴシック様式で、外観がケンブリッジ大学の礼拝堂、内部はケンブリッジ・キングス・カレッジの礼拝堂にヒントを得たものと書き添えられていた。収容人数は三一〇名で、のちにパイプオルガンが設置されるものであった。建築が終わったのが七月で、開堂式を一〇月に行うことになった。

日本初の音楽ホール「南葵楽堂」

開堂式にメレルは、建築委員長として来賓である波多野敬直宮内大臣、山川健次郎帝国大学総長、徳川頼倫侯爵、大隈重信早稲田大学総長、鎌田榮吉慶応義塾大学総長と並んで壇上にあった。そして徳川頼貞の挨拶のあと、来賓挨拶の前にメレルが日本語でスピーチを行った。メレルは書状を読むのではなくふだんの言葉で話したといい、翌日の新聞は他の来賓よりわかりやすいスピーチだったと評された。徳川頼貞の『薈庭楽話《わいていがくわ》』（一九四三年〔昭和一八〕）にそのスピーチの翻訳が、少し堅苦しく次のように記されている。

如何なる建築にも当て嵌《は》まる建築上の標準が三つある。第一は外観、即ち眼に快感を与えるか、均整が取れているか、色の効果は如何であるかということであり、第二は耐久性、即ち絶えず修繕をしないで永く保つか否かということであり、第三は使用に適しているか如何かということである。我々は、此の楽堂の外観については申し述べる必要がないと思うのである。それはこの楽堂を見た人がそれを好まなければ、どんな議論や理由を以てしてもそれを美しいと信じさせることは出来ないからである。

次に耐久性に関しては、耐火、耐震、耐久上の最優良品として有名なカーン・システムの鉄筋コンクリートの建築であるということで十分であると信ずる。

第三の、使用目的に適するや否やの問題は、我々建築家が設計に当たって、最も考慮を費やした事柄である。弱くして役に立たない美しい建物を建てることも決して有り得ないことではない。我々はこの建物の目的が、教育的文化的意義を有するが故に、古典様式を最もふさわしいものとした。それ故我々は著名な建築家ブルメル・トーマス氏が我々のこの選択を裏書きされたことを非常に愉快に思ったのである。我々の設計が出来上がって後、トーマス卿から送られた図面は、実際上、規模に於いても様式に於いても我々の考えと同じであった。[47・48]（以下省略）

実は、開堂式の直前になって音楽ホールとして致命的な問題が見つかり、メレルは頭を痛めていた。耐

「南葵楽堂」オープニングコンサート　47

震耐火にするため天井もコンクリート造りとなったが、足場がとれると反響が強すぎて演奏を台無しにすることがわかったのである。開堂式が二週間前に迫ったある晩、メレルはこの心配で一晩眠りにつけなかった。長いあいだ一心に祈って、朝方になってようやく深い眠りについた。その眠りから覚めたとき、あるアイディアがひらめいた。都内の家具製造所で、敷物の下に使う白い厚手のフェルトと強いニカワを手に入れ、再び足場を設置してフェルトを天井に貼った。すると格段に音響が良くなり、開堂式が成功裏に終わったばかりか、その後も招待音楽家たちから音響の良さを賞賛されたという[13]。

かくしてメレルは国内初の西洋音楽の殿堂という大きな仕事を成し、建築事務所の名声を高めたのである。

開堂式の夜はオープニングコンサートが催

され、二日目はメレルの誕生日であったので、頼貞の計らいで昼食会が催された。その午後、頼貞の自動車で三井高景《たかかげ》の三男の高修《たかなが》と島津長丸の長女広子の結婚披露宴に出席した。三井高景は廣岡浅子の義甥にあたる。この披露宴に出た人たちは、前日の開堂式に出席していた人が多くいて、メレルは日本人名士よりもスピーチが良かったと口々に言われたという。

大丸呉服店大阪店（大丸心斎橋店）

この年、合名会社にとって商業的に輝かしい建物が完成した。ゴシック様式の地上三階、地下一階建ての大丸呉服店大阪店である。九月二四日の記者披露会には、設計会社としてメレルと村田が招待された。およそ三〇名の記者団を前に、社主の第一一代下村正太郎から促されてメレルが日本語でスピーチを行った。メレルは、ゴシック様式を全体に取り入れたものとしては極めて珍しい商業建築の例となったことを説明し、さらに大丸創業者の家訓「義を先にして利を後にする者は栄える」という言葉を披露すると、社員と記者から大いに喝采を浴びた。下村は、自分自身も忘れかけていた家訓をメレルが思い出させてくれたと言って笑いを誘った。

下村は、新館の出来栄えと合名会社の誠実な仕事ぶりに大変満足をしていたので、一一月二日にメレルと村田のほか、佐藤久勝、メレルの両親、悦蔵、ワスコウィッツ夫妻を招待した。建物内外の美しい装飾をデザインした佐藤久勝はあいにく体調不良で出席できなかった[11]。招待された一行は、地下室から屋上庭園まで隅々を見学したあと、特別室で昼食をもてなされ、その後、車と電車を乗り継いで京都に

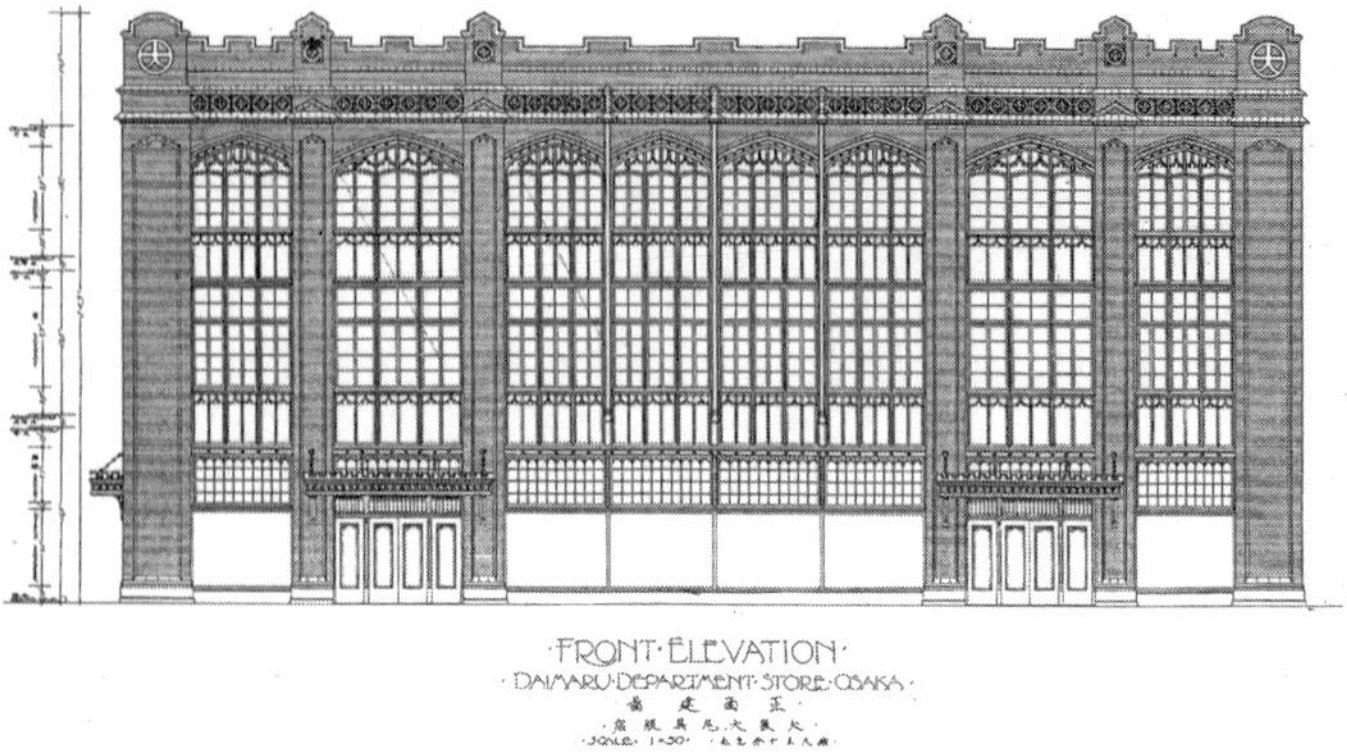

大丸呉服店大阪店（大丸心斎橋店）。2年で焼失したため写真が残っていないが、図面が遺されている（一粒社ヴォーリズ建築事務所所蔵）

移動し、東山の別荘で風光明媚な庭園を前にお茶をごちそうになり帰途についた。このビルは惜しくも一九二〇年（大正九）二月に漏電火災でほぼ全焼した。しかし、第一一代下村正太郎のメレルらへの揺るがぬ信頼は、心斎橋店の三期にわたる再建と増築、その間に京都大丸の新築と下村本人の京都の邸宅（大丸ヴィラ）の設計依頼につながった。

大戦の長期化とヴォーゲル夫妻の退団

一九一四年（大正三）に始まった第一次世界大戦は、当初の予想よりも戦線が拡大して長期化した結果、欧米のミッションボードは海外伝道事業の縮小と資金の絞りこみが続いていた。幸い関西学院、救世軍本営、廣岡邸などがその減少を少しカバーしていた。夏に合名会社の職員三名が本人らの事情で相次ぎ退職したものの、その補充採用はひかえることにした。それでも余剰感があったのか、職員の内二名をサナトリアム建設で忙しくなった労作部に異動させている。

ヴォーゲル一家は前年の五月に帰国し、ジョシュアはオハイオ州立大学修士課程に入り、学業のかたわら学生YMCAとSVMバンドでも活躍したところまで述べた。彼の学業は順調で、「日本建築の歴史」という修士論文を書いて建築学修士号を半年で取得している。その後、大戦が拡大する中で彼の愛郷心がそうさせたのか、博士号を断念して一家でサンフランシスコに移り、YMCAの軍隊慰労事業に加わった。軍事拠点で大型のテントを建て、食堂やリクレーション施設を設けて兵士を側面支援するものである。五月になって第二子のエミリーを授かり、いよいよ近江八幡へ戻る準備をしていたが、戦況が不透明なままだったので、一家は日本に戻ることを断念し、近江ミッションと合名会社を退任するという知らせを日本に送った。

帰国直後のヴォーゲル夫妻（オハイオ州立大学学内報）

一家のその後のことを少し記しておきたい。サンフランシスコからシアトル、バークレーと住まいを移しながらYMCAの軍隊慰労事業で建築業務をしていたが、一九一九年一月に大戦が終結すると、シアトルでパートナー二人と組んで「ベイカー、ヴォーゲル&ボウシュ建築事務所」を興した。この事務所は当時シアトル一の高層ビルで今も現役の「スミスタワー」の四二階にあり、公共建設の設計を主力とする仕事に関わっていた。

一九二一年になり、米国メソヂスト教会が中国伝道を活発化させ、数十万ドルの建築資金をアジアで使うことになると、ジョシュアはメソヂスト派のミッショナリーアーキテクトに就任した。同年六月から一家五人で上海に移住して五年半を過ごし、病院、学校、教会の設計を行った。その上海時代に同メソヂストの仕事として九州女学院本館、寄宿舎、体育館、宣教師館の設計をし、一九二四年七月、長崎の山手東六番地に家族六人で移り住んで活水学院本館の設計と後の工事監督を行った。一九二六年十一月に帰国するが、その直前にカナダ・メソヂスト宣教師でYWCA主事のエマ・R・カフマンの依頼で東京YWCA会館を設計、さらに同時期に日本メソヂストの本郷中央教会の設計をしている。シアトルに帰ってからは再び同じパートナーの建築事務所に戻り、経験豊富な建築家、行政のアドバイザーとして活躍した。ジョシュアの父ジョンは近江ミッションと連絡をとり、寄付を続けている。ヴォーゲル夫妻は近江ミッションのサポーターとして永く貢献をつづけた。

五名の退団者を出す

近江ミッションの規律の中で禁酒禁煙は厳格な要件であった。悦蔵は長いあいだクリスチャンはみな禁酒禁煙だと思い込んでいたが、アメリカに留学した折、喫煙をする牧師がいることに少なからずショックを受けている。それでようやく禁酒禁煙はメレルの清教徒的信仰の真髄であると知る。入団した日本人が少なからず困ったのは禁酒で、古来の行事や宴席では酒が重要で、付き合い上苦労をすることが常であった。

再生なった近江ミッション　†

一〇月初旬から複数の者が煙草を吸い、酒を飲み、中には隠れて遊郭で遊んでいる者がいることが外部から伝わり、メレルの耳にも入った。このときのメレルが受けた衝撃は相当に強く、一〇月一一日の月例ミーティングで、規則を破った者に自ら名乗り出ることを求めた。そのときに名乗り出た者は不明であるが、団の規則を守り続けることができない者は去れと強く求めたところ、五名が退団を申し出た。そのうち四名は合名会社で働く者であった。メレルの決定は早かった。その場で近江ミッションとしても三日間解散をするという結論を出し、三日後に新たに規則を誓い近江ミッションで活動をする意思がある者は、メレルをはじめ四人の代表が待つ事務所に来たれと告げて解散した[3・5・13]。

メレルは本気で近江ミッションは解散することになるのではないかと悲観しており、三日間を喪に服するかのようにして、再び入団の意思があるものが事務所にやって来るのを待った。その結果、退団させられた五人以外の全員が次々と集まってきて署名をしたことで再出発が可能となった。合名会社からは四人の職員を失い、三日間を休んだので相当に業務上の支障が発生したと思われる。

茶谷霊城も退団をした一人だった。彼は伝道者として期待され、八日市伝道所とプレイグラウンド（少年遊技場）を担当していた。そして二月からは被差別地区に支所を開き、集会と日曜学校を定期的に始めたところだった。彼が去ったあと、これらの仕事に手が回らず、停滞してしまう。茶谷は沖島に戻ったが、二年ほどでメレルと和解し、近江ミッションと交流を続けた。

メレルの婚約発表

一一月八日に開かれた月例ミーティングは、前月の重苦しいミーティングとは打って変わった雰囲気となった。メレルと子爵令嬢一柳満喜子が婚約したことが報告されたのである。しかし、すでに皆がこのことを知っていた。

この婚約は両方の親族の同意を得ることが難しかったと伝わる。満喜子の一族はほぼ全員が、身分の違いや国籍の違いを理由に反対をした。唯一、恵三の義母廣岡浅子は二人の背中を押したという。兄の恵三は人間としてのメレルに大変好意を持っていたが、華族と一外国人の結婚は不釣り合いで身のほど知らずとまで言っていた。宮内庁は華族と外国人の平民との結婚に前例がなかったため、取り扱いに苦慮したが、満喜子が華族の籍を出て平民の戸籍を立ててから外国人の籍に入るという前例のない手順と、満喜子の固い意思で実現することになった。[13·76]

悦蔵をはじめ団員は、メレルが生涯を自立伝道に捧げたので結婚は障害になると言ってきたので、三八歳になってから婚約したことに驚かされた。ましてや相手は子爵令嬢、ひと昔前ならお姫様と呼ばれる立場だったので、財産をもたないメレルに本当についてゆけるのか、また近江八幡のような土地になじめるのか疑問だった。

メレルの場合、身内で一番反対をしたのは弟のジョン・ジュニアであった。彼は書籍と文具の店をすでに手放してカンザスシティで石油のブローカーをしており、この年にオクラハマ州でベレニース・テプファーという女性と結婚をしたばかりであった。彼は兄弟の縁を切るとまで言って反対していたが、メレルはその激しい抵抗を押し切って婚約に及んだのである。婚約後に二人に会った親族たちにも次第に結婚を容認する空気がうまれ、翌年の結婚に向けて地ならしがなされていった。

一柳満喜子　††

さて、この一一月にメレルが委員をしている在日本ミッション同盟の社会福祉委員会が近江八幡のヴォーリズ邸で開催されている。メレルをはじめ、旭川からピアソン博士夫妻、東京からYMCAのJ・M・デビスとYWCAのベリー女史、そのほか名古屋、岐阜、岡山から五名の宣教師、そしてゲストとして賀川豊彦と吉田悦蔵が参加した。賀川は神戸葺合《ふきあい》の貧民窟《くつ》での生活の報告をし、委員会としての行動について議論を尽くした。[11]

彦根の井伊直弼像の前で。前列中央にハーディ、背後に吉田悦蔵、左端に武田猪平がいる †

悦蔵はこの年に通訳の仕事を二件引き受けている。どちらも伝道キャンペーンであったので、近江ミッションの活動と位置付けられたものである。

ペリー黒船艦隊最後の生存者ハーディ来る

四月六日と七日に、ウィリアム・H・ハーディというペリー提督率いる黒船艦隊最後の生存者が日本全国ツアーの最後に滋賀県にやってきた。ハーディはペリー来航のとき一七歳であったが、すでに八二歳であった。前年一一月から天皇の歓迎式に始まり、日本各地で政財界から歓迎をうけて非常に精力的に式典や講演会を回っていた。滋賀県で予定されたイベントでは、悦蔵に通訳の依頼がきた。二日間に七カ所で講演し、彦根の井伊直弼の銅像前での開国記念式典のメインゲストとなるなど、かなり忙しい予定であったが、どこでも盛大な歓迎を受けていた。[1・11]

フランク・ブックマンの通訳

ハートフォード神学校のフランク・ブックマン博士は一一月一五日から翌年三月五日まで全国で二〇〇回巡回講演をした。その専属通訳を務めたのも悦蔵だった。ブックマンはオックスフォードグループという有識者を率い、世界的なＭＲＡ（道徳再武装）運動を起こし、第二次世界大戦後に人道主義を掲げて戦勝国による報復の流れを止め、アメリカの日本占領政策が人道的対応をする風潮をつくったと言われる。第二次世界大戦後の日本の政界リーダーには、ＭＲＡの国際会議に出席した者が多い。一九一八年（大正七）当時は正直、純潔、無私、愛の四つの絶対道義標準を提唱して青年たちに影響力があった。噺《はなし》家《か》のように人情噺《ばなし》で聴衆を引き込む指導者で、同時通訳者が必要だった。

悦蔵が通訳に選ばれたのは、その半年前に奈良ホテルで行われたブックマン博士の特別研修のときにさかのぼる。海外の神学校で学んだ二〇名ほどの牧師や信徒が招かれ、その中に悦蔵も含まれていた。会合のあと、植村正久、小崎弘道、井深梶之助が面接官となって通訳者選考が行われた。選考会を兼ねた研修会だったのだ。その結果、メレルによる生きた英語力を身につけた悦蔵が選ばれ、ブックマン博士と一緒に全国を回るように委嘱された。この仕事で悦蔵は四カ月近江ミッションの仕事から遠ざかることになったが、伝道者の務めとしてメレルが後押しした。[1・13]

16　一九一九年（大正八）　メレルの結婚

廣岡浅子の永眠

この年は、第一次世界大戦の終結を告げるパリ講和会議から始まり、世は平和を取り戻した。メレルと満喜子の結婚を後押しした廣岡浅子の容態が新年に入って急変し、ついに一月一四日、東京の別邸で帰らぬ人となった。七一歳であった。浅子の前夜式（通夜）にメレルは真っ先に呼ばれた一人であった。死の直前に、浅子は六人の最も近しい友人の一人にメレルの名を挙げていたからである。[11] 出席したメレルは、自作の「追悼」と題するソネット（十四行詩）を読み上げ、故人の生涯を称えた。同所で行われた葬儀は、牧野虎次司式のもと霊南坂教会聖歌隊の讃美歌で始まり、霊棺を送り出す際にメレルは担ぎ手の一人となった。その後、大阪の本邸でも葬儀が行われたが、どちらもメレルが過去にみた葬儀で最も盛大なものだったという。

浅子は一九〇四年（明治三七）七月に夫信五郎を失くして間もなく、一人娘亀子の婿養子恵三に加賀銀行社主と大同生命を譲り、日本女子大学の設立に動いた。そして、一九一一年に洗礼を受けてからは伝道活動に精力を傾けていた。御殿場の二の岡に建てた別荘では、毎年夏に若い女性のための修養会を開いてきた。一九一五年（大正四）の伝道キャンペーンでは近江八幡を訪問し、近江ミッションの面々と交流をして、以来メレルとは何度か伝道者同志として意見交換をする関係であった。

そして、満喜子からメレルとの婚約を相談されたときは真っ先に賛成し、ずっと相談相手となって二人を応援してきた。

婚約にこぎつけた二人に一柳家と廣岡家が出した要望は、東京で盛大に結婚式を挙げ、披露宴を催して社交界に知らしめてほしいというものだった。その理由は、二人がクリスチャン同志であれば家柄と国籍を乗り越えられることを示す新しい時代にふさわしい結婚であることと、一柳家と廣岡家が名家であるので両家が認めた結婚であることを内外に示してもらいたいということであった。二人の結婚式は二月一一日に執り行われる予定であったが、廣岡浅子の葬儀で六月に延期されることになった。[11・13・76]

重なる慶事

この年は三月までブックマンの通訳で全国を忙しく回っていた悦蔵であったが、結婚するメレルの準備に付き合って手助けをしていた。そのような中で悦蔵側にも慶事があった。三月に弟の徳蔵が清野の妹、渡邊久子と婚約をし、五月には妻の清野が二度目の出産をし、双子の女児を授かったのである。

悦蔵はメレルから結婚式をするにあたってベストマンを頼まれた。ベストマンは花婿の付添い人と訳されるが、花婿の生涯の友人として披露をされ、両家の仲立ちをする重要な役割であった。あらためてメレルからの信頼の強さを感じただろう。

悦蔵の日記からメレルの結婚式までの動きをみてみると、四月にメレルは風邪をひき、そこから肺炎を起こして休んでいたが、驚くべきことに新郎にとって大切な時期であろう五月八日から二〇日にかけて、朝鮮半島に三度目の出張をしている。前回の朝鮮半島への訪問は一二年前で、日本の統治が始まったころだったが、今回行ってみると鉄道や水道をはじめとする社会インフラが整い、義務教育も始まって近代化が進んだように見えた。しかし、逆に現地人の反日意識が一段と強くなっていることに驚いている。このときの設計の仕事は数カ所にあり、翌年に再び出張を要するほど大きなものだった。

五月二一日にメレル不在のなか、柳子の二年目の記念式が行われた。二三日に、清野が双子の女の子を出産し、悦蔵は信子と孝子と命名した。二五日には近江サナトリアムに六〇人ほどの関係者が集まり、開院一周年祝賀会が執り行われた。

五月二八日に悦蔵はメレルと大阪で落ちあって打ち合わせをして、翌日は廣岡邸を訪問して結婚式と披露宴に関する細かな打ち合わせを行った。そして二人は戸籍の件で東京に向かい、一柳家のある渋谷に行く。三一日には横浜の領事館に行って担当官と面談をしている。午後は徳川邸でお茶をいただき、夕食は廣岡邸でいただくとある。六月一日、二人は近江ミッションが招いた客がアメリカから横浜港に到着するため出迎えに行く。一組は、ヴォーゲル夫妻の後任となる設計士レオン・スラックとその夫人であった。そしてもう一人が八幡商業学校教師として赴任するフロイド・ロウビアという青年だった。彼を学校に紹介したのはポール・ウォーターハウスで、伝道もする前提で来日を希望したのだが、学校側はそれを了解し、しかも三代続いた英国人からアメリカ人に発音が変わることも承知の上だった。同校と近江ミッションの良好な関係を示すエピソードである。

六月二日、結婚式の前日、悦蔵は早朝からメレルと満喜子を伴って再び横浜の米国領事館に行き結婚の手続きを終えた。このため米国領事館発行の結婚証明書の日付は六月二日となっている。夕方五時に明治学院チャペルに行き結婚式の予行演習を行った。こうして慌ただしい日々の後、結婚式当日を迎えた。

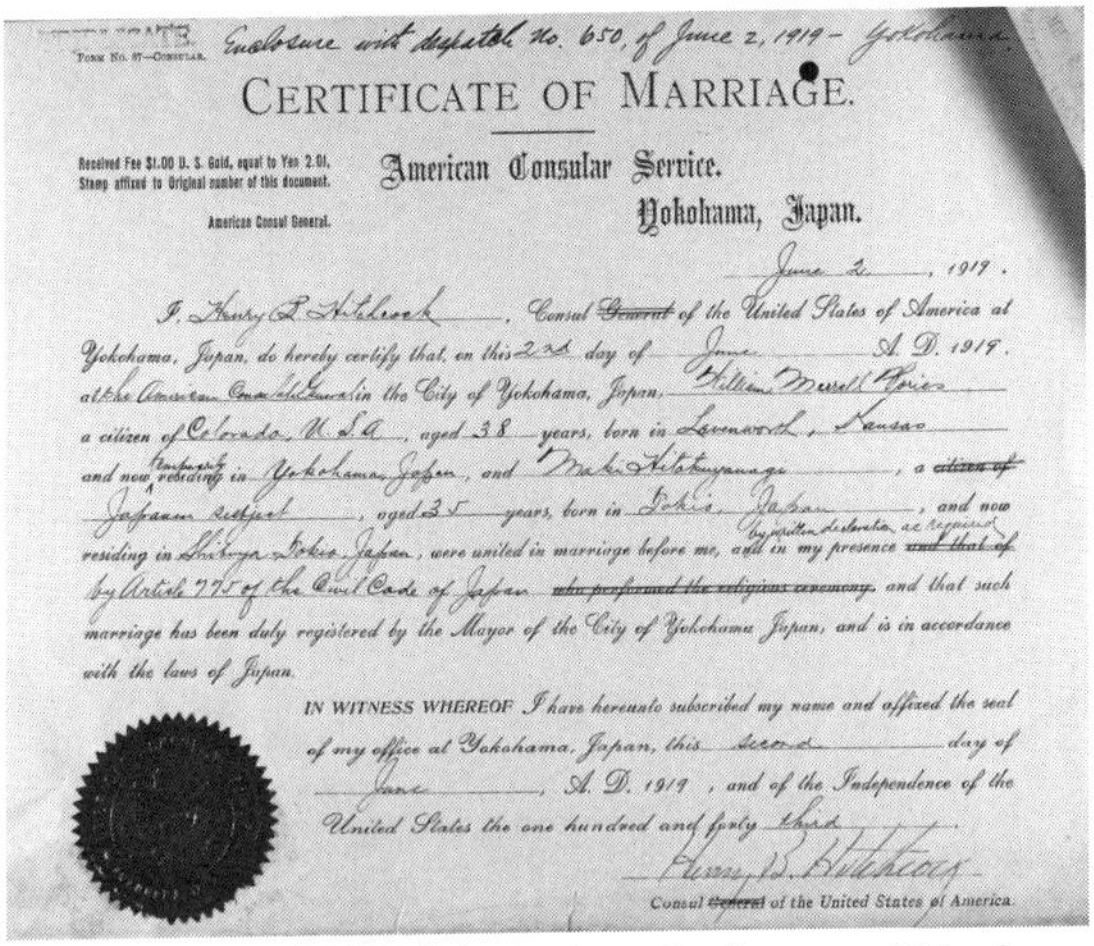
Enclosure with despatch No. 650, of June 2, 1919 - Yokohama
FORM No. 87—CONSULAR.

CERTIFICATE OF MARRIAGE.

Received Fee $1.00 U. S. Gold, equal to Yen 2.01.
Stamp affixed to Original number of this document.
American Consul General.

American Consular Service.
Yokohama, Japan.

June 2, 1919.

I, Henry B. Hitchcock, Consul ~~General~~ of the United States of America at Yokohama, Japan, do hereby certify that, on this 2nd day of June A. D. 1919, at the American Consulate General in the City of Yokohama, Japan, William Merrell Vories a citizen of Colorado, U.S.A., aged 38 years, born in Leavenworth, Kansas and now temporarily residing in Yokohama, Japan, and Maki Hitotsuyanagi, a ~~citizen of~~ Japanese subject, aged 35 years, born in Tokio, Japan, and now residing in Shibuya, Tokio, Japan, were united in marriage before me, and in my presence by written declaration as required ~~and that of~~ by Article 775 of the Civil Code of Japan ~~who performed the religious ceremony~~, and that such marriage has been duly registered by the Mayor of the City of Yokohama Japan, and is in accordance with the laws of Japan.

IN WITNESS WHEREOF I have hereunto subscribed my name and affixed the seal of my office at Yokohama, Japan, this second day of June, A. D. 1919, and of the Independence of the United States the one hundred and forty third.

Henry B. Hitchcock
Consul ~~General~~ of the United States of America.

ヴォーリズ夫妻の結婚証明（U.S., Consular Reports of Marriages, 1910-1949）

メレルと一柳満喜子の結婚式

ヴォーリズ家と一柳家の結婚式は、六月三日火曜日に東京白金台の明治学院チャペルで挙行された。このチャペルを選んだ理由は、メレルが三年前に設計した自信作であり、十分な席数があることと、長いバージンロードをとれることだった。

午後二時一五分、同志社のE・S・コブ教授による奏楽で結婚式が始まった。二時半に約三〇〇名の列席者が起立をうながされると、付添人の村田とYMCA同盟のガイ・コンバースが通路に純白の絨毯を拡げはじめ、ローエングリン序曲の演奏が始まった。壇上の扉から神戸教会牧師W・E・パーソンズと近江ミッション牧師武田猪平が登壇した。花婿はベストマンの悦蔵に伴われてチャペルの西側扉から入場し、壇に上がる階段の手前に立った。それと同時に花嫁がチャペルの中二階から姿を現し、兄の恵三に腕をあずけて二二メートルの通路をゆっくりと進みだすと、そのあとを付添人役であるフレンドミッションのハーバート・ニコルソン、村田幸一郎、第一高等学校のアーネスト・W・クレメント、YMCA同盟のガイ・コンバース、大阪YMCAのジョージ・グリーソン、近江ミッションの浪川岩次郎が続いた。クレメントは初来日から三日目のメレルと会い、満喜子の初渡来で同行した不思議なめぐり合わせの人物である。次に白い小公子風のスーツに黒タイをした花嫁の甥《おい》廣岡嘉一《よしかず》が白サテンのクッションに載せたリングを掲げて入場した。

兄の恵三に伴われた花嫁のドレスは白いサテンと薄絹のクレープに、白とシルバーで刺繍《ししゅう》され、長い裾《トレーン》にも同じように刺繍されていた。ベールは王冠のように仕立てられ、胸には結婚を許してくれた病床の父一柳末徳から贈られた翡翠《ひすい》とダイヤモンドのペンダントが付いたプラチナのネックレスが輝いていた。

花嫁側のうら若き付添人たちは廣岡恵三夫妻の三姉妹、多恵、八恵、佐恵と、G・S・フェルプス夫妻の娘ミリアム・フェルプス、バプテストミッション宣教師の娘キャサリン・ベニンホフと友人のルース・タニー嬢である。ソフトグリーンのフランスちりめんの上に、グリーンの刺繍のある白いネットが重ねてあるチャーミングなワンピースとハットをかぶり、白いヒナギクのブーケを手に持って登場した。

花嫁のマトロン役（筆頭付添人）は、サンフランシスコから駆け付けた友人安孫子余奈子である。彼女は他の付添人よりやや濃い目のグリーンのワンピースを着て白いカーネーションのブーケを手にしていた。小さな花娘は花嫁の姪《めい》廣岡美恵とその友人矢島ゆりであった。白いドレスを着て淡いピンクのハットをかぶっている。二人とも花嫁の行進に追いつくため一生懸命に歩くが、それでも行進に追いつけな

明治学院チャペルの結婚式の主役たち　††

かった。

聖壇の前で引き合わされた新郎新婦は、ゆっくりと壇上に上がると、武田牧師から日本語で祝禱がなされた。それが終わるとパーソンズ牧師に引き継がれた。英語で祝福の祈りが捧げられたあと、二人に誓いの言葉を述べさせて、新郎から新婦の指にリングをはめさせた。その後、新郎新婦が跪《ひざまず》くと一同は主の祈りを捧げ、つづけて同志社女学校のマデリン・ウォーターハウスが、メンデルスゾーンの楽曲でメレルが作詞した結婚ベネディクションを歌った。そのあと「夏の夜の夢序曲」の結婚行進曲が奏でられると、二人は立ち上がって聖壇を下りて、しずしずと式場を出て、うるわしき花乙女らはそのあとに従った。その後、参会者は全員チャペルから外に出た。当日チャペルで新郎新婦らの集合写真が撮影されたのはその直後のことだった。[11]

結婚披露宴は午後四時から六時まで、広々とした麻布区材木町の四階建ての洋館、廣岡家別邸で開催された。東京でも最も華やいだ宴と言われたものであった。この邸宅は現存しないが、メレルが設計したもので、現在の六本木ヒルズのハリウッドビューティプラザの位置にあった。入り口で新郎新婦のほか廣岡恵三夫妻とメレルの両親が招待客一人ひとりに挨拶し、招き入れた。メレルにとって両親が出席できたことが何よりも幸運であった。

招待客は数カ国の国籍からなり、社会のさまざまなクラスの人たちが混ざって、幸せなカップルの幅広い交流関係を表していた。世界各地から八七通もの祝電が届き、お祝いの品や祝い金が一〇〇件以上も届けられた。廣岡家、三井家（廣岡浅子の実家）、徳川家、一柳家からのお祝いの多彩さは言うまでもないが、近江ミッションの面々からシンガーミシン、バイブルクラス元生徒たちから靴、神戸の吉田家から祝い金、A・A・ハイド、その他多数の宣教師からお祝いが寄せられた。

レセプションの後、二人はハネムーンを軽井沢のコテージで過ごすため、夕方の汽車で旅立った。悦蔵は一団とともに上野駅まで二人を見送った。

メレルと満喜子の結婚はいくつもの不釣り合いを乗り越えている点で意義深いものであった。国籍の違い、華族と一般人、裕福な家庭と個人財産をもたない者、東京に住む者と近江八幡に住む者。子爵令嬢の地位を捨てた満喜子のほうが乗り越えるべきものが多かった。式や披露宴が派手になることに当初抵抗していたメレルであったが、結局、一柳家と廣岡家の社会的立場が反映することを受け入れた結果、王族を体験したような一日となった。しかし、そのために集まった人々の多様性に彼の心は休められたのである。大手新聞の各紙は当日の様子を詳しく伝え、子爵令嬢とアメリカ人との理想的な結婚といった好意的な記事を掲載した。メレルは建築家冥利《みょうり》に尽きる結婚式をしたという言い方もできるだろう。結婚式に使った明治学院チャペル、披露宴会場となった廣岡邸、ハネムーンを過ごした軽井沢のコテージ、そして近江八幡の自宅のすべてを設計しているのである。

近江八幡での歓迎

軽井沢でハネムーンを過ごした二人は東京の廣岡邸に戻り、六月二六日に東京から特別急行に乗って近江八幡に帰ることにしていた。誰にも知らせていなかったにもかかわらず駅に数人が見送りに来ており、乗った特別急行では車掌のほか数名の乗務員が教え子であったので、近江八幡駅に着くまでいろいろと面倒をみてくれた。

下車をすると、雨にもかかわらず大勢の歓迎の人たちが改札で待っていた。池田町の家に着くと、近所の人たちが大勢集まって口々に歓迎の言葉をかけた。

翌日の夕方、八幡教会で二部構成の歓迎会が行われた。一部は結婚セレモニーのような形で、富永医師による奏楽で始まり、村田の司会のもと、新郎新婦が結婚式で着た衣装で前に現れると、悦蔵が二人の結婚式について紹介をした。そして悦蔵、隈元、佐藤、瀧川の男声カルテットと近江ミッション全員の合唱が披露された。武田牧師がコリントの信徒への手紙一の第一三章を読み上げ祈りをささげた。マデリンが結婚式と同じベネディクションを独唱し、再び悦蔵が前に出て新婦満喜子のことを詳しく紹介した。そして男性カルテットが再び歌い、第一部が終了した。

第二部は新郎新婦のためというよりも地元の友人たちへの披露であったので、近江八幡の役所や警察の関係者、有識者、教え子など多様な人たちが詰めかけており、立ち見も出ていた。そのあと当時はなかなか聴く機会の少ない音楽会を開き、開会前に夫妻が紹介された。教会の外では入り切れなかった人たちが漏れ出てくる音楽を聴いていた。[11]

逗留型伝道の実験

満喜子は近江八幡で婦人会の活動に加わり、ときどき吉田清野、村田友枝などと組んで周辺の伝道集会や日曜学校などを助けていた。メレルは結婚後も建築の仕事などで出張していることが多く、近江伝道に使える時間は断続的なものだった。そんな中で、夫婦一緒に一〇月の連続六日間、拠点化をねらう堅田と今津で集中的な伝道を試みようとした。県内で伝道を広めてゆくための理想の方法を探る一環であった。このとき試したのは逗留型と仮に呼ぶが、吉田清野の恩師である水戸のビンフォード宣教師夫妻がやっている伝道スタイルである。この夫妻はふだん水戸を本拠地にしているが、しばしばサイドカー付きオートバイにテントを積んで周辺地域を移動し、拠点を定めると数日留まって「天幕伝道」をしていた。この方法が湖西と湖北地域には使えると考えたのだろう。

一〇月二〇日からメレルは満喜子を伴い、武田猪平、高橋卯三郎、鎌田漢三と一緒にガリラヤ丸に乗り込んで堅田に向かった。はじめ日本人諸氏は満喜子が子爵令嬢だったという意識が抜けず、狭苦しい船内で気を遣っていたが、昼食の段になると西澤機関士が用意した茶碗盛りの白飯と簡単な付け合わせを手渡しして、一同一緒に祈って食べるのだった。堅田に着くとすでに堅田講義所としている古い一軒家で、二日連続で大人と子どもの講話会を開いた。夫妻には近所の旅館に泊まるように勧めたが、講義所横のあばら家を掃除して板の間に寝ることになる。私有財産を持たないこの夫妻のあり方を団員たちも目の当たりにして、日本人諸君はこれが民主主義だと感じたのだった。

こうした伝道手法はしばらく試行錯誤されていたが、移動時間の効率や、家族もちが増えてきたことを考慮すると、数カ所の重要拠点にキリスト教会館を設置し、そこに神学校を卒業したレベルの専従の伝道師を配置する「定住型」が望ましいという考えに行きつく。ちょうど今回の逗留型の実験から一年後の伝道部会での結論である。

通常の宣教団体であれば教会を建てることを目標にするが、近江ミッションは綱領に定めてあるとおり、常に面的な福音の拡大を目指しているので自らは教会を建てないと定めている。したがって、重要拠点には万人向けのＹＭＣＡ会館、あるいはソシアルセンターといえるキリスト教会館を建ててゆく。その重要拠点がこんにち日本基督教団の教会として残っているわけは、第二次世界大戦の戦時非常態勢下に定められた宗教団体法にしたがって、伝道活動を日本基督教団八幡教会支部に引き継ぐしか道がなくなったためである。

17 一九二〇年（大正九）　完全なる団体へ

四度目の朝鮮半島訪問とメレル来日一五周年

一九二〇年（大正九）に近江ミッションは総勢四六名となり、一月の月例ミーティングでは個々の役割は伝道に、設計に、医療にと違いがあっても、近江を「神の国」にするという一つの目的に結束することを確認しあった。そして年間標語を「完全なる団体」とすることに決めた。その後二〇年にわたって続く成長を予見するかのような標語であった。事務所も近代化が始まり、初めて電話の一回線がもらえることになり、近江ミッション事務所に設置した。メアリー・ツッカーからコロナタイプライターが寄贈され、日本語タイプライターを購入したのもこのころである。

メレルは一月六日から三週間、合名会社の出張で浪川岩次郎を伴って四度目の朝鮮半島訪問を行った。船は暴風で一度引き返し、宿舎では火災や盗難もあり散々な出張だったようであるが、この出張は敷地検分であったようで、平壌《ピョンヤン》高等学校、平壌女学校、ソウルYMCA再設計、同ブロッケン主事住宅、ソウルの城東《ソンドン》教会、パジェット学校講堂と事務棟（ソウル）、仁川《インチョン》の松島《ソンド》中学校、公州《コンジュ》男子校など多くの設計をした時期である。[61]

二月二日は、メレルの来日一五周年祝賀会が八幡教会で開かれた。この会は、一年間の帰省をするメレルの両親、そしてアメリカに研修に向かう村田幸一郎の送別会を兼ねて行われた。メレルと満喜子はこの祝賀会のあと、近江ミッションの出発点といえる八幡ＹＭＣＡ会館に移り住んだ。会館に住む寮生がいなくなって久しく、夜間英語学校とバイブルクラスが細々と続けられていた程度だったので、リバイバルをはかろうということだった。前年九月に高橋卯三郎夫妻が八幡教会の牧師として先に会館に入居をしていたので、一緒になって新聞図書縦覧部、講演部などを復活させ会員募集を再開したのである。

八幡YMCA会館入口に立つヴォーリズ夫妻と近江療養院スタッフの辻英次郎　††

高橋は近江ミッションに加わるまで全国に巡回伝道をしながら一二年にもわたり伝道誌『霊潮』を発行してきたベテラン伝道師である。近江ミッションには『湖畔の声』があるので、この年の二月から両誌を『湖畔の声』に合併させて自ら主幹となった。『湖畔の声』の読者は相乗的に増えることから、体裁を変更してページ数を増やし、内容を充実させた。その効果があり、読者が増え、二年後には五〇〇〇部が発行されるようになる。悦蔵はこの合併第一号からメレルとの一五年の歩みを「湖畔の人」と題して連載しはじめた。三年後に単行本としてまとめたのが『近江の兄弟ヴォーリズ等』である。

米原紫苑会館

馬場鉄道ＹＭＣＡ会館は鉄道員と膳所中学の会員だけでなく、地域のソシアルセンターとしても利用されていたが、京都駅から馬場駅（膳所）に至る区間に東山トンネルと新逢坂山トンネルが開通して直線化し、間に山科駅と大津駅が新設されたので、馬場機関庫（のちに膳所駅）は大幅縮小整理されることとなった。鉄道員が減るため馬場鉄道ＹＭＣＡ会館は解体し適地に移転をしようということになったので、アーシントン記念財団から解体移転費として三〇〇ポンドの寄付をもらった。しかし、大津同胞教会から会館を買い受けたいという申し出を受けたので、三月二〇日に閉館式を行って大津同胞教会に引き渡した。三〇〇ポンドの寄付と会館の売却費を合わせて、悲願であった米原鉄道ＹＭＣＡ会館の新築をしようということに決まった。しかし米原の機関庫も将来は縮小されるという噂が絶えなかったので、鉄道員だけでなく、幼稚園と米原市民にも利用できるソシアルセンターとしての会館をつくる方針にした。米原駅の東口から山の手に二〇〇メートルの場所に恰好《かっこう》の土地が見

完成直後の米原紫苑会館。3棟のうちの1棟 †

つかり、会館、幼稚園を含む講堂、主事住宅の三つの建物を建設することを計画し、その名称を「米原紫苑《しおん》会館」とすることが決められた。その献堂式が行われたのは翌年一二月一七日のことである。

プレイグラウンドの再生から清友園へ

池田町上筋の家を使った「清友園」。手前は満喜子と山田寅之助。建物の裏庭はたいへん広かった　†

近江ミッションの幼年と児童へのアプローチは、県内各拠点の日曜学校、池田町五丁目での弥生会とプレイグラウンドという形で実現されていたが、プレイグラウンドを担当していた茶谷霊城が一九一八年（大正七）に退団したこともあり、遊具が放置されて荒れ、利用する子どももいなくなっていた。満喜子は三月になって婦人部から遊戯部を独立させて担当者となり、プレイグラウンドの再生を始めることにした。ちょうどそこへ馬場鉄道YMCAの主事職が終わり、結婚をしたばかりの山田寅之助夫妻が近江八幡に住んで協力できる体制ができ、富永孟院長の妹富永操も参加した。グラウンドを整地して遊具を交換し、五月には柵《さく》を設置してその場所を「清友園」と名付けた。満喜子が園長となることが推薦で決まった。

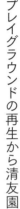

広場だけでは遊戯も限られることから、七月になって池田町五丁目の古家を借りて室内遊戯場を加えた。そこで平日の時間帯を決めて遊戯やお話会を計画的に行うようにしたところ、どんどんと近所の子どもが集まるようになった。かなり簡素な家だったが、空いた時間に山田寅之助は少年向けの柔道教室を開いた。

廣岡夫妻とメレルの渡米

二月一九日からは村田幸一郎が単身で一年の建築設計研修のためアメリカに旅立った。前年に入社したレオン・スラックの父親がカリフォルニア州トレントンで営む建築事務所があり、そこで実習をするためだった。しかしその事務所は小さく、抱える仕事はヴォーリズ合名会社より少なく、学ぶことが少なかったらしく、予定を一〇カ月に短縮している。

村田が出国して間もなく、芦屋に近い深江に廣岡邸が完成した。それもつかの間、当主の廣岡恵三は加賀銀行と大同生命の事業拡大のためにアメリカの銀行業と保険業の実情を視察しようと計画した。この旅行には亀子夫人、斎藤という役員一名のほかメレルが同行することになった。本社や支店にふさわしい建築を研究する目的もあり、通訳もできるメレルは重宝される立場であった。さらにヴォーリズ合名会社にとってはこの先の受注が期待できるので、メレルはビジネスと割り切っていて満喜子を伴っていない。

四月一七日、一行はエンプレス・オブ・アジア号で横浜港から出発した。経費はすべて会社もちで、メレルも一等船室で行く恩恵に浴した。同じ船にニューヨークに住む高峰譲吉博士が乗り合わせていた。高峰はすでにタカジアスターゼとアドレナリンの抽出と工業化に成功して世界的な名声を得ており、東京帝国大学名誉教授でありながら製薬会社三共の社長であった。高峰は船中で近江ミッションの話を聞いて感激し、五〇〇円の寄付を申し出ている。シアトルに上陸してから一行は全米の商業都市を回って、各地の金融界の名士と面会し、豪華な夕食を振る舞うという旅で、一流ホテルでは独立した応接室のある部屋を使っての大名旅行だったとメレルは書いている。[13]

旅行中メレルはフランク・ブックマンの紹介でマサチューセッツ工科大学卒の現役建築士エドウィン・バンタを採用面接し、直ちに日本に送り出している。バンタは来日してすぐに京都と大阪の大丸の設計プロジェクトで活躍した。この視察旅行から五年後に、大阪一と言われた肥後橋の大同生命本社ビルや各地の加島銀行支店が建設されるのである。メレルは旅行中にA・A・ハイドやメアリー・ツッカーをはじめ、近江ミッションの支援をしてきた人たちとも再会し、求められれば大学、教会、YMCAで講演を行っている。また現地で村田幸一郎に会ったり、満喜子とつながりのあるニューヘブンのベーコン家を訪問する機会も得ている。こうして四人はそれぞれの目的を果たし、八月一一日無事横浜港に戻ってきた。

第八回世界日曜学校大会

メンソレータムの輸入販売は、メレルが一九一〇年（明治四三）にA・A・ハイドから勧められて以来、時おり販売方法が検討されたが成果があがらず、建築事務所のショーウィンドウに展示して販売をする程度であった。『湖畔の声』の誌上にも広告はなく、むしろ仁丹が宣伝されていた。そもそも合名会社の定款には、建築設計と建築材料販売だけが明記されていたのである。一九一六年（大正五）になって滋賀県庁からメンソレータムが薬品として輸入販売の許可を受けていないと指摘を受け、その許可だけは取っておいた。建築設計の仕事が順調に伸びていたので積極的になれなかったことも一因であった。メレルは廣岡夫妻と渡米した折にバファローを訪問し、ハイドに正式に極東代理店となることと、将来的に販売価格を抑えるために国内製造をしたいと初めて積極的な意思を伝えた。ハイドからは、設計業務と分離して、供給と販売の体制をきちんとつくるようにアドバイスされた様子である。帰国後に合名会社の面々と議論をし、販売会社を独立させることを決めたが、販売のプロがいないことが課題であった。

そんな状況のなか、一〇月五日から一四日にかけて第八回世界日曜学校大会が東京で開催された。前回大会がチューリッヒで開かれ、アジア初の東京開催が決まっていたが、第一次世界大戦で開催が四年延びていた。国威を西洋に発信できるとあって、日本の政財界は好機ととらえ盛り上げてゆこうという気運が高まった。小崎弘道日本日曜学校協会会長を中心に、日本委員総委員長に江原素六、大会後援会長に大隈重信、副会長に渋沢栄一らが就き、ひな壇を飾ることになった。メレルはクリスチャンではない著名人が後援することに違和感を持った一人であった。しかし、彼らの掛け声がなければ成り立たないほど大きな会議ではあった。

外国から来る代議員四〇〇名を含め二五〇〇名が一堂に会せる会場がなかったため、東京駅八重洲《やえす》口前広場に建坪六四〇坪の木造仮設の会議場を建設することが決まり、設計コンペが行われた。このコンぺで選出されたのがヴォーリズ合名会社であった。二五〇〇の座席と一〇〇〇名の合唱団が登壇できる大きなステージ、それに大廊下でつながる四〇〇名収容の食堂が基本仕様であった。外観はフランスゴシック様式で、それを近代的に、そして簡素にしたデザインを提案したことが勝因だったようだ。大倉組によって七月に起工し、七〇日の突貫工事で完成した。仮設のため材木が多用され、全座席は木製ベンチに座布団が置かれた。大会運営をする役員は全国のキリスト教団体に派遣が割り当てられた。近江ミッションには悦蔵に接待部の案内主任をするよう要請があった。東京中のホテルと旅館を押さえても足らず、宣教師と信者の家はホームステイ先となった。悦蔵は東京ＹＭＣＡ総主事の齋藤惣一の自宅に泊まって準備にいそしんだ。

八重洲口前にできたヴォーリズ設計の会議場が炎上する　†

　齋藤の家には福岡県の門司《もじ》から来た鶴原誠蔵という薬局経営者も同宿していた。鶴原が薬品販売に詳しいので、悦蔵がメンソレータムのことを話すと、そんな売り方では売れるわけがないといって大手の問屋に話をもちかける約束をしてくれた。悦蔵は喜んだものの、近江ミッションには商売に精通する人材に乏しいことが悩ましいことであった。[5・23]

　さて、東京駅八重洲口に立派な会議場ができ、一〇月五日の大会初日のこと、開会式は夕刻から始まるので、その三時

佐藤安太郎・ます夫妻　†

間前に六〇〇名の合唱団とオーケストラが最終リハーサルをしていた。その中で電気の配線工事がまだ行われていたが、複雑に配線された電線どうしが触れてショートし、装飾に火をつけた。火はまたたく間に建物中に広がって、全員が脱出するのがやっとであった。半時間後新会場は灰燼《かいじん》に帰したのである。[1・5・64]

悦蔵は会場内事務所にいて、何とか重要な書類を持ち出した。目の前の東京ステーションホテルでは、会議をしていた本部役員が大慌てで対策会議を始めた。日程変更ができないため、当夜と翌日のプログラムは東京ＹＭＣＡ会館と救世軍本営の二カ所に分けて行われた。三日目以降のプログラムは、渋沢栄一の鶴の一声で、収容人数こそ八〇〇人分足らないが東京一の座席数をもつ帝国劇場で開催すると決め、劇場の全予定演目を中止させて大会を乗り切った。[64]

大会役員たちの苦労は並大抵ではなかった。そうした役員の働きのなかで悦蔵を感心させる有能な人物がいた。彼は佐藤安太郎という霊南坂教会の教会員で、東京九段で二〇人ほどを雇って佐藤商店という文部省御用商店を経営していた。三〇歳の悦蔵は九歳も年長である佐藤に近江ミッションを説明し、近江セールズに力を貸してほしいと訴えた。佐藤は、この直前に大病をして九死に一生を得た経験をしていたので、自分が求められるものに第二の人生をかけたいという気持ちになるのに時間はかからなかった。間もなく東京の商売を後任に譲り、自らは隠居となって妻と近江八幡に転居してきた。

W・M・ヴォーリズ建築事務所と近江セールズ株式会社

従来のヴォーリズ合名会社の事業は建築設計と監理のほか、建築材料輸入販売も行い、シカゴのモアース社のペンキ、モレスコ壁塗料、ニューヨーク・サージェント社の建設用金物、ＪＭ消火器などを扱ってきた。一二月六日付けでヴォーリズ合名会社を解散し、建築設計監理を承継したのが「Ｗ・Ｍ・ヴォーリズ建築事務所」で、新たに資本金一〇万円で「近江セールズ株式会社」を設立登記して、それまでの輸入販売などを承継した。この時点の建築部には三役員のメレル、吉田悦蔵、村田幸一郎がいて、その外に佐藤久勝、瀧川健次、吉村清太郎、原秦敏、柿元栄蔵、隈元周輔、高松吉三郎、河瀬忠一、宮川基一、笠井清一、レオン・スラック、谷一東、林徳沫（Lym Duk Soo）、片桐（前田）重次、豊田清次、佐藤正夫、エドウィン・バンタ、原仙太郎、姜沆《カンユン》、林邦彦、山本傳一（入社順）がいた。一九一五年（大正四）以降はほぼ例外なく工業系学校か建築学士が採用されている。この中でレオン・スラックは野心家で、フランク・ロイド・ライトの建築事務所にいたアントニン・レーモンドと組んで「米国建築合資会社」を設立するため、年末に高松吉太郎を誘って退団していった。

近江セールズ株式会社の定款には薬品を加え、「諸建築材料および付属品、塗料、薬品並びに雑貨の輸入と販売を目的」としたが、「利益の大部分を近江ミッションに贈与する」とあり、株主への利益還元がない点でユニークな販売会社だった。これだけの品種を扱うが、人的な体制はあまり変化はなく、メレル、悦蔵、村田幸一郎の三取締役に浪川岩次郎が監査役となったほか、従業員はジョン・ヴォーリズと

1921年5月の集合写真　†

佐藤安太郎だけが専属社員であった。

　この組織変更の結果、近江ミッションという総称の団体は、法人格として、近江基督教慈善教化財団（本部、教務部、福音伝道船ガリラヤ丸、出版の湖声社、近江療養院から成る）、W・M・ヴォーリズ建築事務所、近江セールズ株式会社から構成される団体となった。キリスト教伝道と社会事業を行う財団は、その経済的資源を生むためのヴォーリズ建築事務所と、近江セールズ株式会社の両輪によって動く自給自足の団体として仕上がったのである。このときすでに総団員は六一名であった。

18 一九二一年（大正一〇）から一九三九年（昭和一四）までの成長

二〇年ビジョンの達成

ここまでメレルの来日から一五年間の歩みを詳しく記してきたが、ここからは六〇名を超えた団体がメレルのビジョンに沿って、さらなる成長を成した二〇年間をおおまかに記すことにする。

近江の地に落ちた一粒の種が少しずつ増えて六〇人の協働者を得て、近江八幡を中心に堅田、今津、米原、水口、野田に作られた会館を拠点として伝道は面的に広がるようになった（大津・草津・野洲郡・栗太郡は複数の教会が参入していて重複のため対象外で、八日市は軍都となり手を引いている）。単に信仰の伝道だけではなく、クリスチャン精神をもとに、人間らしく健全で健康的な生活をして、希望に満ちた土地にしようとした努力は報われつつあった。八幡商業学校を解職されて数年以内にたてたビジョンは多くが達成されてゆき、すでに協働者たちがそれを拡大している。そして、一九二三年（大正一二）に一〇〇名を超え、全員一致の意思決定が難しくなり、団員と家族の生活維持も優先事項となってくる。団員の給料は基本的に平等の精神が貫かれ、所帯の人数や、病気など出費の多い事柄に対して手当てが加わる構成で、仕事の責任の重さは考慮されないことが特徴だった。一九二五年はメレルの来日二〇年目となるが、その年の一月にメレルの父ジョン、二月に武田猪平が永眠した。二〇周年記念式が行われたが、その席であらためて「二〇年後を見よ」というビジョンについて語られている。

一九二八年(昭和三)からは団員の意思統一のため毎年標語を作るようになった。一九二八年「神の国」、一九二九年「忍耐、信頼、愛、伝道」、一九三〇年「協力と抱負」、一九三一年「建設的不満」、一九三二年「神を信ぜよ」、一九三三年「進展と祈禱」、一九三四年「近江兄弟社」、一九三五年「三〇年後を見よ」、一九三六年「神に機会を与えよ」、一九三七年「愛に於て働く信仰」、一九三八年と一九三九年「信仰と協力」、一九四〇年「神に聴く」、一九四一年「聖難を受けよ」、一九四二年「御心をなさせ給え」。[5]

信念に従って突き進みすぎた結果、やりすぎや周囲との衝突があったかもしれないが、『マスタードシード』で公表してきたビジョンとその達成のための計画は大半が実行され成功している。大きな失敗だったと公表したのは五名の退団者を出した一九一八年(大正七)、衛生暖房工事部を解散した一九二四年の二度だけである。一方で、メレル個人としては四九歳になった一九三〇年(昭和五)に母校コロラドカレッジから名誉法学博士号が授与されるとともに、国内プロテスタント宣教団体をまとめる在日本ミッション同盟のプレジデント(一年任期)に指名されたことで、アメリカの友人と宣教師からの評価が定まった。

この時期以降の動静の記録は、『マスタードシード』と『湖畔の声』に加えて、一九三三年末から『週報』が社内向けに発行されたことで、一段と詳細に残るようになった。その『週報』第一号の巻頭序言で悦蔵は「ミッションの連絡のためにこんなニュースを発行せねばならぬ程多様多岐になった我らの

1935年3月17日近江兄弟社を訪問したジョン・R・モットを囲む社員と学生　†

近江ミッションを神に感謝しようではないか。（中略）『湖畔の声』は毎月ある程度までいろいろの消息を掲載して来たが、内部的水いらずの通信をのせるには余りに対外的で不便であった」と書いている。

何となくしっくりと来なかった財団の日本語名称「近江基督教慈善教化財団」を「財団法人近江兄弟社」に改称したのはその翌年、一九三四年のことである。ヴォーリズの対人面の真価は誰をも兄弟姉妹のように愛することであり、それによって人心を束ねて作られた近江の団体を表現する名称としてこれほど的を得た社名はなかった。正社員だけで一〇〇名を超え、近江セールズは過去最高益一七万円（現在の約五億円）を出して利益配分することなく近江兄弟社に寄付をしている。近江療養院は開院してから初めて黒字化させ、『湖畔の声』は毎月七〇〇〇部が発行されるようになった。

一九三五年にモット博士が来日した折には、メレルは近江兄弟社の発展の姿を見せるため、短時間ではあったが近江八幡の各所を案内して回った。そして「一九〇七年（明治四〇）にあなたの前で誓った自給自足伝道はこんなに成長できました」と胸を張った。メレルはこのときほど誇らしいときはなかったのではないだろうか。第二次世界大戦前の事業は一九三七年（昭和一二）がピークであったといえる。

潤沢な資金を得て、伝道と文化と教育を担当する教務部のスタッフは五〇名となり、県内の会館・伝道所では毎週欠かさず礼拝と日曜学校が開かれた。八幡教会は教会員が四〇〇名を超え、教会に人が入り切れないので新築を計画して完成するまでのあいだ、学園の教育会館を礼拝に用いた。

講演会や文化活動も広がりをみせ、要所ではさまざまなバリエーションの「農民福音学校」を開催して農家の担い手に二割の時間で聖書を教え、八割の時間で実業教育を行った。その教育経験を発展させて近江勤労女学校、近江向上学園、近江家政塾といった女子教育の新展開がなされ、女子大学の構想も生まれていたのである。また近江八幡の人々に喜ばれる図書館も実現してゆくことになる。

自らの経済活動だけで活動が成り立つようになったので、寄付が占める割合は大きく減り、さらに日米間の関係悪化がいちだんと寄付の減少をもたらして、一九三〇年代後半には一割になっている。まさにメレルと悦蔵の二人で始めた自立伝道は近江の地にみごとに展開されてビジョンは達成されつつあった。このように目にみえる形で成長できたため、メレルは主筆を務める『マスタードシード』一九三七年二月・三月合併号の中で休刊宣言をしている。その理由として「近江兄弟社の進歩も一段落し、報告や広報に新味がなくなったので、新しい展開があったときに発行をしてゆく」と述べている。

惜しむらくは、その一九三七年の夏に日中戦争が本格化したため、戦時非常時体制へ移行、活動がさまざまな形で抑制されてゆく。一九三八年四月に、五七歳のメレルは近江兄弟社の理事長を退き、悦蔵を理事長とするとともに、三部制の組織改編を行った。「総務部」は四名の部長のもとに人事部、財務部、庶務部を配置し、「産業部」は近江セールズの重役会の下に薬品部、建築事務所、工務部、雑貨部、印刷部等を配置し、「教務部」は五名の委員のもとに宣教部、教育部、社会部、社内教育部が配置された。それでは、概略を述べた一九年間について、もう少し詳しく各事業の動きをみてみる。

ヴォーリズ建築事務所の一九二一年（大正一〇）～一九三九年（昭和一四）

一九二〇年（大正九）にヴォーリズ建築事務所と名称を変えたのち、最初に取り組んだのは上水道配管と汚水処理設備、暖房設備の工事を自前で行うことであった。当時の配管設備と汚水処理設備はアメリカから立ち遅れがあり、国内には十分な解決策がない状態だったので、自前で問題解決をしようとしたのである。一九二二年夏にアメリカからこの分野の専門家で牧師でもあるフレッド・ドルツバックを三年契約で迎え、衛生暖房工事部を設置した。最初は五人体制で始めたが、全国的な展開を急ぐため増員をして一年で一七名の組織にした。しかし、一九二三年九月一日に発生した関東大震災で東京出張所の内部を焼失し、資料を失ったうえに関東圏の債権回収ができなくなった。特に衛生暖房工事部は採算が悪化し、損害が拡大する前に廃業せざるを得なかった。このときばかりは部員の半数の雇用を守ることができず、メレルはこの件を一九一八年に退団者を出したときに続く二度目の失敗としている。ドルツバックもわずか二年で帰国することになった。

1926年の本社建築事務所　†

こうした危機のあと、耐震性を高める工夫をしながら一九二五年に大同生命肥後橋ビル、本郷文化アパートメント、大阪大丸新館など、ランドマークといえる大型建築を成功させた。

東京と大阪に置いた事務所の変遷も興味深い。駿河台にあった東京出張所は、日本ＹＭＣＡ同盟会館を建てると一九一九年に同会館内に移転、しかし関東大震災で内部が焼けたため、設計した銀座六丁目の警醒社ビル二階に入居した。家賃には設計費と『近江の兄弟』の印税を充てた。その二年後に自ら設計した日本初の洋式集合住宅、本郷文化アパートメントに構え、さらに二年で虎ノ門の自ら設計した不二屋ビルディングに移転している。

大阪事務所は大同生命肥後橋ビル受注時点より大阪江戸堀にあった日本海上火災ビル三階に開設し、大同生命ビルが完成するとその七階に移転した。

一九二八年（昭和三）には、小さな建造物だが二つのシンボリックな仕事を成した。一つ目は八幡商業学校の御真影「奉安殿」（現存しない）を耐火耐震で設計したことだろう。メレルの教師時代の同僚で校長となった北川勝次郎と彼の前任者が希望して依頼したのだ。保管された御真影と教育勅語が火事などで

4 代目の東京事務所が置かれた本郷文化アパートメント。日本の洋式アパート・マンションの先駆けとなった（1926年開館）　68

5 代目の東京事務所が置かれた虎ノ門の不二屋ビルディング（1928年開館）　68

大阪支店が置かれた大同生命肥後橋ビル（1925年開館）　68

1930年に建て直された軽井沢夏事務所　††

東洋英和女学校鳥居坂校舎（1933年完成） 68

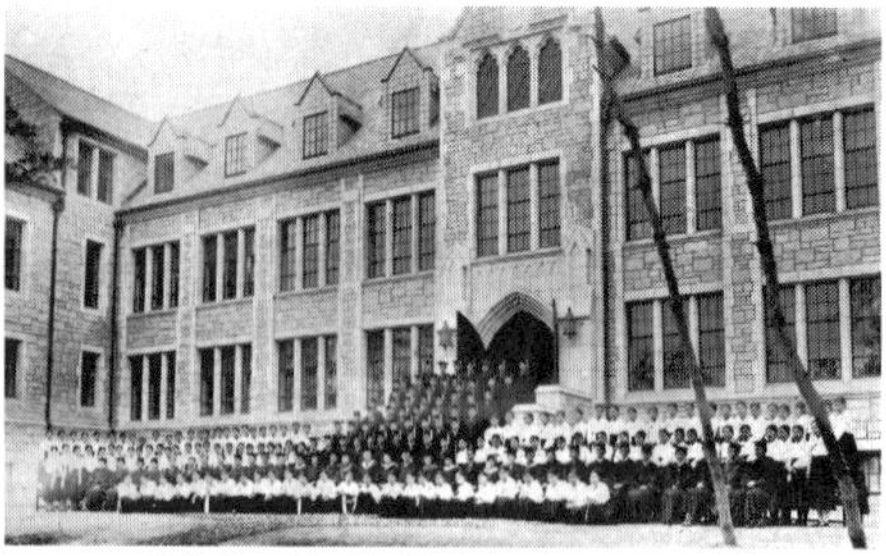
ソウルの梨花女子専門学校（現梨花女子大学、1935年完成） 11

神戸女学院岡田山キャンパス（1936年ごろ撮影） 68

関西学院西宮上ヶ原キャンパス（1936年ごろ撮影） 68

1937年の本社建築事務所

失われた場合、校長が割腹した例もあった時代のこと、八幡商業学校がヴォーリズ建築事務所に任せた事実は興味深い。同校の新校舎を設計する七年前のことである。二つ目は長年の希望だった社員のための納骨堂「恒春園」が認可されたことだろう。この二つの鉄筋コンクリート造りの建物はデザインなど類似点が多い。

一九二九年から三三年にかけては、関西学院の西宮上ヶ原キャンパス、神戸女学院の岡田山キャンパス、東洋英和女学校鳥居坂校舎とミッションスクールの大型プロジェクトにも比類ない功績を残した。一連の建築界での成果と、クリスチャン精神のもと、独特の働きやすい職場風土を築いた建築事務所は、優秀な人材の入社希望が引きも切らないようになった。ただ、一九三二年に意匠の天才佐藤久勝が肺炎で急逝したことは大きな打撃であった。彼は万華鏡を愛用し、そこから得たインスピレーションで美しい幾何学的装飾を生み出し、ヴォーリズ建築事務所の名声をより高め、ある造船会社からいまの給料の三倍を出すといって引き抜きを受けてもいたが、彼はまったく興味を示さなかったと伝えられる。

メレルは建築業界で広まった名声を生かし、国が進める住環境改善政策に積極的に参加し意見を述べている。関東大震災の前後に自らの講演内容を本にした『吾家《わがや》の設計』と『吾家の設備』は、中流以上の家庭向けではあるが、新しい時代の住宅の方向を提示した。震災復興処理が終わった建築事務所は、実際の建築請負をする現業部を始めた。しかしそれもつかの間、一九三七年に国の非常時発令によって建築制限が発せられ、数十の案件が保留されて業務の停滞期に入った。そのため一九三九年に、日本の投資が著しい満州に柿元栄蔵と川島令蔵を送り事務所を始めた。ところが、一九四一年、日米開戦とともに状況はさらに悪化、社名をメレルの帰化に伴って一柳建築事務所に名称変更したが事実上業務は停止、近江セールズ株式会社の中の建築部として温存された。

近江セールズの家庭薬販売の一九二一年（大正一〇）〜一九三九年（昭和一四）

近江セールズ株式会社は大正期からの輸入型産業の成功例として興味深い存在である。近江セールズの活動にメレルが陣頭指揮をしていたわけではなかったが、渡米をするたびにハイド家と会い、極東代理店の地位が守られるように努力を惜しまなかった。実務面では悦蔵が社長、佐藤安太郎が販売、浪川岩次郎が輸入実務の中心となって業績を伸ばしている。メンソレータムの極東代理店となって本腰を入れたのは一九二一年（大正一〇）であったが、最初の二年間は薬問屋の集中する大阪道修町《どしょうまち》の問屋では取り合ってもらえず、直販と東京神田の大木合名会社を特約店として細々と販売をしていた。教会の婦

上：1932年ごろのメンソレータム包装工場の様子
下：1926年の新聞広告。初期のもので以後拡大してゆく

人会や矯風会を通じて徐々に口コミで広がりがみえ、一九二三年に入ってようやく各地の薬局からの注文が卸を通じて上がってくるようになった。

このころに新聞広告を始めているが、「世界的家庭常備薬」といううたい文句が効果を発揮しはじめる。当初は小さな広告だったが、効果があるのでだんだんと広告を大きくし、対象の新聞も増やしていった。新聞広告以外には産業展覧会に出展することが多かった。その勢いが増すと、各地からメンソレータムに類似した商標をつけた類似品が出てくるようになり、一九二五年から数年のうちに三回の商標裁判を起こしていずれも勝訴をしている。合法的な成分ながら類似商標をもつものが百数十出回っていたという。この裁判で活躍したのが、弁護士の山下彬麿《あきまろ》だった。彼は近江ミッションをまねて結成された別府のクリスチャンのグループ「一羊会」のメンバーだった。この団体の筆頭は別府観光の父と呼ばれた油屋熊八であった。

近江セールズの知名度向上策は広告に加えて、薬局で配る秀逸な販売促進グッズも効果を発揮した。一九二八年(昭和三)から京都の平井楳仙《ばいせん》画伯の絵をあしらった団扇《うちわ》を夏のサービス品として薬局に配布すると大人気を博し、夏の定番となる。当初二〇万本ほどを制作していたが、ピーク時は一〇〇万本を注文し、産地の丸亀をあわてさせるようになる。また、年末の販促グッズとしてカレンダーと日記帳が配布され、そのモダンで洗練されたデザインと使いやすさが評判をよんだ。日記はあまりに人気が高いので、別刷で「メンソレータム家庭日記」を書店で有料販売し、一五万冊を売り切った年もあった。

製品は昭和初期までは三種類の容量の製品を箱のまま輸入し、薬品封緘《ふうかん》証紙を貼って出荷していた。販売が伸びると供給面の補強が必要になるし、英語の箱であったので、容器で輸入して女子作業者が手作業で包装することになった。一九二八年に一八名の作業者を雇用したあと売上増大とともに要員を増やし、一九三一年に新工場を建てて包装部の準社員を増やし、六〇名を超える部門にした。円の対米ドル相場が悪化することを見越して、一九三六年から製剤と充填《じゆうてん》の国産化を成功させている。

さて、極東代理店として朝鮮、満州、中国(中華民国北京政府)の市場もカバーする必要があったが、その販路の開拓にクリスチャンの事業家を探したのは近江セールズらしいところである。朝鮮半島は一九

大連の福音公司。1929年、面速力達母膏（メンソレータム）宣伝隊の出発　†

奉天の満州セールズ株式会社（旧福音公司）1938年　†

北京の崇貞学園全校生。崇貞学園も運営費捻出のため販売活動を行った。1935年　†

1934年の商業学校仲間。左から古長清丸、佐藤久勝、吉田悦蔵、メレル、村田幸一郎、宮本文次郎　††

二三年（大正一二）に悦蔵が京城《けいじょう》組合教会を訪れて教会役員に相談したところ、自営の新聞社を廃業しようとしていた竹内録之助という信者が引き受けた。彼は竹内洋行を創業し、慣れぬ社員と数年にわたる地道な営業活動から販売を伸ばした。

満州においては、一九二六年に悦蔵が奉天で行った説教に感激した信徒たちが伝道団を興し、その中の一人、石田栄蔵がメンソレータム販売に興味をもち、福音洋行（福音公司）を創業し営業活動を始めた。

中国大陸の需要増大に自信を深めた悦蔵は、一九三七年に義父渡邊光太の三男清春を奉天に駐在させて満州メンソレータム工場を奉天市三給路に設立し稼働を急がせた。北京を首都とする中華民国については適当な商社がないので、直販体制をつくるため北京営業所の設置を考えていたところ、同志社を退職して中国に戻ろうとしていた清水安三に悦蔵が声をかけてみた。清水は北京語に堪能で、自らが設立した崇貞学園を維持する安定した収入源を探していたうえに、世話になったメレルに寄与できるという願ってもないチャンスをもらい、喜んで参加することにした。清水を所長とし、本部からは佐藤安太郎の甥池田正を送り、現地雇用四名で一九三八年（昭和一三）に営業を始めた。

一九四〇年には上海に営業所を準備するが、この支店では日本向けが禁輸になった原料のワセリンを入手できることがわかり、ワセリンを満州と日本の工場に送る工作をして戦時中の生産を乗り切った。

近江セールズは販売、包装、製造、発送のいずれの部署も増員を続けたが、信仰のある生活を前提とした企業活動だったので、古い友人や縁故の採用が多かった。メレルの古い教え子や友人たちも加わった。メレルの最初の通訳だった宮本文次郎は、八幡商業学校で二度目の教員をしたあと横浜生糸株式会社にいたが、震災で破産したため、転じて近江セールズの取締役兼財務主任になった。悦蔵の叔父吉田金之介は子息が戦死して跡継ぎがいなくなったため、吉金商店の商権を他社に譲って近江セールズの工場長に就任し、旧佐藤久勝邸に住んだ。メレルのバイブルクラスにいた古長清丸と山本治三郎も移ってきた。大橋五男牧師も近江セールズに入社し、図書館を任された。

近江セールズのその他の仕事　一九二一年（大正一〇）〜一九三九年（昭和一四）

近江セールズにはメンソレータム以外の取り扱い品目も多々あった。一九一〇年（明治四三）の合名会社の創立以来、建築材料と塗装材料を継続して扱ってきたが、その経験を活かし、一九二二年（大正一一）からミーズナー・ピアノ、その翌年から英国エチソン社の望遠鏡を販売するようになる。一九三一年（昭和六）には、社内にメンソレータム以外の商品を扱う雑貨部を独立させた。その担当者が挑戦した

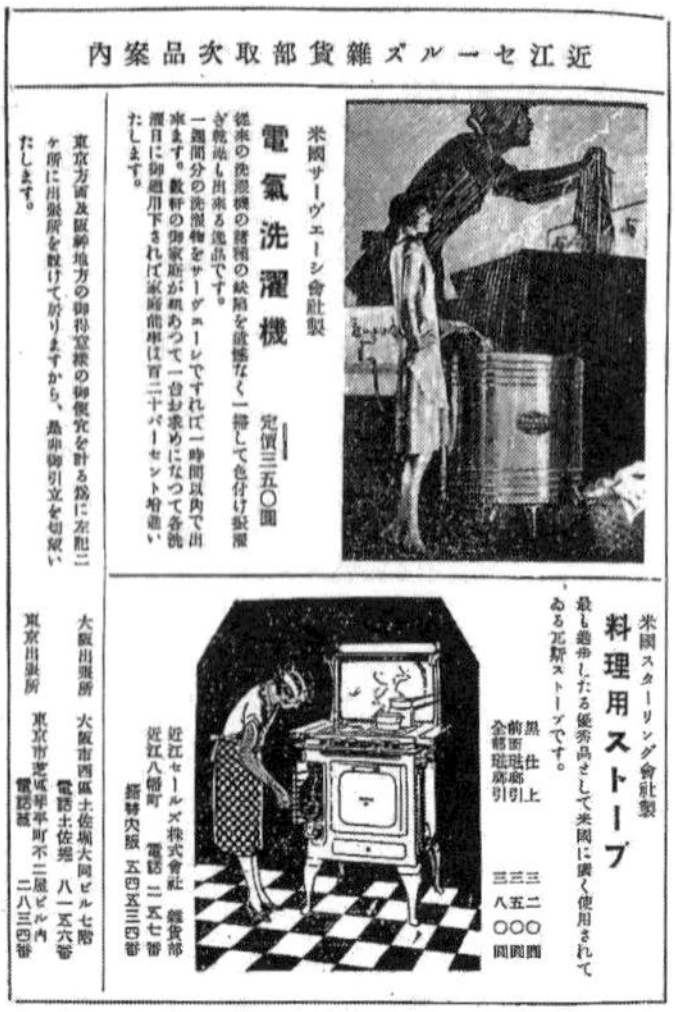

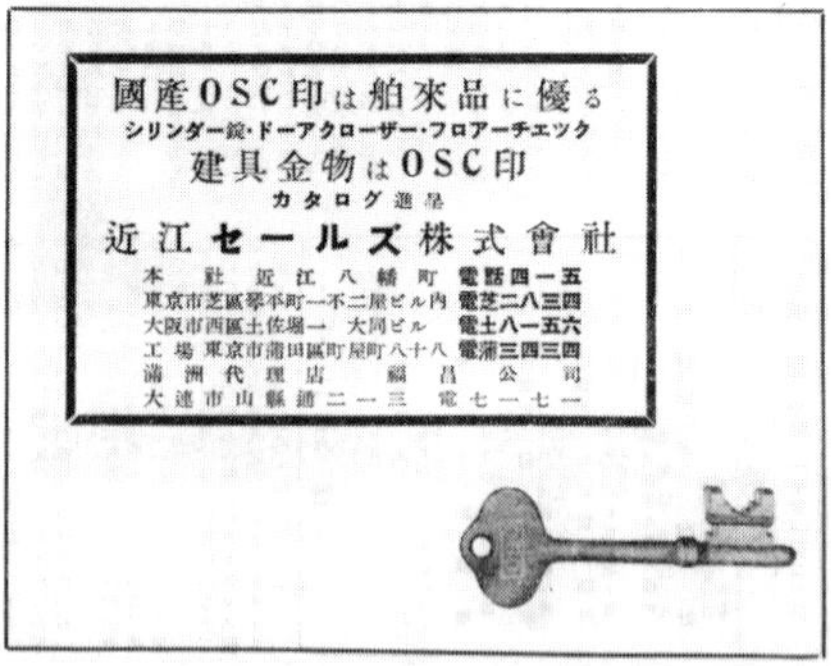

上：1931年の『湖畔の声』に載った近江セールズ雑貨部の取次品
下：OSC金物の広告（のち椅子、ベッド、ストーブ等が開発される）

のが、アメリカの先進的な生活用品の輸入販売であった。アメリカの百貨店カタログの取り次ぎ販売、ケーブル・ピアノ、調理用コンロ、電気洗濯機、家具などを取りそろえた。しかし翌年に円為替相場がドルに対し大幅に下落したため在庫を整理して縮小している。逆にその円安相場を利用して輸出をしようと直輸部をつくり、メレルの弟ジョン・ジュニアがアメリカで総代理店を開く準備を始めたが、スタッフを相当数集めることが必要だとわかって断念した。

一方、円安相場でヴォーリズ建築事務所が信頼して使ってきた米国サージェント社の金属建具が高騰したため、不都合な事態になってきた。当時の国産品は品質が劣り苦情が絶えなかったからである。その対策のため、東京の雑貨部が蒲田《かまた》で優秀な金属加工業者を見つけ出し、その町工場を買い取って一九三一年にOSC金物を設立した。この会社では当初からシリンダー錠、ドアクローザー、丁番などを高い品質で作り出すことに成功し、その評判により国会議事堂、日本銀行、海軍大学校、文部省、内務省の建設で指定金具となったほどだった。その後、OSC金物は意欲的に薪《まき》ストーブ、金属ベッド、折り畳み椅子をオリジナルで製作し販売を始めたが、一九三七年に採算が悪化したため事業整理に迫られた。最も避けたかったのは職人たちの解雇だったので、水面下で悦蔵と金之介がOSC金物の分離策を練った。その結果、満州のメンソレータム販売権を持っていた商社の福音洋行にOSC金物を譲渡し、メンソレータムの販売権を近江セールズに取り戻すという等価交換の契約をすることに成功した。

一九三五年には、近江セールズの中に湖畔プレスと小売雑貨部を創設している。湖畔プレスは八日市伝道所の副業であった産業印刷所を整理して近江八幡に設備を移し、社内外の印刷ショップとしてスタートしたものである。小売雑貨部は社員の福利厚生の目的で作られた社内サービスの一つだったが、一九三六年七月に本社に近い場所で「湖畔堂」という名前のショップを開き、町民に開かれた書籍、写真、不用品売買、輸入雑貨の店とした。しかしなぜか担当者が軍に招集されることが重なり、三年ほどで閉店となった。

ハモンド電気オルガンも小売雑貨部が輸入販売する製品だった。一九三五年にアメリカでそのオルガンを弾いたメレルは気に入って、販売者を説得してデモ用として安く手に入れ、日本に戻る船上で弾きながら帰ったといういわく付きの装置で、一九三六年夏の軽井沢でデモンストレーションしたのを皮切りに、学校などを中心に販売を始めた。パイプオルガンの音をはじめさまざまな音色を出せたこの画期的なオルガンは、戦後も六〇年代初期まで販売された。

伝道の変遷――教務部の一九二一年（大正一〇）～一九三九年（昭和一四）

ウォーターハウス夫妻は、一九二二年（大正一一）五月に、七歳のゴルドン、六歳のドロシー、アメリカで生まれた一歳のケネスを伴って四年ぶりに近江八幡に戻った。予定より帰日が遅れたのは、ケネスの出産とカリフォルニアで激しくなった排日運動に心を痛めてポールが州内の教会を回って日本人への偏見を解く活動をしていたからである。この活動に日系人社会が感謝し、日本へ渡るポールに自動車を寄贈している。これが最初の伝道用自動車となった。

さて、ポールが近江八幡に戻ったころは近江八幡の運河で渇水がたびたびあり、舟木艇庫からガリラヤ丸を琵琶湖に出せない事態が発生していたので、艇庫を琵琶湖岸の長命寺港に新設したばかりだった。本部のある町内と艇庫の間が遠くなったため、日牟禮八幡宮前の白雲橋と長命寺艇庫のあいだをシャトル運航する船底の浅いモーターボート「ヨルダン丸」を配備した。湖西と湖北の要衝として、堅田と今津に民家を借りた伝道所ができており、山田寅之助、西村関一、鎌田漢三など牧師資格をもつ者が活動をしていたので、ポールはもっぱらガリラヤ丸で小さな拠点の候補地、安曇川、深清水、太田村などに

日牟禮八幡宮前の白雲橋と長命寺艇庫とを結んだヨルダン丸　†

おもむき、積極的に伝道をした。

一方のベッシー夫人だが、すでに清友園ができて満喜子らが公認幼稚園として運営していて、日本語が不自由なベッシーには多くの仕事が残っていなかった。そのような中で、一九二三年七月に長男のゴルドンが感染病で急死したことで夫人は精神的に病むようになった。そのため、医師の強い勧めによってウォーターハウス一家は、再来日からわずか一年半で、同年一二月に退団し帰国していった。ポールはその後、ロサンゼルスとハワイで牧師として活躍をした。特にホノルルのカリヒ・ユニオン教会で、わずか二〇人ほどの教会を、アジア系移民を中心に数百名の教会員を擁するまでに育てた牧師として記憶されている。

ガリラヤ丸は、老朽化した船体の二代目が一九二八年（昭和三）に新造された。しかし、一九三一年に江若《こうじゃく》鉄道が浜大津と近江今津のあいだ五一キロメートルを全通させたことによって補助的に使われる程度になった。こうして一九三七年に船体を売却してガリラヤ丸

1930年12月に献堂式があった堅田基督教会館。土地はハイド氏寄贈による

伝道の三〇年は幕を閉じた。

湖西伝道と湖東伝道は、メレルの二〇年前のビジョンにあったとおり、八日市、野田、米原に自前のYMCA会館あるいは基督教会館を設置したところまでを説明した。その後さらに一九二〇年（大正九）後半から堅田、今津、水口に基督教会館を建設して専従伝道師を配置し、伝道とソシアルセンターの機能をもたせた。一九二九年（昭和四）からは農村の青年に伝道し、また教育機会を与えようと、教務部スタッフを補強しつつ近江八幡、米原、堅田、今津、能登川、市辺（東近江市）で農閑期や夜間にさまざまなバリエーションの農民福音学校を六日間連続で開催するようになる。学校名は近江青年福音学校、湖畔国民高等学校、農村青年学校、農村青年学会、国民夜学会などさまざまあった。教育内容は、伝道に使う時間を二割以下に抑えて、実用的な農村の生活の改善、特に住宅と保健に力を入れ、副業のための技術として木工や養鶏を教えて将来の農村リーダーの育成を図っている。講師陣は近江兄弟社の得意分野をもつ人材が起用され、機会があれば賀川豊彦や牧野虎次のような一流の講師を招くなどして、開講前後にメレルか悦蔵が講話をするという流れだった。

堅田伝道所で西村関一が一九三〇年夏から、江西義塾という三週間に一〇四時間の講座をもつ私塾を始めている。家政科も設けて、近江家政塾と同じように吉田清野が料理や手芸を教える教室をもった。以上の農村福音学校や江西義塾で培った教育の経験は、近江勤労女学校を短期間で立ち上げることにつながったと考えられる。

会館のある拠点より一回り小さい拠点、すなわち近江八幡近隣では安土、下豊浦《しもといら》、能登川、愛知川、高宮、仁保、武佐、湖南方面では菩提寺、三雲、信楽、大原市場、湖西では深清水、安曇川、湖北では木之本などに民家を借りて伝道所を設け、毎週の伝道集会と日曜学校を開き、夏には夏期学校やキャンプを開くということが太平洋戦争直前まで続けられた。例外として、八日市は陸軍飛行場と憲兵隊が置かれた軍都であったことから、軍部を刺激しないよう、一九三六年に八日市基督教会館をやむなく閉鎖している。

教務部の教育・文化事業の一九二一年（大正一〇）〜一九三九年（昭和一四）

メレルは一九二〇年（大正九）二月の『マスタードシード』誌上で官立高等女学校の水準が男子校に比べて低く抑えられている状況を憂いている。ミッション系女学校も高等女学校の認可をとるため水準が低い官制教科書をあえて使っていることに反対し、独自の教育方針をもつ幼稚園から大学までのクリスチャン一貫校を作りたいと述べている。悦蔵が書いた『近江の兄弟』に跋《ばつ》を寄稿した賀川豊彦が「近江ミッションの一番の欠点は教育事業がないことである」と指摘しており、そのまま掲載したことはその同意を暗に伝えている。

近江ミッションの初期には、幼年へのアプローチとして教会と伝道所での日曜学校、弥生会、プレイグラウンドを開いてきたが、満喜子の参加で婦人部から遊戯部が独立し、会員制の清友園を始めた。そしてわずか一年後の一九二二年に正式認可を受けて「清友園幼稚園」として前進させた。一九三一年（昭和六）にA・A・ハイド夫人から多額の寄付を得たことにより、慈恩寺町にハイド館と多目的の教育会館を建て、清友園は園児を六〇名抱える幼稚園として発展した。

この清友園が今日のヴォーリズ学園の原点のように語られた時期があったが、実際はもう少し多彩な経緯をたどっている。

昭和初期から米原、堅田、今津、水口、八日市の基督教会館にも併設の幼稚園がつくられた。また数年遅れて農繁期の農家を助けるため、湖西の深清水や木戸村には農繁期託児所が臨時的に開かれた。その一つひとつにもストーリーがあるが、一例として吉田清野が担った役割を記しておく。


満喜子がアリス・ベーコンから継いだ遺産のうち一〇〇〇ドルを基金として一九二二年（大正一一）に「アリス・ベーコン記念基金」が設立された。その資金で最初の留学のチャンスを得たのが吉田清野であった。一九二二年二月に幼い子どもらを預けて渡米し、八カ月間カリフォルニア州を中心に西洋料理法と教会の婦人活動を学んだ。帰国した清野は、米原紫苑会館の建築当初から計画にあった幼稚園を実現するため、会館の専従主事である山田寅之助夫妻と一九二三年四月一一日に「米原紫苑幼稚園」を開園した。初代園長は清野が担当し、私立幼稚園として常時三〇名ほどの園児を育てた。

1923年ごろの米原紫苑幼稚園　†

ベッシー・ウォーターハウスが始めた料理会「マナ会」は、ベッシーの帰国後に清野が自宅で引き継いでいたが、良き家庭婦人の育成に目的を拡げ、一九三三年（昭和八）一〇月に「近江家政塾」という名称の塾を開講した。近隣から主に未婚の女性を二〇名集め、聖書、料理、和洋裁、手芸、音楽、茶の湯、生け花、西洋的家事などを学ぶ週三日、二年制の各種学校になった。教室に吉田邸を使っていたが、手狭であったので翌年敷地内に家政塾本館を建て、塾則を作った。「家政塾はキリストの精神にもとづきて女子の徳性を涵養《かんよう》し、家庭生活に必要なる諸技術の研究を共になして実力ある夫人を養成するを以て目的とする」とした。そこでは新時代の家庭人として備えるべき知識と技能を教え、近江八幡の花嫁学校のような存在になった。フローリングの家政塾に対し、畳の上の作法や茶の湯の教育もでき

家政塾の建物ができたころの塾生たち †

るように作法教室も一九三九年に建てられた。同建築事務所の設計としては珍しい茶室のある数寄屋造りである。[59]

被差別地区に幼稚園と保育園をつくる計画は一九一二年（明治四五／大正元）に宣言したが無期延期され、以来ほとんど活動らしいことはなされなかった。しかし、一九二三年になって近江セールズの大原義雄が現地に住み込み、日曜学校と、学校に行けない子どものために寺子屋式夜間学校（週三日）を始めた。そして一九三六年に、清友園の分室「大林こどもの家」を開設した。これは四歳から六歳の身体虚弱な幼児の健康増進を目的とした定員二〇名の保育所といえる。一時期は子守りをする少女の健康増進を目指す「少女会」（定員二〇名）も併設した。最初の一年は地区内の大衆浴場（メレルの設計）の二階を借り、翌年から慈恩寺町に専用の家を建てた。

一方、近江ミッションでは幼児教育と農村福音学校で手がいっぱいで、県内で私立の教育事業は経済的に難し

近江勤労女学校の旗揚げ式の様子　†

いということで踏み出せないでいた。しかし、メンソレータムの販売が急増して女性の包装作業者の新規採用が多かった時期に、悦蔵は単純に臨時雇いの女性を集めるより、仕事をしてその見返りに報酬と教育を受けられる仕組みをつくれば、貧しい家庭の子女にも高等教育が受けられると考えた。しかも近江ミッションには、教員ではないが農民福音学校や江西義塾で教育経験を積んだスタッフもいる。こうしてドイツのアルバイト・シューレ（労作学校）をイメージした五年制の学校がつくられ、一九三二年四月に「近江勤労女学校」が、元ウォーターハウス邸と清友園の最初の建物を使って開校した。一六名の募集に対し入学希望者が多く、選考しなければならなかった。通常午前が学科の授業で、午後にメンソレータムに関連する軽作業が仕事として与えられ、毎月少々の給金が支払われた。外部講師の中には、メレルの教え子で京都帝国大学の天文学者山本一清の姿もあり、悦蔵の自宅の屋上にミニ天文台と望遠鏡が据え付けられ特別授業が行われた。初年度から、北京の崇貞女子工読学校を卒業した趙慧珍《チョウケイチン》を留学生として迎えたことも画期的で、東京の高等師範学校へ入学するまで面倒をみている。一九三四年に八幡町立の八幡女学校が校舎を市井町に移転することになり、勤労女学校の校舎を居抜きで買い取ることを決めた。法的には何ら問題はなかったが強硬に反対する町民がいたため、結局二年後にこの計画を断念している。一九三五年には「近江兄弟社女学校」に改称されている。[5・9]

一九三二年にもどるが、近江勤労女学校が開校した一カ月後には、近江セールズの包装工場でフルタイムで働く女子従業員にも学習機会を与えるため、定時制の「近江向上学園」を五五人の生徒で開校した。もちろん「工場」にひっかけた名前である。校長には佐藤久勝がなり、講師陣は勤労女学校と重複するが、近江セールズの女子従業員にも女学校相当の教育機会を与えようとするものだった。

ＹＭＣＡ活動の一九二一年（大正一〇）～一九三九年（昭和一四）

メレルの原点というべきＹＭＣＡについても記しておかねばならない。近江ミッションが直営するＹＭＣＡは八幡学生ＹＭＣＡと米原鉄道ＹＭＣＡだけが続けられた。八幡学生ＹＭＣＡは一九二一年（大正一〇）にテコ入れがなされて夜間英語学校の再開と講演会などが継続された。初代の八幡ＹＭＣＡ会館（アンドリュース記念館）は室戸台風で著しく傷んだため現在の建物に再建された。戦後まで八幡学生ＹＭＣＡは教務部のスタッフが主事となって、全国でも珍しい独立採算の形態が続いた。その他の基督教会館や伝道所ではＹＭＣＡを組織化するまでには至らず、婦人会や青年層の趣味・修養活動が中心だった。それらの拠点で一九二九年（昭和四）から力を入れたのは、農閑期の農村福音学校であった。

ＹＭＣＡといえば御殿場の東山荘で毎夏開かれるリーダー養成の夏期学校があるが、いつも若者に交じってメレルや悦蔵ほか教務部のスタッフの姿があった。悦蔵はＹＭＣＡ英語夜間学校や陸軍八日市飛行場で英語教育をしてきたが、通訳者としても知られるようになった。一九二二年（大正一一）に彦根高等商業学校（現滋賀大学経済学部）が開校した折、外国人教官のための洋館三棟をヴォーリズ建築事務所が設計した縁で、中村健一郎校長から英語講師の依頼を受ける。破格の高給と週二日だけという条件で一年間英語講師となった。この仕事をこなしながら同校ＹＭＣＡの設立に手を貸している。彦根高商は悦蔵の後任探しの中で、聖公会の彦根教会に着任したＰ・Ａ・スミスに白羽の矢をたて英語講師に迎えている。その後も近江ミッションのメンバーがタイプライター講習を開くなど、彦根高商とそのＹＭＣＡに関わりつづけた。ちなみにスミスは、元広島高等師範学校のＹＭＣＡ派遣英語教師で、一九〇七年（明治四〇）三月、上京するメレルと悦蔵が車中で出会った人物である。スミスが晩年に彦根に建てた和風教会堂は「スミス記念堂」として彦根城堀端に保存されている。また、

1935年改築された八幡YMCA会館を表紙にした『マスタードシード』[11]

スミスが戦前帰国するまで所有していた軽井沢一四一二番別荘は作家堀辰雄が一九四一年（昭和一六）に買い取ったもので、現在は軽井沢高原文庫に「旧堀辰雄山荘」として移築保存されている。

メレルを支援し続けた日本ＹＭＣＡ同盟のゲーレン・フィッシャーは一九一九年に帰国、Ｇ・Ｓ・フェルプスは同盟本部担当として一九三五年まで活躍し、定年となって帰国した。

33年間日本のYMCA発展に尽くしたG. S. フェルプスは帰国前に外務大臣広田弘毅から記念品をうけた　11

鉄道ＹＭＣＡは現存しない。一九三六年にメレルは、鉄道省の福利厚生が整ったので鉄道ＹＭＣＡの役割は終わったと宣言し、米原紫苑会館（米原会館）から米原鉄道ＹＭＣＡの看板はなくなった。ただ一部を鉄道員の寮「煉成寮」として残した。この会館は米原のソシアルセンター、鉄道員寮、幼稚園、伝道所として運営が続けられたが、非常時体制下になると一九四一年に県立母子健康相談所として一棟を貸し出した。

近江療養院の一九二一年（大正一〇）～一九三九年（昭和一四）

近江療養院は開院以来、少しずつ設備を増強し、入院費を抑えながら床数を増やしてきたが、赤字は一七年も続くことになる。赤字はもちろん建築設計と販売の利益で補塡《ほてん》されてきた。あくまで患者中心の社会事業という位置づけを変えなかった証である。一九二〇年代は入院患者を四〇名から六〇名に増やし、一九二九年（昭和四）に鉄筋コンクリートの食堂棟を増設した。水の確保が難しかったことは前述のとおりであるが、一九三一年に新しく買った竹藪の土地で事務長の渡邊光太が経験を生かして質のよい水源を掘り当て、ようやく館内各所に水道栓を設けることができた。一九三三年には看護婦寄宿舎を建て、それまで看護婦寮に使われていた本館三階を病棟にした。さらに一九三五年に一八床の新病棟「新生館」を建てたので患者数は七〇名を超え、この年に初めて黒字化した。二年後に立派な礼拝堂もでき、近江療養院は東洋一とまで言われた。一九四一年に聖路加病院の栗本清次が院長となり聖路加病院とのパイプをつくる。戦争の最中の一九四三年に一一八名の入院患者がいたという記録がある。終戦の一年前に御下賜金《ごかしきん》拝戴記念病棟（一六床）を建設しようとした矢先、陸軍病院に貸与することを余儀なくされ患者は全員退院、従事者は陸軍病院嘱託となった。そのため一般診療の機能は図書館に移している。[5]

近江療養院本館前のメレルと東京のボールズ宣教師夫妻　†

19 日米開戦前夜から戦後の復興

財団法人近江兄弟社と日本基督教団八幡教会

一九四〇年（昭和一五）四月に宗教団体法が公布され、宗教法人への統制と監視が強まる。個人は「臣民たるの義務に背かざる限りにおいて信教の自由を有する」とあるが、法人として活動が限定された。やむなく翌年一月にその転換の姿を自ら決定し発表した。もちろん身を切られる思いで実施したことは間違いない。まず近江基督教慈善教化財団は財団法人近江兄弟社に改組し、社会事業と教育事業だけを存続事業とした。肝心の伝道と礼拝等の宗教儀式は組合キリスト教会の八幡教会に引き継ぎ、社員は個人的に信仰をするだけの建前とした。過去の伝道活動が実質的に残るように、堅田、今津、米原、水口、野田の五会館は日本基督教団八幡教会の支所として貸与された。それぞれの名称は「基督教会館」から「教会」に変更される。そして、それぞれの会館にいた教務部の主任者たちは牧師か伝道師の資格をもっていたので、個人として会館の設置者となった。これらを束ねる八幡教会がいきなり大きくなるため、教会事務所は教育会館の一室を借用することになった。また規模の小さい木之本、能登川、愛知川、高宮、鳥居本、武佐、仁保、安土、下豊浦、信楽、近江療養院の伝道所は近くの会館の直轄として礼拝と日曜学校を継続させることにした。貸与した会館で開いてきた堅田幼稚園は町に、今津と水口の幼稚園は設置者個人に移管となった。一方で、重要な資産だった米原紫苑会館は、先に述べた滋賀県母子健康相談所に利用されていた流れから、滋賀県社会課を通じて米原町に寄付をすることになった。こうしなければ、他の基督教会館と共倒れとなるため、やむを得ない措置だったようである。

一柳米来留・満喜子に改姓したときの自筆署名入り写真　†

さらに近江セールズ株式会社（建築部を含む）は工場運営と建築奉仕にあたることに限定され、意思決定は社長と部長による責任者制に転換しなければならなかった。かくして近江兄弟社から宗教活動がなくなり、社員は八幡教会などで個人として礼拝をするだけで、団体としては班をつくって順番に伊勢神宮に参拝をする状況が生まれた。国の非常時体制に即し、キリスト教伝道はキリスト教会に任せねばならなかったのだ。当時の『湖畔の声』では神社参拝とキリスト教が矛盾しないとか、日本的キリスト教論というものが展開されている。

メレルの帰化と近江兄弟社図書館設立

日本にいた宣教師の大半は帰国してゆき、還暦の歳になっ

日牟禮八幡宮での立言式 †

たメレルは日本に留まるか帰国するか、態度を決める時期にあった。メレルは、愛する日本の国籍を取得して近江の兄弟たちと伝道を続けること以外の選択肢はないと考えていたので、帰化をする決意をした。その手続きは八幡町役場から県庁を経て内務省の内諾が得られたので、一九四〇年八月二〇日に日牟禮八幡宮で三代にわたる八幡町長らの立ち合いのもとで立言式を行い、帰化の承認を得る道筋を作った。立言式は氏子となる宣誓式のことで、メレルは祝詞で、日本帝国の国籍を与えられたる上は日本帝国臣民として皇室に対し奉り全身全霊を捧げ、忠誠を尽くし、日本の国体の精神を遵奉することを神明に誓うと述べた。翌年一月二四日に吉田悦蔵と村田幸一郎が証人となって、メレルと満喜子は近江八幡慈恩寺町に一柳家分家一平民の戸籍を起こし、メレルは一柳米来留と名乗ることになった。これにともなってヴォーリズ建築事務所は一柳建築事務所に改称した。

世は国のために連呼される中で、悦蔵は町内の一般の人たちに喜ばれる図書館をつくりたいと以前から温めていた計画を実行しはじめた。自分の蔵書から和洋書一万冊弱を選び、会館や伝道所に設置した貸本図書館の書籍を整理して合計一万数千冊にして、狭小のため使われていない旧八幡教会を改装し、

「近江兄弟社図書館」を始めた。ただ、財団法人近江兄弟社ではこの事業が許可されないため、苦肉の策として近江セールズの社員図書館という名目にして市民に開放することにした。これに賛同した延暦寺からは拓本が寄贈されてきた。一二月一一日に二〇〇名の来賓を招き、開館式を行った。この時期は文化事業が世の中から消え、書籍の発行も激減したので、時宜を得た事業となった。希少な書籍を保管する岩窟図書室を北之庄の洞窟に設ける準備もしたが、実現しなかった。

婦人部も国防婦人会として活動した。左から4人目が吉田清野　†

超非常時のメレルたち

一九四一年一二月八日に日米が開戦すると、学校、職場に報国隊の結成が急がされ、組織内のあらゆる行動が国への奉仕に向かうように仕向けられた。近江兄弟社には産業報国団が、兄弟社女学校には報国隊が結成された。そしてキリスト教会にも報国隊が義務化される。

このような超非常時に一つの驚くべき出来事があった。開戦からわずか一〇日後に、天皇から近江兄弟社に御下賜金があったのである。社会事業に対する評価であり、メレルはもったいないと言って涙したという。一二月二七日に社員全員が教育会館に集められ、御下賜金拝受伝達式を行っている。御下賜金は療養院の新病棟建設に使うことを決めたが、物資統制の折、建築許可まで二年を要した。

一九四二年になると、メレルは差しさわりのない行動に徹せざるを得なくなり、新学期から京都帝国大学の英語講師となって毎週水曜に出講した。近江八幡の幼稚園、近江兄弟社女学校、専門部（保育科）を近江兄弟社学園にまとめ、初代学園長に檜山《ひやま》嘉蔵《かぞう》が就任した。メレル一家は不本意ながらそのころから軽井沢を本拠に移さねばならなかった。

悦蔵は図書館に対する事業の仕上げとして、この年五月一一日に貴族院議長日本図書館協会会長松平頼壽《よりなが》伯爵を招いて日本図書館協会滋賀支部の設立に動き、自ら支部長になった。

日本図書館協会滋賀支部の設立式に迎えた松平頼壽伯爵の祝辞。右端にいる悦蔵はこのころ体重が減っていた　†

近江セールズ（建築部を含む）は、メンソレータムが慰問品によく使われて需要が減らないので、物資統制のさなかにさまざまな手段で原材料を集めて製造を続けていたが、この年五月に「売薬営業整備要綱」が発せられて、滋賀県内の製薬会社は統合させられる危機に直面した。あわてて財団から県知事と厚生省に陳述書を出して社会事業に直結していることや御下賜金拝戴の件を説明し、何とか持ちこたえたのである。しかしそのために、近江セールズは監督の機能だけで、日本メンソレータムという独立会社で実業を行い、満州メンソレータムは近江セールズの子会社とする複雑な編成をしなければならなかった。その後もアメリカと縁が深い近江兄弟社は戦時中に誹謗《ひぼう》や誤解を受け、軍の一存で解体させられる危険もあった。しかし、顧問弁護士山下彬麿の親友である憲兵司令官中島今朝吾《けさご》中将が近江兄弟社を見学していて本質をよく理解していたので、処分を受けることを回避できたと伝えられる。

1942年の三創立者が揃った最後の写真。メレルが国民服を着たこともあった　†

吉田悦蔵の永眠

そんななか、一九四二年一一月一八日に、高松宮宣仁親王が近江兄弟社を社会事業貢献事業者として訪問された。悦蔵はこの栄誉の場に理事長として臨席することができなかった。なぜなら、悦蔵は近江兄弟社の新体制作り、中国と満州の事業の心配、同志社理事として同志社を解体しようとする動きに対抗し、中島中将に説得工作をするなど疲労困憊《ひろうこんぱい》する事案が続いて体調を崩し、行事はすべて村田幸一郎に委ね、床に伏せるようになっていたからである。このころに悦蔵を往診していたのは、栗本清次院長と日野原重明医師だった（このころ重明医師は聖路加病院、弟の忠明牧師は今津基督教会館専従者）。高松宮訪問の報告を副理事長の栗本院長から聞いた悦蔵は、これで近江兄弟社は安泰だと涙した。その次の日にいよいよ呼吸が乱れ始めたため、村田と軽井沢から戻ったメレルが駆けつけた。悦蔵はベッドからメレルの手をとって「すべての栄光はあなたに」と英語で告げると、メレルは「いえ、それはすべての社員の栄光です」と返したという。その夜、悦蔵は五四年の生涯を閉じた。

悦蔵の葬儀は会社葬ではあったが時節柄簡素に行われた。悦蔵永眠の翌月には高橋卯三郎も急逝し、近江兄弟社は二人の論客を失った。[5]

メレルは宣教師の減った軽井沢を拠点に、東京帝国大学と京都帝国大学、同志社の英語講師として汽車で移動するほかは、満喜子と老齢の母ジュリアがいる軽井沢で静かな生活を送った。近江八幡では連日のように防護訓練や教練が行われ、出征者は二〇名を超えていた。開戦直前に奉天のメンソレータム工場に十数名が応援に出てそれ以来現地にいたままだったので、いちだんと寂しくなった近江八幡では原料確保に苦しみながらも、かろうじて工場を稼働させていた。また、食糧増産休閑地開拓といって、さまざまな空き地に南瓜を植え育てている。『湖畔の声』は一九四三年一二月をもって休刊となるが、その中で唯一明るい話題は、近江勤労女学校が一二月一四日付けで高等女学校相当と認められ、校名を近江兄弟社女学校にしたことだろう。

終戦と復興、そしてメレルの永眠

終戦の日、軽井沢のメレルは夫人と玉音放送を聞いた。その三週間後に歴史の表舞台に立たされる。九月六日、近衛文麿元首相の使者、井川忠雄の訪問を受け、国家の再建のために手を貸してほしいと言われた。井川は近衛の友人で元外交顧問、廣岡浅子を師と仰いだクリスチャンだった。メレルは「死んでもよいご用」を与えられ身震いした。しかし、その内容は、当時は夫人にも明かさなかった。

1955年ごろ、近江兄弟社が買い取った「創めの家」の前に立つメレル　††

翌朝メレルは上京し、帝国ホテルに入った。九月十日、マッカーサー元帥らGHQ高官の宿舎、横浜ニューグランドホテルに向かった。そこで旧知の宣教師の子息、サミュエル・バートレット海軍少佐に面会した。彼は用心深く迎え、マッカーサーは会わないだろうが、メッセージは伝えると約束してくれた。

九月十二日早朝、メレルは「マッカーサー元帥が日本の信頼を回復できる、何よりも価値のある天皇の一言を入れた宣言」案を考えついた（日記の記述どおりだが、その一言は記されていない)。そして午前一〇時に約束した近衛と会い、横浜での結果と、考えた宣言案を伝えると、近衛は満足したようだった。その午後、メレルは井川、村田幸一郎と横浜に出向き、再びバートレットと面会した。彼はメレルの伝言が元帥に届き、元帥が近衛と会うことにしたと伝えた。メレルは「神の導きが見てとれた」と記している。これが記録に残る範囲でのメレルが果たした役割である。メレルがのちのマッカーサー・近衛会談の実現と、天皇が戦犯ではなく人間天皇として受け入れられる道筋をつける上で何らかの役割を果たしたことは事実であろう[76](上坂冬子「天皇を守ったアメリカ人」『中央公論』一九八八年五月号ほか)。

一二月にようやくメレル一家は軽井沢から近江八幡に戻るが、進駐軍の計らいで、一家の乗った急行を近江八幡駅に臨時停車させたという。

終戦の日から一年後、一九四六年の半ばから近江兄弟社は本格的な復興がはじまる。まず七月から『湖畔の声』の発行がはじまったことがそれを象徴している。巻頭にメレルが「奉仕か利己主義か」という一文で、キリスト教信者として困難な時期をいかに生きるかを書いている。その月に奉天にいた社員と家族四一名が突然帰国し、続いて一〇名が帰国して社内は喜びにわいた。ただ、招集されたうちで七名が戦死、現地奉天にあった満州メンソレータムの資産は事実上収奪されるがまま放棄してきた。図書館は診療所に転用され、蔵書を青年会館に退避させてあったが、無事もとに戻して再開した。以来、連日八〇人以上の利用者があるほどに回復し、『図書館通信』(のち『湖畔文化』)第一号が発行されている。一方、陸軍病院となっていた療養院は返還されたものの、荒廃した部分の修繕で手間取ったが、一柳満喜子が管理者となって、近江療養院を「近江サナトリアム」と改名して再開院をしている。九月には教育

メレルが設計スタッフと写った最後の一枚（1954年ごろ）　††

会館で賀川豊彦を迎えて新日本建設キリスト教運動発足大会を開催し、翌週近江農村青年学校夏期集会を久しぶりに開催している。メレルは進駐軍からの依頼で建築顧問となり、進駐軍の建築を支援するため小川祐三と原仙太郎を伴って長期間東京で仕事をすることになる。一〇月には八幡ＹＭＣＡの活動を再開するとともに、文化活動や英語講座を再開し、上野音楽学校より声楽家を迎え音楽会を開催している。

一九四七年二月にメレルは県教職員適格審査委員と県治安協会会長を委嘱され、満喜子は県教育委員と県青少年防犯協会女子部長となっている。六月一〇日に京都大宮御所でメレルと山下彬麿弁護士は、昭和天皇の平和イメージをアメリカに発信する努力をしたということで拝謁の機会を得るが、天皇はメレルの戦時中の苦難にねぎらいの言葉をかけられている。

メレルらしい活躍は、一九四七年秋に名古屋聖霊病院の設計と一九四九年から国際基督教大学のキャンパス構想に着手したことだろう。しかし、このころにはメレルは白内障で右眼の視力がなく、左眼の視力もわずかだった。一九四八年七月にGHQから特別渡航許可を受け、シカゴで当時最先端の手術を受けるため夫婦で渡米した。手術前にゲーレン・フィッシャー、ポール・ウォーターハウス、ガーネー・ビンフォードらと大戦越しの再会を果たした。視力を回復し帰国したのは翌年四月で、GHQに報告したあと、夫妻は天皇皇后両陛下に拝謁する機会を得た。

一九五一年から『失敗者の自叙伝』の連載が『湖畔の声』誌上で始まった。一九五四年には社会事業の貢献により藍綬褒章《らんじゅほうしょう》を受章した。こうした明るい話題が続くなかで、三創立者の一人、村田幸一郎が一九五六年一二月に六九歳で永眠し、メレルは深い悲しみのなかで社葬を執り行った。ところが、その翌年七月、軽井沢で静養中にメレル自らがくも膜下出血で倒れてしまった。幸い一命を取り留めたが、残念なことに言葉を発することができなくなった。以来、近江八幡で満喜子らの介護を受けて過ごした。一九五八年、近江八幡市はメレルに名誉市民第一号を授与した。その年末に弟のジョン・ジュニアがアメリカで亡くなっている。一九六一年には近江兄弟社建築部から株式会社一粒社建築事務所が独立、大阪に事務所を開設した。その年一一月に建築功労によりメレルは黄綬褒章《おうじゅ》を受章した。

そして、一九六四年五月七日、七年の病床生活ののち永眠した。八二歳であった。それを機に正五位勲三等に叙せられ瑞宝章が贈られた。五月一六日に、近江八幡市民と近江兄弟社の合同葬が行われた。

二二歳で来日して以来、神の国実現に奔走した彼はいま、近江八幡市北ノ庄町の山腹にある「恒春園」で、正面に安土山、左右に記念病院と学園を眺めながら、両親や幾多の協働者たちと眠っている。

補遺

1　近江新聞、一九〇六年（明治三九）一月二六日の記事

「商業学生の大挙暴行」（明治三十九年一月二十六日）

去る二十日本県立商業学校内に於いて、本科三年級生徒嵯峨瀬民次、大谷豊太郎の両名首謀者となり、同級生徒の過半数（別報に依れば同級全生徒なりとも云う）之に雷同して下級生徒四名を殴打し負傷せしめたる為め遂に同級全生徒は或いは退学或いは停学或いは訓戒等の処分を受くるに至りたり、今其詳細を聞くに初め嵯峨瀬等が暴行を加えんと目指し密かにしめし合したるは本科一二年及び予科の生徒中十数名にして同日先ず其中最も敵視したる某々四名を雨中体操場内に誘い行き矢庭に包囲して鉄拳を飛ばし散々に殴打の蛮行を逞うし中には器物を以て頭部を乱打し出血淋漓たらしむるに至れるものすらありしが此不遜の騒動を聞きたる生徒主任其他の職員等現場に駆け付け一方既に負傷したる四名の生徒を救い出して丁重に手当を施し一方次いで暴行を加えられんとする生徒を保護し直ちに主謀者及び下手人の取調べをなしなおかかる重大事件なれば軽率に処置すべからずと其後引続き綿密に調査の歩を進めたるが其原因は別段深き意趣遺恨等ありての事にはあらず要するに彼等は下級生の身にも顧みず平素上級生に

対して敬意を欠きたりとか所謂生意気なりと云ふ程の憎しみと自己の威勢を張らんと欲したるに過ぎざる由なれどもいやしくも名を忠告にかりて右の如き乱暴の行為をなすが如きは許すべからざる事なるのみならず将来実業界に身を投ぜんとするものの為めには一層厳戒せざるべからざる所今是等不遜の挙動をなしたるものの処分を寛大にせんか他の生徒のため或は悪影響を及ばさんも知れざるを以て心情多少忍び難き点なきにあらざるも断然厳重の措置を執るべしと二十三日夫々副保証人を学校に呼び出し安場校長より一々将来の理由を懇話し同級全生徒に対し左の処分を行いたりと云う、実に当然の処断というべし。

退学二名　無期停学三名　一ヶ月停学一名　三日間停学十六名　訓戒二十三名

中等教育時代に在るもの往々客気に乗じ蛮勇を誇り不遜粗暴の行いをなし却て得たりとする事あるを聞く苦々しき挙動にて沙汰の限りというべし。（『近江の兄弟ヴォーリズ等』初版より転載）

2　近江新聞、一九〇六年（明治三九）二月某日の記事

「滋賀県立商業学校のやそ教信者と非やそ派」

同校に於ける耶蘇教信者たる職員ヴォーリズ氏は英語教授を以て任とす、その英語を教授するに当たりては、極めて親切丁寧にして、各年級に対し平等的に通訳をなさしめ且つ愛情に切なるため、各年級を通じて自然に生徒間の敬慕を博しをれり。但し氏は平常教会に出入し教会の事務に尽力しておれるはいう迄もなし。偶々宮本文次郎氏は信者なるを以て二氏相提携しおれば、生徒も亦自然と感化を享けて

教会に出入するもの多数なるに至れり。昨年末の事なりき。ヴォーリズ氏は自費にて新約聖書百二十冊を購入し、教会所に来集せし生徒に之れを頒与せしことあり。是れ素より宗教を拡張するの一策なるに相違なし。而も外人としては多くは耶蘇教信者なれば同様の挙をなすもの敢えて珍しからず、殊に氏の自信によれば聖書頒布は学生が品性陶治の一策に供したるやも亦知るべからず。[23]（近江新聞）

3 『基督教世界』第一千二百二十八号、一九〇七年（明治四〇）三月一四日、四頁

「滋賀県立商業学校教師ヴォリス氏解雇さる」　大橋五男

去三月三日の日曜日午後同商業学校学生青年会例会をヴォリス氏宅に開く、余の講演を終え諸般の協議をなし将《まさ》に散会せんとする時、ヴォリス氏起ちて数言を述べらる、態度沈静語り出て曰く

余は本月を以て当校の教師たる事を解かるべし、然れども是決して突然の出来事にあらず、去年の末県の当局者より交渉あり曰く、君もし学生間に聖書を教ゆることを廃せば来年度も尚在職継続の周施をなさんと、此時已《すで》に問題は決せられたるなり、余答て曰く残念ながら廃することを得ずと、然れども余は誰にも此事を語らざりしなり

ヴォリス氏更に語を次いで曰く

兼ねて建設中なる当青年会館も已に落成したれば従前よりも多少働きよき点もあらん、而して余は今此地を去るに忍びず、因て余は此地をホームとなし書籍も家具も一切此地に留め置き、只幾分の生計費を得る為め毎週数時間他の学校に勤めて依然此青年会の為めに尽さんとす、余は自ら顧みて余り多

く過失ありしとも思わず、従って此地を立退《たちの》くの要あるを見ず、又一昨年来我等の生徒にしてその教えを信じたる為め学校内は勿論其家庭に於て大なる迫害を受けつつ今に至るまで良き信仰の戦を戦いつつある多し、余は今彼等の跡を追わんと思うなり、而して我等信徒の世に在るや名誉金銭地位の為めに生活するにあらずして、主義の為めに起ち確信によりて動く者なることを表明せんと欲するなり、余が斯く曰ふは決して一片の怨恨を当局者に対して抱くにあらず、彼等は知らずして為せるなり、我等は忍びて主の御業をつとめ此滋賀県にクリスチャンの充満する迄で働きて已まざらんことを欲するなり

其声頗る穏静なるも一座其義気の凛乎《りんこ》たるに動かされ我知らず暗涙にむせびたり、噫《ああ》君が此地に来任せしより僅に二星霜三十歳に満たぬ壮年の士、而かも其人格の感化の大なりしこと世既に知る者や知る、今や氏は単に其自宅に於て聖書を教ゆるの故を以て其任を解かる是豈《あ》に地方の一小事ならんや信教の自由は我邦憲法の明示する所、かくては立憲の大義果して何処にありや、吾人迷なきを得ざるなり、昔はクラーク氏札幌農学校に教鞭を執り其徳実に全校に及び其信活きて幾多の人材を造りたりき、今や我校亦此偉人を有し其感化の深大なる蓋《けだ》し思半ばに過ぐるものあり、已に出せる十数名の卒業生は皆な熱心なる信仰を抱きて或は内地に或は海外に主の栄光を顕わしつつあり、而して今此師を失う、頑迷の徒其局に当り教育の大本を誤り、人道の大義を破る一に是に至る、豈慨歎に堪ゆべけんや。而《し》かもヴォリス氏は一言の怨声を発せず、飽までクリスチャン紳士の体面を保ちて従容として善後の謀をなす。其高風誠に羨慕すべきなり。余此席に列して感概禁ずる能わず、敢て事の概略を記して我党の士に告ぐること然り。（三月四日記）

あとがき

筆者は、近江八幡市池田町にある、いわゆるヴォーリズ建築の「吉田家住宅」で生まれて、古い書類やアルバムが保管された、埃《ほこり》っぽくてかび臭い三階の部屋を時折覗《のぞ》いて育った。その家は国登録有形文化財で、二〇一七年に滋賀県指定文化財となった。これほど歴史価値が認められ、その家の歴史を物語る大量の史料があったというのに、それを読んでみようと思い立ったのは、五〇代になってからである。それまで両親が大切に整理し保管してくれていたのは幸いだった。読み進めるに従って、何度か聞いてきたヴォーリズと祖父のエピソードの断片がつながり合い、無一文で来日したヴォーリズがいかにして事業を興し、団体を大きくしてきたのかが鮮明になってきた。

ヴォーリズ個人の偉業は言うまでもないが、私財を蓄える道を捨てて、共にビジョンに従って働いた協働者、あるいは手を差し伸べた協力者たちの意気がわかるにつれ、その事実をもっと世間に知ってもらいたいと思ったことが、今回の出版の動機となった。協力者たちの中に特筆すべき人たちが多いため、本書では所々で脱線をしてしまっている。在日中にヴォーリズを助け、アメリカ本国に戻ってからは、排日運動のさなか、日本人への偏見を解こうと奮闘した、ゲーレン・フィッシャー、G・S・フェルプス、ジョージ・グリーソン、ウォーターハウス夫妻などの後日談は書く余裕がなかった。今後研究されてもっと評価されるべきだろう。

また、総じて言えることだが、明治期から第二次世界大戦までの期間、日本の近代化と道徳浄化に影響を与えた来日宣教師やＹＭＣＡ・ＹＷＣＡの人々の活動記録は、大半が彼らの母国で英文史料としてアーカイブされているため、今後いっそうの研究がなされ評価されることを期待したい。同じく、宣教師に導かれて日本の新しい女性像を体現した石原キクや近江兄弟社三創立者の三人の妻たちのことが本書をきっかけとして研究されるようになれば、これほどうれしいことはない。

資料を整理しはじめてから八年近くなるが、ヴォーリズ建築研究の第一人者、山形政昭大阪芸術大学教授からさまざまな形でご教示をいただいてきた。先生にご紹介いただいた編集工房レイヴンの原章氏には本書編集に終始細やかな支援をいただき感謝申し上げたい。出版に際しては滋賀県の歴史・文化の発信者サンライズ出版の岩根順子社長の快諾をいただきはずみがつき、同編集部の岸田幸治氏から地誌面で補強いただけたことは感謝に堪えない。それから、近江八幡では、ヴォーリズ研究五人会と称して楽しく情報交換をしてくださったヴォーリズ学園史編纂委員の檜山秋彦氏と永芳稔氏、故高橋卯三郎を研究されている孫の高橋悠氏、株式会社一粒社ヴォーリズ建築事務所顧問の芹野与幸氏の皆様にお礼を申し上げたい。軽井沢の歴史に関しては一般社団法人軽井沢ナショナルトラストの松岡温彦会長と事務局の浅井潤氏にさまざまな情報をいただいた。最後に、貴重な所蔵写真を快く提供いただいた公益財団法人近江兄弟社の藪秀実事務局長と嘱託研究員の松居直和氏に感謝の意を表したい。

二〇一九年四月

筆　者

Foreign Missions Society, *Report of the Conference of The Missionaries, 1906 - 1914.*
71. Helen Bann, *Miss Kiku Ishihara,* Helen Bann, 1970.
72. Colorado College, *The Pike's Peak Nugget,* 1901-1910.
73. J. H. DeForest, "Baron Ii Kamon, the Man Who Prevented War Between the United States and Japan in 1852," *The Advocate of Peace* Vol. 72, No.9, 1910.10.1.
74. H.L. Dithridge, *Fifty Years in Japan,* 出版社不詳, 1961.
75. Hugh G. Dugan, *Hinsdale Sanitarium and Hospital, 1904 to 1957,* 出版社不詳, 1957
76. Grace N. Flecher『メレル・ヴォーリズと一柳満喜子——愛が架ける橋』平松隆円監訳、水曜社、2010年
77. Kautz Family YMCA Archives, *Annual Reports of Secretaries ending 1910.9.30,* University of Minnesota.
78. Ohio State University Archives, *The Lantern, Makio*（魔鏡）, 1910-1930.
79. David Paulson, *Footprints of faith,* Life Boat Pub. 1921.
80. J. Juan Reid, *Colorado College: The First Century 1874-1974,* Colorado College, 1979.
81. Student Volunteer Movement for Foreign Missions, *World-wide Evangelization; The urgent Business of the Church; addresses delivered before the fourth international convention of the Student Volunteer Movement for Foreign Missions,* Toronto, Canada, February 26-March 2, 1902. Student Volunteer Movement for Foreign Missions.（第4回SVMトロント大会講演録）
82. Student Volunteer Movement for Foreign Missions, *Students and the World-wide 83. Expansion of Christianity.*（第7回SVMカンサスシティ大会講演録）1914年
83. ウィリアム・トムソン『青い目のタローさん』小堀鐸二訳、河出書房新社、1989年
84. YMCA史学会編集委員会編『新編日本YMCA史——日本YMCA同盟結成100周年記念出版』2003年
85. YMCA North America, *Yearbook of YMCA North America,* 1896.
86. *The Directory & Chronicle for China, Japan, Corea, Indo-China, Straits Settlements, Malay States, Siam, Netherlands India, Borneo, the Philippines, &c, 1904 – 1908,* 全5巻, Hongkong Daily Press Office.
87. Basil Mathews, *John R. Mott, world citizen,* Harper & Brothers Publisher, 1934.

47. 徳川頼貞『薈庭楽話』春陽堂書店、1943年、108-136頁
48. 徳川頼貞著、徳川頼貞遺稿刊行会編『頼貞随想』河出書房、1956年
49. 中島伸男『翦風号が空を飛んだ日』中島伸男、1992年
50. 奈良常五郎『日本YMCA史』日本YMCA同盟、1959年
51. 長門谷洋治「京都看病婦学校・同志社病院設立と廃止の事情　付園部（藤田）マキ氏のこと」『日本英学史研究会研究報告』61号、1966年
52. 市立長浜城歴史博物館編『西田天香——長浜が生んだ偉大な思想家　西田天香没後30年記念』西田天香没後30年記念事業実行委員会、1998年
53. ロイ・スミス『日本における英語教師六十年　ロイ・スミス』日本英学史研究会研究報告1966巻（J-Stage公開版)、1966年
54. 野村武夫『京都YMCA七十年史』京都キリスト教青年会、1975年
55. 堀江節子『日本人になった婦人宣教師——亜武巣マーガレット』アームストロング青葉幼稚園、2011年
56. 三橋正幸「盤上遊戯『クロキノール（闘球盤)』の伝来と普及の一端」『レジャー・レクリエーション研究』(77)、2015年
57. 村椿真理「沖縄バプテスト開拓者・原三千之助の生涯」『宣教』第18号、(発行年不明)
58. 室田保夫「石井十次と『岡山孤児院新報』」『密教文化』1992巻、1992年
59. 山形政昭『ヴォーリズの建築——ミッション・ユートピアと都市の華』創元社、1989年
60. 山形政昭『ヴォーリズの西洋館』淡交社、2002年
61. 山形政昭『ウィリアム・メレル・ヴォーリズの建築をめぐる研究』(博士論文）1993年
62. 山形政昭監修『ヴォーリズ建築の100年——恵みの居場所をつくる』創元社、2008年
63. 読売新聞「第廿一回直弼祭詳報」読売新聞社、1906年11月6日朝刊第2頁
64. 日本日曜学校協会編『第八回世界日曜学校大会記録』日本日曜学校協会、1921年
65. 夏目漱石『漱石全集第16巻　書簡集』岩波書店、1936年
66. 小林収『避暑地軽井沢』櫟、1999年
67. 日本キリスト教団東仙台教会『蒔かれた種——仙台東教会創立百年記念文集』より1909年6月24日報告書（一般社団法人軽井沢ナショナルトラスト浅井潤氏の情報提供)
68. ヴォーリズ建築事務所『ヴォーリズ建築事務所作品集 1908-1936』城南書院、1937年
69. Methodist Publishing House, *The Japan Evangelist*, Vol. XII – Vol. IXX (1905年-1912年). 同志社大学図書館所蔵
70. *Report of the Conference of The Missionaries, 1906-1914*. 70. American Baptist

22. 岩見市教育委員会『岩見沢の記念碑――先人の労苦を偲び未来へはばたく』
ーネット公開版、2012年
23. 近江兄弟社史編纂委員会『近江兄弟社六十年史――草稿』（8分冊）近江兄弟社、1965年
24. 近江八幡キリスト教会『近江八幡キリスト教會五十年史』、1951年
25. 日本キリスト教団近江野田教会『恩寵の嵐』宣教百周年記念、2011年
26. 大島良雄『日本につくした宣教師たち――明治から昭和初期のアメリカ・バプテスト』ヨルダン社、1997年
27. 小倉栄一郎「明治以降の江州商人の企業活動一斑（帝国製麻株式会社）」『滋賀大学経済学部附属史料館研究紀要』12、1979年、1-34頁
28. 大橋寛政編『あめにたから　盲人牧師大橋五男の生涯』大橋寛政、1964年
29. 奥村直彦『ヴォーリズ評伝――日本で隣人愛を実践したアメリカ人』港の人、2005年
30. 亀谷凌雲『仏教からキリストへ――あふるる恩寵の記』福音館書店、1971年
31. 川崎衿子『蒔かれた「西洋の種」――宣教師が伝えた洋風生活』ドメス出版、2002年
32. 関西学院創立百二十五周年記念事業推進委員会年史実行委員会編『関西学院辞典（増補改訂版）』関西学院大学出版会、2014年
33. 関東学院『関東学院百年史』関東学院、1984年
34. 木村晟『帰天していよいよ光彩を放つ勇者のスピリット――平和の使者W.メレル・ヴォーリズの信仰と生涯』聖母の騎士社、2010年
35. 木村晟『神への讃歌――ヴォーリズと満喜子の祈りと実践の記』聖母の騎士社、2010年
36. 大橋五男「滋賀県立商業学校教師ヴォリス氏解雇さる」『基督教世界』第1228号、1907年3月14日
37. 小林功芳『英学と宣教の諸相』有隣堂、2000年
38. 小林巧芳「東京学院の師弟像――E.W.クレメントと坂田祐」『英学史研究』26号、1993年
39. 齋藤惣一遺族『おもいで』（私家版）、1961年6月
40. 滋賀県『滋賀県写真帖・乾／滋賀県農事試験場』滋賀県、1910年
41. 滋賀県立八幡商業高等学校「八商百年史」編集委員会編『八商百年史』 1986年
42. 八幡商業学校創立五十周年記念会編『八幡商業五十五年史』八幡商業学校創立五十周年記念会、1941年
43. 清水安三『愛のかけ橋――ミセス ビンフォルドの生涯』櫻美林出版部、1949年
44. 「彰栄学園百周年記念誌」編集委員会編『彰栄学園百年誌』彰栄学園、1996年
45. 同志社五十年史編纂委員会編『同志社五十年史』同志社校友会、1930年
46. 同志社々史々料編集所編『同志社九十年小史』1965年

【た行】

【な行】

❦ 人名索引

＊頻出するウィリアム・メレル・ヴォーリズと吉田悦蔵は割愛

【あ行】

◆著者略歴
吉田与志也（よしだ よしや）
1954年、滋賀県近江八幡市生まれ。立命館大学経済学部卒業、カリフォルニア州立大学サンホセ校経営学科卒業。製薬業界に長く、MSD株式会社生産本部長を経て、キョーリン製薬グループ工場株式会社代表取締役社長、現在はMSD株式会社監査役・公益財団法人MSD生命科学財団監事。薬事功労者として滋賀県知事表彰（2016年度）と厚生労働大臣表彰（2018年度）を受賞。吉田悦蔵の孫にあたり、ヴォーリズ住宅の原点といわれる吉田家住宅（滋賀県指定有形文化財、国登録有形文化財）の保存に取り組んでいる。

信仰と建築の冒険
ヴォーリズと共鳴者たちの軌跡

2019年5月10日　第1版第1刷発行

著　者　吉田与志也

ブックデザイン　鷺草デザイン事務所
地図作成（p13、p201）　河本佳樹（編集工房ZAPPA）
DTP　東　浩美
編集協力　原　章（編集工房レイヴン）

発行者　岩根順子
発行所　サンライズ出版株式会社
522-0004
滋賀県彦根市鳥居本町655-1
電話番号　0749-22-0627
FAX　0749-23-7720
http://www.sunrise-pub.co.jp/

印刷所　シナノパブリッシングプレス

ISBN978-4-88325-660-0　C0023